ENSEÑANZAS
de la
ESCUELA *de* MISTERIOS

Los discursos de Maitreya

ENSEÑANZAS
de la
ESCUELA *de* MISTERIOS

Los discursos de Maitreya

ELIZABETH CLARE PROPHET

SUMMIT UNIVERSITY 🌙 PRESS ESPAÑOL®

Gardiner, Montana

Library of Congress Control Number: 2022940345
(Número de control de la Biblioteca del Congreso: 2022940345)
ISBN: 978-1-60988-420-8
ISBN: 978-1-60988-421-5 (eBook)
Para obtener información, contacte a
The Summit Lighthouse, 63 Summit Way, Gardiner, MT 59030 USA
Tel: 1-800-245-5445 o 1 406-848-9500
info@SummitUniversityPress.com
www.SummitLighthouse.org

SUMMIT UNIVERSITY 🍃 PRESS ESPAÑOL®

ÍNDICE

Descubre las claves para la Era de Maitreya

Jesús anunció la apertura de la Escuela de Misterios de Maitreya en mayo de 1984. Poco después, el amado Maitreya comenzó a impartir una serie de enseñanzas inefables y profundas de la Escuela de Misterios y a describir las pruebas que enfrentaremos a medida que avanzamos en las iniciaciones de la Escuela de Misterios. Nos pidió que escudriñáramos sus dictados y descubriéramos las claves de esta Era de Maitreya.

A medida que pasaban los años y Maitreya daba sus dictados, disfrutamos de la sabiduría profunda, pero debido a una clave perdida, nadie se detuvo a reunir la serie de dictados que dio Maitreya en donde sentaba las bases para el regreso de la Escuela de Misterios.

Afortunadamente, Kuthumi nos dio una pista sobre la clave que faltaba en su histórico dictado «Recordad el antiguo encuentro». En él se refirió a una enseñanza reciente de Maitreya sobre la adaptación. Esta referencia permitió el inicio de una búsqueda que ayudó a encontrar el dictado que faltaba, el cual no se ha publicado como *Perla* y solo recientemente se puso en formato de DVD. En este dictado se encontró la clave que faltaba: Maitreya anunció que estaba dando el segundo de los catorce discursos, ¡porque el primero ya lo había dado!

Nuestros intrépidos chelas comenzaron entonces una búsqueda del tesoro para encontrar los dictados dados por Maitreya después de la apertura de la Escuela de Misterios. Hemos recopilado estos dictados para su estudio, además de reunir los dictados que en ese mismo período dieron los Maestros Ascendidos que impartieron enseñanzas sobre la Escuela de Misterios de Maitreya.

Para responder al llamado de Maitreya de «Ven a buscarme», continuemos con esta parte de nuestra Aventura Sagrada.

CAPÍTULO 1

Amado Jesús el Cristo

La Cristeidad

El logro actual y la meta

En la luz del Gurú eterno, he venido a vosotros, vuestro Jesús. Soy yo. No temáis. Porque me regocijo cada vez que se imparten las enseñanzas de mi amado Maestro.

Yo, entonces, vine a este mundo enviado por Aquel que me envió, y cuando dije: «Yo y el Padre uno somos»,[1] hablé del Padre de Todo, de la Presencia viva YO SOY y de su representante, Aquel que debe llevar el manto de Gurú. Por lo tanto, Aquel que me envió en la cadena de la jerarquía de los antiguos no fue otro que Maitreya.

Daos cuenta, amados, que la profecía de su venida,[2] que se conoció en el tiempo de mi encarnación hace dos mil años, en realidad se cumplió en mí. Vine, entonces, mostrando la luz, el perfil, la encarnación de la Palabra YO SOY EL QUE YO SOY, cuya nota clave y nombre interno es Metteyya.

Ahora bien, sabed esto, amados, que mientras prediqué: «El que cree en mí, no cree en mí, sino en el que me envió»,[3] anhelaba que esa luz universal fuera la investidura de una era en la cual la Cristeidad pudiera convertirse en el sendero de todas las personas.

Por lo tanto, amados, fui a los Himalayas[4] para encontrar a Aquel, a ese Amado que me preparara e instruyera, por eso fui. Y, entonces, lo conocí en la forma en la persona de muchos maestros e individuos a lo largo del camino. Y vi desplegarse ante mí la continuidad de un mensaje, de un sendero y de una enseñanza, guiado por su mano siempre presente.

Sí, lo conocí cara a cara, no encarnado sino personificado como el Cristo universal. Benditos corazones, la continuidad del mensaje de Maitreya viene de nuevo en esta hora a través de vosotros, no como una sola persona escogida, sino a través de vosotros y a través de la Santa Llama Crística.

Así pues, que aquellos que manifiestan la llama, la llama de la bondad amorosa de Maitreya, sean reconocibles, no que se autoproclamen. Porque, amados, cuando la luz existe, hay luz; y los que tienen la luz reconocen la luz. Los que no la tienen no me ven, no me escuchan, no me conocen, ni conocen a mi Mensajera, que es también la vuestra.

Benditos, una de las burlas más comunes sobre la transmisión de la palabra de la jerarquía, que desciende desde los cuerpos superiores hasta alguien que tiene un cuerpo físico, es que se trata de «una comunicación de espíritus difuntos, de 'gente muerta'», como dicen. Cuán ridícula es la mente carnal, cuán perversa es la mentira.

Al comprender, entonces, la continuidad de mi ser en todos mis cuerpos y la continuidad de vuestro ser en todos vuestros cuerpos, ascendéis y descendéis la escalera; me experimentáis en los siete chakras porque YO SOY la luz del mundo en vosotros, así como vosotros sois la luz del mundo en mí.[5] Solo así, mediante la relación maestro-discípulo, la luz de Arriba se manifiesta abajo y la luz abajo se eleva a la equivalencia de la luz que está Arriba.

En consecuencia, esta relación maestro-discípulo es una entrega al Amado. Es una reciprocidad en la llama de la misericordia. Y así es la hora de la llegada de Kuan Yin. Por lo tanto, amados, sabed que, aunque he deseado revelar a todo el mundo mi relación con Maitreya, no lo he hecho porque el mundo no tiene oídos para oír, porque no se le ha enseñado acerca del hilo de luz que se entreteje a través de todos los niveles del linaje de los Budas, de los Cristos, de los Bodhisatvas.

Mi misión

Venid a mi corazón y conocedme, entonces, como el hijo, el «hijo resplandeciente» de Maitreya. Sabed, pues, que mi misión al precederlo, del mismo modo en que Juan el Bautista me precedió, fue preparar el camino para la venida del Cristo universal en todos los hijos de Dios sobre la Tierra.

Amados, el título Hijo de Dios es un nivel de logro superior al de niño de Dios. Por lo tanto, vengo en esta hora para contactar a aquellos que saben que son hijos de Dios, pero que también saben que no están manifestando la plenitud del logro de Hijo de Dios que tienen en los niveles internos y que han tenido en pasadas eras doradas.

Benditos, reconocer el logro interno propio y percibir que por karma o negligencia no se está manifestando esa luz en esta vida, se convierte sin duda en un momento importante, un momento de reconocimiento interior, es una percepción de la brecha entre la Realidad evidente que puede ser y lo que de alguna manera es una vacante que aún existe.

Esta autoevaluación, amados, es necesaria. Alguien puede afirmar en un decreto «YO SOY un Hijo de Dios», pero a fin de que ese decreto se haga patente en la realidad manifiesta para encarnar al Hijo, hay un nivel que debe lograrse. No deis por sentado que vuestro Santo Ser Crístico descenderá a vuestro templo y tomará el control y de repente aparecerá un Hijo de Dios. Esta no es la verdadera enseñanza del Sendero.

Para empezar, hay que estudiar cuál es el karma que impide la plenitud del logro interno para ser la persona activa que habita en la forma. Luego debéis invocar asiduamente la llama violeta para atar a ese intruso que ha venido a ocupar vuestra casa, no necesariamente con vuestro permiso. Ese intruso que no tocó a la puerta, sino que entró y cuando lo visteis en vuestra casa, en lugar de echarlo, lo alojasteis. Hablo del morador del umbral, un ser irreal autocreado, la antítesis de mi Cristo y de vuestro Cristo, verdaderamente la antítesis de Maitreya.[6]

Por lo tanto, amados, ya que algunos son, como dirías, indecisos, débiles, al permitir que entren en su conciencia y en su hogar pensamientos, sentimientos e invitados no deseados porque no tienen el fuego del *vajra*[7] ni la determinación ni el celo del Señor para expulsar a esos huéspedes no bienvenidos, os digo, amados, que ya pasó el día en que vosotros, que sabéis que sois un hijo de Dios, podéis tolerar o permitir la transigencia por más tiempo. Os digo que ya pasó mucho, mucho tiempo, porque veo los ciclos de vuestro propio Reloj Cósmico personal y del reloj planetario.

¡Estad alerta!

Los días se aceleran. Vuestra Cristeidad es necesaria para la salvación de vuestra propia alma. No la perdáis por devaneo y complacencia con aquellos que, aunque expresen aceptación, no tienen intención alguna de convertirse en verdaderos iniciados de nuestro llamado.

Benditos, mientras permitáis que vuestra casa sea habitada por el extraño que no es un ángel disfrazado, vosotros mismos encontraréis que estáis perdiendo terreno y las bases que sentamos hace mucho tiempo, e incluso podéis estar perdiendo vuestra alma bajo el engaño de que tenéis tal logro que podéis ser el salvador de otros antes de que en realidad hayáis manifestado la plenitud de ese salvador. *¡Estad alerta!* Yo, Jesús, os advierto que en estos días llega la hora en que deben venir los anti-Cristos;[8] y el morador del umbral, que es la antítesis del Yo, es de hecho la fuerza anti-Cristo. ¡Expulsadlo, pues, mediante el rayo *¡Vajra! ¡Vajra! ¡Vajra!*

Permitid que el poder de Dios en vosotros busque primero lo primero y sepa que, para ser un mesías, un líder de hombres y de naciones, este Cristo debe estar firmemente afianzado, fijo en vuestro ser, integrado con vosotros chakra por chakra. Este es el objetivo inmediato. Procuradlo a diario.

No volváis a verme con expresiones vacías ni pasividad, que es una creencia que contradice la gran verdad de que el decreto divino que ofrecéis se vuelve realidad solo cuando *vosotros* os convertís en el hacedor, cuando *vosotros* tomáis el asiento del conductor y sabéis que este día sois engendrados por el Señor,[9] que este día el *Sambhogakaya,*[10] por así decirlo, vendrá y morará con vosotros y os elevará en vibración para la ocasión y seréis ese *Sambhogakaya.* No confundamos, pues, la meta con el logro actual, pero dejemos que el logro actual siempre manifieste los indicios de la meta.

De tal manera, amados, habiéndoos dicho estas palabras, me hago a un lado para que Maitreya ocupe este, uno de sus muchos cuerpos.

14 de febrero de 1988
San Francisco, California

CAPÍTULO 2

Amado Señor Maitreya

La continuidad de la vida

Guardad la llama

Mis amados:

Desde el corazón compasivo del Buda, vengo a vosotros hoy con un aura de amor, un amor que en su sencillez es tan esplendoroso que os impulsa hacia el corazón de la Madre Divina, quien fortalece en vosotros la luz eterna.

Por eso, los Budas vienen con la dulzura de la Madre, con la adoración de Tara, la grandiosa Kuan Yin, en todos los planos y en nuestras encarnaciones de ese Ser Divino.

Venid, amados, y sabed que en el Cuerpo de la Dicha[1] nos detenemos para asimilar el poder del amor. Y al concluir nuestra meditación, mientras os esparzo la fragancia, la esencia de mi ser más elevado, albergaréis el poder del amor que podéis dirigir, de acuerdo con vuestro libre albedrío iluminado, mediante vuestra Cristeidad, hacia las condiciones que deben aliviarse, aquello que debe apaciguarse para el establecimiento de una continuidad básica de la vida.

Deseamos hablar de la continuidad de estar en medio de la turbulencia en este mundo de conmociones, de sensaciones discordantes y sobresaltos que sobrevienen a la gente en todos los ámbitos de la vida.

Donde hay continuidad de la corriente de la vida que viene de lo alto y pasa a través de vosotros, a través de este hilo de contacto, a través de las palabras que fluyen de mi corazón, se puede buscar y ganar el Sendero, se puede alimentar, vestir y dar de beber al cansado. La continuidad de la vida, amados, es la necesidad del momento y eso es lo que está en peligro debido a las profecías que habéis escuchado, debido a las señales en los cielos.[2]

Sabed, pues, amados, que donde se interrumpe la corriente o se corta el hilo de contacto, allí, entonces, las almas realmente pueden sufrir una noche oscura y ser sacudidas hasta que Avalokiteshvara pueda descender con sus legiones para rescatarlas de su hundimiento en los mares y las olas astrales.

Benditos corazones, por eso estáis llamados a guardar la llama del Cristo, de Maitreya, del Buda.

Guardad la llama de la vida, amados. Porque gracias a la llama de vuestro corazón, algunos comprenderán, algunos llegarán a conocerme a mí o al verdadero Jesús como mi mensajero e Hijo, algunos llegarán a conocer su propia Cristeidad.

Guardad la llama, amados. Estáis en la Tierra, llamas que se están convirtiendo en bodhisatvas, y algunos de vosotros sois bodhisatvas.

Tened en cuenta, amados, que la vida merece vuestra ministración y lo justo es que la proporcionéis en esta hora. Recordad que al ministrar a un alma que se convierte en la plenitud de esa luz, gracias a vuestra ministración esa alma puede incluso exceder vuestra gloria, y por ello debéis dar un grito de gratitud al cosmos.

Recordad, además, que no servís al yo inferior humano, sino a un alma atrapada por ese yo inferior humano. Tened cuidado, entonces, de no perder el tiempo en el abismo sin fondo del deseo y el apetito humano que se llevará no solo vuestros bienes, enseñanza y luz, sino a vosotros mismos si pudiera.

Buscad al devoto que está en una situación desesperada y empuñad la espada de Maitreya para liberarlo. Pero no os enredéis con aquellos que no tienen la intención de levantarse, sino solo de manteneros atados a la argumentación, a las distracciones y desvíos que os alejan del llanto de los pequeños que os necesitan ahora y no mañana.

YO SOY Maitreya, estoy siempre en el corazón de Jesús, siempre soy el Buda dentro de su coronilla, siempre soy el Buda dentro de su corazón.

En el cuerpo terrestre, YO SOY Maitreya que conversa con vuestra alma. Conocedme, pues, mediante la bondad expresada primero por vosotros. Entonces, la corriente de retorno de esa bondad expresada por otra persona os revelará una de mis millones de sonrisas a través del amigo, a través de las personas amables de la Tierra, de los sabios que saben que la verdadera bondad se encuentra en la acción de alguien que se ha preocupado lo suficiente como para merecerse la llave que abre la puerta a cámaras sucesivas de mi retiro.

Venid a buscarme, amados, porque ahora me retiro a los Himalayas donde imparto clases de manera permanente. Que podáis experimentarme en vuestro propio discipulado de lograr el Uno, el Inefable, el Todo, el Amor de Acuario.

14 de febrero de 1988
San Francisco, California

CAPÍTULO 3

Amado Jesús el Cristo

La Escuela de Misterios del Señor Maitreya

Considerad los lirios del campo, cómo crecen; no trabajan, ni hilan; mas os digo, que ni aun Salomón con toda su gloria se vistió como uno de ellos.[1]

Me dirijo a vosotros, amados míos, como lirios del campo, y esto por un propósito cósmico. Es el propósito de vuestra ascensión en la luz, porque esta es la verdadera conmemoración de la Palabra donde YO SOY EL QUE YO SOY en medio de vosotros. Celebro el lugar que está marcado por el signo de la cruz de fuego blanco, por el signo de cada cruz de cada héroe y heroína de todas las eras: en los campos de batalla de Flandes, en cada campo de batalla y cabeza de playa, que se celebra en esta hora como el grado de valor de los corazones de aquellos que han defendido la verdad, la libertad y la paz.[2]

Celebro el signo de la cruz, que se repite una y otra vez como la matriz interna del amor del Dios Padre-Madre, situado como el indicador, vuestro propio indicador en el tiempo y el espacio, lo cual significa el momento en que el cielo y la tierra han de encontrarse en vuestra vida. Porque está predestinado, *si así lo*

quisiereis. Si quisiereis cumplir el plan divino según esa voluntad —que se convierte en la vuestra— entonces el ciclo cósmico
cambiará y estaréis en el grado de luz que yo celebro.[3]

El registro de vuestra futura ascensión

Por tanto, mi presencia con vosotros en esta hora significa, amados míos, que estoy más allá de vuestra comprensión
o conciencia perceptible porque estoy en el futuro de vuestra
propia corriente de vida. Si tuviereis la conciencia perfecta de
vuestra Presencia YO SOY, podríais estar en ese futuro hoy.
Pero de alguna manera estáis atados al presente y, de momento,
prisioneros en la red del tiempo y el espacio; pero yo no lo estoy.
Estoy en el lugar donde Dios sabe que en realidad somos uno en
manifestación en la propia forma de carne antes de que el alma
deje esa forma para ir a las octavas superiores.

¡Estoy en el momento de la Victoria de vuestra ascensión!

¿Por qué hago esto, amados? Os lo diré. ¡Porque en mi Presencia Electrónica, enfocada aquí esta noche, está el *registro* de
vuestra *futura* ascensión! Podéis escuchar el sonido de la llama
de la ascensión a través de mi aura, que ahora pulsa a vuestro
alrededor, que ahora acelera la luz dentro de vuestro ser, que
ahora aumenta libremente la luz de vuestro corazón, al poner
en equilibrio los puntos restantes de la llama trina que estaban
en desequilibrio.[4]

Amados míos, el sonido que produce la aceleración de cada
átomo es casi como el estruendo del cohete moderno, según lo
que podríais imaginar con el sonido interno de vuestro ser. Si
pudieseis escuchar el sonido que produce giro del electrón, del
núcleo, de los mundos internos, escucharíais el sonido que se
ha escuchado durante el lanzamiento de los cohetes en la Tierra;
excepto que se trata de un sonido espiritual, es una luz de Alfa
y Omega y es realmente el sonido de bienvenida. Pues cuando
la luz empieza a ronronear como pura madreperla dentro de

vosotros, amados corazones de llama viva, día a día sabéis que este sonido del *HUM* eterno integrado en vuestro ser aumenta, se eleva, os envuelve.

La hora de la aceleración de los cuatro cuerpos inferiores de Mark L. Prophet

Os recuerdo la hora del regalo cósmico cuando el amado Lanello estaba en Washington D. C., ante el altar mismo, y el Señor Dios liberó la dispensación para el comienzo de la aceleración de sus cuatro cuerpos inferiores hacia la Victoria de la ascensión. Esa fue la hora, porque era el comienzo del «despegue» de esa alma. Y por eso es necesario que se den estos preparativos.[5] No digo que eso os esté sucediendo a vosotros ahora. Os digo que tenéis "un avance de atracciones futuras", como suele decirse. Porque esa atracción del poderoso Imán del Gran Sol Central es realmente la mayor atracción en la Tierra, y nada puede competir con ella como la experiencia más poderosa en vuestra vida cuando empecéis a sentir el tirón como fuertes vientos que soplan en el valle y casi os empujen por la calle mientras vais por el camino de la vida.

Así como existen la poderosa atracción y el poder de los rayos del sol y de las fuerzas de los elementos, amados míos, sabed que hay una gigantesca fuerza de atracción del Imán del Gran Sol Central que es una fuerza que toma el control de vuestra vida cuando vosotros mismos os entregáis a esa poderosa corriente del Río de la Vida que desciende desde las más elevadas alturas de los Himalayas y de la firmeza de las Montañas Rocosas y de otras cordilleras del cuerpo planetario. Esa luz que fluye como una corriente pura de la conciencia de Dios cuando la tomáis por vosotros mismos, cuando aprovecháis su impulso, cuando entráis en ella sin temor, sin discutir con la voz interior, sin autojustificación y simplemente decidís ser Dios en manifestación, llega un momento, como se os ha dicho, en que la Luz a la que habéis servido se da la vuelta y os sirve.

La hora de vuestro nacimiento cósmico a través de vuestra llama trina

Es entonces cuando conocéis el tirón de la cuerda de vuestro corazón, el ímpetu mismo del Buda Gautama, y sentís el impulso del latido de su llama trina que ganáis por vuestra cuenta; y sabéis que el nacimiento cósmico debe ocurrir cuando el propio Señor del Mundo ya no sostenga ni intensifique vuestra llama trina en vuestro nombre. Sino que permaneceréis en la Tierra en las horas que preceden a vuestra ascensión por el poder de vuestra propia llama trina exteriorizada, por el poder de vuestra propia Presencia YO SOY con la cual vosotros mismos habéis llegado a ser uno.

Como veis, las evoluciones de este cuerpo planetario se han vuelto, ¡oh!, muy dependientes del poder sustentador de la llama trina del Buda Gautama.[6] En algunos casos, por supuesto, les ha dado una falsa comprensión de su propio nivel de logro. Pues han pensado que es su propia llama trina cuando, de hecho, es el cordón cristalino del Buda Gautama conectado a su propia llama trina lo que les da vida y reciedumbre, fortaleza y creatividad.

Aunque esta es la compasión, la abnegación del Buda. Este es el camino del bodhisatva, ignorado y desconocido. Por tanto, como veis, muchas personas no ejercitan su corazón, su mente, su cuerpo físico, sus talentos. ¡Se apoyan en los remos del Señor del Mundo!

Entonces, aquellos que están en el sendero de iniciación comprenden que el camino del bodhisatva es el camino mismo de preparación en el cual la llama trina —que magnetizáis, sostenéis y potenciáis a diario mediante vuestra devoción a vuestra propia Presencia YO SOY— es suficiente para mantener el flujo y la matriz de la conciencia de Dios donde os encontráis. Poco a poco, el fortalecimiento que proporciona Dios Todopoderoso a través de vuestra Presencia YO SOY permite retirar el apoyo (la cuerda de salvamento) del Señor del Mundo.

Estos seres resplandecientes en la Tierra que han llegado al nivel de la gracia autosostenida de la Presencia YO SOY son en verdad la prueba cósmica en la Tierra, son verdaderos maestros no ascendidos que dan testimonio de la llama autosustentada y dan gloria a Dios y al Buda Gautama. De esta forma, el cargo del Señor del Mundo y su función de sostener la llama trina de cada corriente de vida en la Tierra se justifica ante las cortes del cielo.

Pues, como veis, si esta ayuda no da como resultado la Maestría Divina de algunas almas, podría cancelarse. Porque si se convierte en un apoyo y en uno que es un sustituto de la automaestría en todo el mundo, entonces, ¿de qué le sirve a una civilización o a una oleada de vida? Hago de este requisito mismo de la llama trina equilibrada y expandida, que de hecho es vuestra Santa Llama Crística (es decir, la conciencia), parte de vuestra comprensión del requisito de los Señores del Karma de que haya al menos una ascensión desde el planeta Tierra cada año para justificar que la Gran Hermandad Blanca continúe patrocinando a las evoluciones de la Tierra, y que continúe la dispensación de la Escuela de Misterios del Señor Maitreya.

Dedicación del Retiro Interno como la Escuela de Misterios de Maitreya

Amados míos, al haber introducido así mi discurso a vosotros, acudo a la razón de ser de nuestra unidad en este Corazón. Pues estamos resguardados en el corazón del Señor Maitreya. Y él desea que yo, como su discípulo, os anuncie que él dedica este Corazón del Retiro Interno y toda esta propiedad como la Escuela de Misterios de Maitreya en esta era.

[Estruendoso aplauso]

Y lo digo con vosotros:

¡Salve, Maitreya! ¡Salve, Maitreya! ¡Salve, Maitreya! ¡Salve, Maitreya!

En su nombre, amados míos, en la llama de su corazón, tomad asiento. Quisiera hablaros de nuestra gran alegría y del significado de asegurar este lugar para la Escuela de Misterios. Os dais cuenta de que la Escuela de Misterios de Maitreya se llamaba Jardín del Edén. Todos los esfuerzos de los Maestros Ascendidos y de las escuelas de los Himalayas, durante siglos, han tenido como fin que esto pudiera ocurrir en la octava física a partir de la octava etérica —para que la Escuela de Misterios pudiera volver a recibir a las almas de luz que salieron de allí ahora que están listas para volver, listas para someterse, para hincarse ante el Cristo Cósmico— mi bendito Padre, Gurú, Maestro y Amigo.

Amados corazones, con la realización de este objetivo Divino y la voluntad de Maitreya de aceptar esta actividad, a la Mensajera y a los estudiantes bajo la confianza sagrada de guardar la llama de la Escuela de Misterios, se gana una dispensación de las jerarquías del Sol Central para el planeta Tierra y sus evoluciones. Cuando la renovación de la puerta abierta está a punto de volverse física a través de la dispensación del Cristo Cósmico, las almas que cruzan la puerta como estudiantes de la luz que aprenden del Cristo Cósmico, pueden ir y venir de los planos de la tierra a los planos del cielo y viceversa; esta es la puerta abierta para la venida de la era dorada. Esta es la puerta abierta del camino de Oriente y Occidente, de los bodhisatvas y los discípulos.

Siendo esto así, el cuerpo planetario, por tanto, ha ganado un nuevo estatus en medio de todos los cuerpos planetarios y entre todos los hogares evolutivos. Pues una vez más, puede decirse que Maitreya está físicamente presente, no como lo estuvo en el primer Edén, sino mediante la extensión de nosotros mismos en la forma a través de la Mensajera y de los Guardianes de la Llama. Y como se os ha dicho, este poderoso fenómeno de las eras precede al paso de los Maestros Ascendidos a través del velo, viendo cara a cara a sus estudiantes y estos contemplándolos a ellos.

La conciencia etérica: más práctica, más realista

Todos los dictados de los Maestros Ascendidos a lo largo de los años han tenido ese fin. Y con la inauguración de la misión de Maitreya en este siglo y, de nuevo, en esta hora, veis que la energía acumulada de los dictados anteriores de todos los Maestros Ascendidos aumenta el impulso de la luz y la capacidad de algunos, y *no* de pocos en la Tierra, para mantener realmente una conciencia etérica.

Aunque no estén conscientes de ello, sus corazones y mentes tienden a gravitar hacia las octavas etéricas, tan evidentes a mayores alturas y en las montañas, y en las ardientes energías del frescor de las montañas nevadas. Pues este fuego del frescor es un estimulante de los chakras. Es un estimulante de la mente. Crea una aceleración de fuego simplemente por el cambio de temperatura de los cuatro cuerpos inferiores.

Por eso, la ganancia neta de esta actividad y de las anteriores bajo el patrocinio de los Maestros Ascendidos es que, para ciertos portadores de luz en la Tierra, la vida realmente se ha vuelto más etérica y, por eso, digo: ¡*más* práctica y *realista!*

Como esta Mensajera os ha explicado, se trata de la iniciación en el fuego de la tierra y en la tierra del fuego, en Capricornio como signo de iniciación que transmite al signo de Cáncer[7] la polaridad de Alfa y Omega desde la coronilla al chakra de la base, desde las montañas hasta el mar, de la llama del Padre a la de la Madre.

Comprended, pues, amados corazones, que esta Mensajera también ha vivido en ese plano etérico. Y veis el resultado en el esfuerzo y el rendimiento, el logro de toda la organización, porque el fuego del plano etérico vuelve prácticos y energiza, con un enorme impulso, a todos aquellos que pueden adentrarse en esa conciencia superior.

La conciencia etérica y la octava etérica son parte integral de vuestro propio Ser Crístico. Al entrar allí, al mantener un intenso campo energético de protección y armonía, podéis permanecer seguros en esa vibración y sostener las fuerzas de los arcángeles reunidas a vuestro alrededor como un manto poderoso de llama azul, de modo que la embestida del mundo que se resiente por la intrusión del pilar del plano etérico no pueda de ninguna manera perjudicar vuestra vida ni provocar sobre vosotros condiciones adversas.

Entonces, como veis, no es solo *meditar* en la octava etérica, sino también *estar* allí mediante la diaria maestría Divina, la transmutación y la superación de las densidades de la carne, ¡que es lo más importante en vuestro sendero! (Para *ser la totalidad* de Dios en acción y *poner fin a todas* las luchas humanas).

Publicar todos los dictados de los Maestros Ascendidos dados a través del Mensajero Mark L. Prophet

Ahora bien, amados míos, he explicado que todos los dictados de los Maestros Ascendidos anteriores a esta hora han sido como una escalera en espiral que conduce al momento del regreso de Maitreya. Amados, debido a que esto es así y porque en cada dispensación el individuo debe subir la escalera de esa iniciación paso a paso por sí mismo —todos y cada uno— hemos encargado a la Mensajera que publique todos los dictados dados a través de Mark Prophet para que podáis remontar la escalera de su manto, de sus muchas encarnaciones en la ejemplificación de la llama Divina de Maitreya y de mí mismo, para que podáis entrar en la espiral de la llama de la ascensión con él en todos los dictados y en el cuerpo causal de cada Maestro Ascendido que haya dictado a través de él.

Amados míos, por tanto, nos hemos comenzado a preparar para publicar de inmediato, álbumes de cuatro casetes que solo contienen los dictados consecutivos del Mensajero Mark; cuatro casetes de noventa minutos comenzando desde la hora de su ascensión y yendo hacia atrás hasta el inicio de su primer dictado grabado.[8] No puedo deciros lo que esto significará para la Tierra. Debéis experimentarlo por vosotros mismos. Al reproducir estos dictados en vuestra casa, en vuestro automóvil, al reproducirlos una y otra vez, incluso mientras servís o trabajáis, cantáis o cuidáis de vuestros hijos, (tal como se le dijo a Mark con fuego vivo) llegaréis a experimentar la escritura de la ley de Dios en vuestras partes internas: en la mente, en el alma, en el corazón, en cada chakra de vuestro ser y, finalmente, en cada célula, pues las células se limpian y purifican mediante la oración y el ayuno.

Y notaréis cómo la mente sigue las palabras y las cadencias, hasta que llegue el día, amados corazones, en que os encontréis recitando esos dictados, porque los sabréis de memoria. Y entonces conoceréis el significado de: «Daré mi ley en su mente, y la escribiré en su corazón».[9]

Escuchar la Palabra hablada del Maestro Ascendido a través del cáliz de Mark Prophet

Seres benditos, en este siglo xx, gracias a la tecnología disponible para este planeta, en realidad podéis escuchar la Palabra hablada por el Maestro Ascendido a través del cáliz de Mark Prophet y, por tanto, escuchar la Palabra hablada del mensajero de Dios como si estuvieseis delante de Moisés cuando él pronunció la Palabra del Todopoderoso.

Y debéis daros cuenta de que la ventaja es la siguiente: que, aunque es posible que hayáis oído hablar a Moisés en la hora en que él habló, entonces estabais menos avanzados en el Sendero, menos conscientes, menos impregnados de la llama violeta y de la luz sagrada. Hoy vuestro cáliz es de cristal; en contraste, en aquellas horas era una olla de barro, y teníais mucho que transmutar.

Y así es, amados míos, que *la Palabra hablada de la Divinidad a través de un mensajero vivo, ahora ascendido,* puede entrar en el oído interno, y podéis repasar lo ocurrido en el antiguo continente de Lemuria mucho antes del descenso de los ángeles caídos, cuando los poderosos Maestros y los Manús[10] se sentaban con vosotros, uno por uno, y por tradición oral os transmitían al oído, al oído interno, el sonido del mantra, el sonido de la Ley, el sonido de la Palabra. Y se estremecía en el tímpano y vibraba en los huesos y se registraba en la sangre; y, por tanto, erais *moldeados* a partir de la Palabra misma de Dios, pronunciada por los Manús y por los Elohim.

En este día y era, por tanto, descubrís que al escuchar estos dictados sois moldeados de nuevo, renacidos como una nueva criatura por el poder de la escala ascendente de estos dictados. Ellos son los cimientos. Son los bloques de construcción. Y cuando hayáis escuchado todo esto como la cadencia alegre y ondulante de la llama ahora crecida hasta el tamaño de vuestro propio templo corporal, y todos vosotros os hayáis convertido en la llama y la Palabra se haya convertido en todos vosotros, conoceréis el significado de los cimientos de ese poder y de construir sobre ellos y tendréis una mayor comprensión de la compleja enseñanza entregada por la luz de Omega a través de la Madre desde la ascensión de vuestro amado Mark.

Pasos sobre la escalera en espiral

Corazones preciados, vuestra propia Madre, con vosotros aquí, apenas podía contener su alegría y el deseo de gritar a los cuatro vientos esta dispensación maravillosa de todos los dictados dados por medio de su amado Mark, los cuales escuchó, todos y cada uno, sentada a sus pies y (en los primeros tiempos) ¡manejando el equipo de grabación de cintas!

Amados míos, comprended, pues, que esa escucha a sus pies fue para los propios pasos de ella en esa escalera en espiral. En consecuencia, ella fue formada y reformada como la chela viva. Al haber pasado por esas iniciaciones, estuvo lista para hacer avanzar la comunidad, construida sobre el poder de Alfa y el poderoso impulso del Gurú Lanello, para ser concluida ahora por el poder de Omega que debe remontar todo el impulso del regreso mediante la corriente de la ascensión de las evoluciones de este planeta.

Amados míos, algunos se han sentido agobiados por la complejidad de las enseñanzas dadas desde la ascensión de Lanello y, sin embargo, él mismo las ha dado, ya que su corazón es parte de los Maestros Ascendidos que han hablado. Ahora bien, cuando asimiléis «el cuerpo y la sangre» de los primeros dictados descubriréis que todo lo que ha sucedido desde el 26 de febrero de 1973 se vuelve claro como el cristal y está a la espera de vosotros y de vuestro logro. Y comprenderéis en verdad la construcción individual de vuestra pirámide de la vida.

Debido a la propia economía de la vida de esta Mensajera, no podíamos, por supuesto, esperar a que todo el movimiento llegara a la Puerta. Pues este es un movimiento poderoso del pueblo de Dios a través de las arenas del desierto, a través de los valles, en las civilizaciones y ciudades del mundo, y desde allí volver a esa Tierra Prometida de la Raza YO SOY [los Estados Unidos de América] y, una vez más encontrar la seguridad, como la seguridad del Sinaí, que descubrís aquí; aquí en el refugio del Retiro Interno.

Así pues, cuando consideráis la peregrinación de decenas de miles, de cientos de miles de almas, algunas están al principio como una caravana de la luz, y algunas se encuentran al final. Y esa fila de peregrinos significa que a medida que cada uno es capaz de asimilar, también puede respirar el aire sutil. Es capaz de llegar primero desde el plano físico a través de los niveles de los planos del deseo. Al pasar a través de ellos, hay una agudización de la mente y de la instrucción del corazón hasta que el llamado de la octava etérica y el poder del fuego sean un imán de tan poderosas proporciones que sea más grande que todos los tirones de los sentidos y que la esclavitud de este mundo, su beligerancia y su guerra.

Entonces, amados míos, cuando todo esté dicho y hecho, encontraréis grabado tanto en la Palabra hablada como en la escrita todo lo que es necesario para que cualquier persona de cualquier raza raíz, de cualquier oleada de vida que esté peregrinando en el planeta Tierra, encuentre su camino de regreso a la montaña de Dios, esa montaña sagrada donde una vez hace mucho, mucho tiempo, dejó de servirle a Dios y cayó montaña abajo;[11] *abajo* significa más bajo en vibración en el plano astral, y se perdió. Vosotros, que habéis recuperado la posición ventajosa de la montaña, la perspectiva de la pureza que encontráis aquí, la claridad de mente y corazón, no descuidéis recordar a vuestros seres queridos, vuestros hermanos y hermanas, amados corazones, que todavía están atrapados y agobiados y no lo saben.

Vais a sacarlos a medida que continuamos elevándoos más alto. Sabréis realmente cuál es la fortaleza de la cadena de la jerarquía, cómo se forja y gana cada eslabón, y cómo esos eslabones no pueden romperse excepto por libre albedrío. Algunas corrientes de vida abandonan la Gran Hermandad Blanca, y entonces la mano de Maitreya deshace el vínculo, elimina ese eslabón y vuelve a sujetar la cadena. Por tanto, la cadena de la jerarquía sigue adelante.

Una dispensación de la llama dorada de la iluminación

Amados míos, esta dispensación desciende. Y desciende en forma de un barco gigantesco, un navío, uno que podríais comparar al arca de Noé o al veloz barco de Maitreya. Y es todo dorado, como la llama de la iluminación, casi como flotando desde el cielo, lo que significa que la enseñanza es un barco y el medio para cruzar a las dimensiones superiores del Buda Gautama.

Si tan solo pudieseis ver la octava etérica ahora, y yo abriera vuestros ojos de la *imaginación*, el «ojo mágico» del ojo interno, ¡todas las colinas y los valles del Retiro Interno y toda esta propiedad brillarían como si estuvieran en un perpetuo atardecer dorado! Todo tiene un tono dorado, que os recuerda a esa antigua raza amarilla que obtuvo ese color por su concentración en el chakra de la coronilla.

Por eso, Lanto y Confucio y los Hermanos de la Túnica Dorada celebran sobremanera la hora en que pueden participar y ayudar conmigo a transmitir esa iluminación, esa educación, y esa enseñanza que tiene el poder instantáneo de la conversión porque viene del Espíritu Santo, viene del Señor del Mundo. Restaura la memoria. Muestra lo que es obvio. Elimina el lavado de cerebro al instante. Y la mente percibe el engaño y las argucias cuidadosamente planeadas por la conspiración de la oscuridad. Estos desaparecen y literalmente se disuelven en la luz dorada. Por eso, esperamos que los siervos ministrantes[12] se conviertan en instructores a gran escala en todo el mundo.

Querubines con una espada flamígera guardan el camino del Árbol de la Vida —el Cuerpo causal de Maitreya— en el Retiro Interno

Por tanto, acompañando a la dispensación se encuentra también la maravillosa presencia aquí esta noche, que siempre está ahí, «al oriente del Jardín del Edén». Mientras haya una sola corriente de vida en la Tierra con karma sin transmutar, mientras existan los caídos, habrá una espada flamígera que guarde el camino del Árbol de la Vida en el centro del Jardín.[13]

Así pues, los querubines con la espada flamígera, amados míos, se colocan no solo en la Puerta Este del Edén, sino en varios puntos en toda esta propiedad. Y esa espada gira en todas las direcciones, y ata y juzga a los que vienen con malicia o con ansias de apoderarse de la propiedad o de robar la luz o la libertad de nuestros miembros. Comprended pues, amados míos, que podéis invocar el poder de los querubines y la espada flamígera a cualquier hora para el juicio y la atadura de todos y cada uno de los que atacan los propósitos cósmicos establecidos aquí para vuestra vida.

El fruto de la iniciación:
El poder de la vida eterna en la llama de vuestro corazón

Ahora bien, vosotros entendéis que el Árbol de la Vida en medio del jardín es la presencia misma del árbol del cuerpo causal de Maitreya. Para vosotros, ese Árbol de la Vida está representado en la Mensajera, a través de cuyo cuerpo, templo y corazón transmitimos el fruto del Árbol de la Vida, que es el fruto de la iniciación, el fruto iniciático por el cual ganáis una vez más aquello que se había perdido, el poder de la vida eterna en la llama de vuestro corazón.

Antes de que recibáis las iniciaciones del Árbol de la Vida —el poder de la Divinidad que habita corporalmente en vosotros— hay iniciaciones preliminares en esta escalera dorada en forma de espiral que conoceréis y entenderéis cuando escuchéis varias veces los dictados de los Maestros Ascendidos a través de Mark. Allí está todo: las huellas, el Sendero, el entendimiento, las *claves*. Permitid que penetren en vuestro subconsciente.

A diferencia de cualquier otra escuela o de la relación instructor-alumno en la Tierra, cuando escucháis esos dictados, se os transmite completamente a vosotros la presencia, el poder y la sabiduría de dos Maestros Ascendidos, el Mensajero Ascendido y el Maestro Ascendido que habla. Así se completa el círculo de Alfa y Omega. Y no necesitáis resistiros o protegeros de la creación humana o de los ímpetus humanos.* Tenéis la capacidad completa y definitiva de abrir todos los chakras a la Palabra y a

---

*. . . como lo harías en el caso de un maestro terrenal sin el manto de la Gran Hermandad Blanca.

la emisión y saber que ningún ímpetu sin transmutar de ningún maestro terrenal se os transmitirá.

Esta es una dispensación extraordinaria, amados corazones. Y confío en que vosotros, a quienes contamos como los sabios estudiantes de los Instructores del Mundo, os daréis cuenta de la gran oportunidad que tenéis para hacer vuestra ascensión en esta era.

Por eso, a mayor luz mayor refuerzo de protección. Pero del mismo modo, amados míos, los muchos árboles en el Jardín, muchos más que los que se mencionan en vuestras Escrituras[14] actuales, para todos los propósitos de Dios estaban destinados a las llamas gemelas de la Tierra y para satisfacer todas sus necesidades. Estos muchos árboles también representan un bosque de devotos de la luz: cada chela y discípulo de Maitreya que lleva el fruto de su propio Árbol de la Vida, su propio cuerpo causal, que expresa con esmero y dominio de sí mismo esa parte de Dios con la cual puede ayudar y apoyar, sostener, iluminar y amar a otros.

Así que también podéis identificaros a vosotros mismos y a vuestra misión con la espada flamígera cuando pedís a los siete arcángeles la protección de esta propiedad que se convierte en el experimento de la Gran Hermandad Blanca, en el deber sagrado de que una vez más un grupo de corrientes de vida tan dedicadas pueda resistir toda oposición a la presencia de Maitreya en la Tierra.

Amados corazones, os digo que esas historias que se han difundido a través de Benjamín Creme en cuanto a la venida de Maitreya en un determinado individuo no son verdaderas, sino de la falsa jerarquía.[15] Y están diseñadas para desacreditar y adelantarse a la verdadera venida de Maitreya en orden secuencial, como siempre ha sido en la evolución jerárquica de las eras del planeta Tierra.

Cuando estuve encarnado, yo era la presencia de Maitreya. Tanto de Maitreya como pudo entregarse a la gente, él lo entregó a través de mí. Y fue una obra poderosa y una entrega extraordinaria que ha sostenido a millones estos dos mil años.

En esta hora, debido a mi ascensión y a la aceleración de los portadores de luz: «El que en mí cree, las obras que yo hago, él las hará también; y aún mayores, *aún mayores obras que estas,* hará».

Por tanto, bajo la dispensación de la presencia de Maitreya como el Buda venidero que ha llegado en los albores de la era de Acuario, os dais cuenta de que las obras mayores que se esperan también implican que la Ley espera que una mayor porción de Maitreya y de mí mismo se entreguen en esta era a través de esta Mensajera y de los muchos discípulos en todo el mundo que guardan la llama y que, en algunos casos, están facultados con un poder mayor que el que tenían los apóstoles. Esto, amados míos, se debe a la transformación de los mundos y al cambio de los ciclos; por tanto, no necesariamente por el logro, sino por el viento del Espíritu Santo en vuestras velas, por el impulso de la Gran Hermandad Blanca en vosotros entregáis la presencia de Maitreya al mundo. Ved, entonces, que Maitreya realmente es más físico que nunca desde el Jardín del Edén. Pues su retiro a las octavas superiores se debió a la traición de los ángeles caídos y a los actos de los ángeles caídos contra Adán y Eva y otros que eran parte de esa Escuela de Misterios.

De ese modo se ha producido el prolongado escenario de los ángeles caídos y sus prácticas diabólicas contra los puros y los inocentes. Y uno tras otro, cada uno tiene que llegar a la conclusión divina del Regreso. Cada uno es responsable de haber abandonado la Escuela de Misterios. Y cada uno es responsable de su propio regreso y de hacer uso de lo que está disponible y accesible como la Palabra divina.

La señal de la columna de fuego
Old Faithful y el nombre *Paradise Valley*

Por tanto, Maitreya está realmente con nosotros. Y Maitreya desea que se haga este anuncio antes de la llegada de Helios, para que el propio Helios pueda manifestar la perpetua sonrisa del Sol, pueda guiñar el ojo y reír con alegría; para que cuando él ponga sus pies en este suelo, los esté poniendo sobre esa Escuela de Misterios del Jardín del Edén que ha vuelto, marcada por la señal de la columna de fuego, *Old Faithful*,* *(Viejo Fiel)* del nombre que se recuerda con el apelativo de *Paradise* Valley *(Valle del Paraíso)*.

Oh, amados corazones, si tan solo pudierais conocer las ordenanzas de Dios y las disposiciones previas de Su voluntad y la red divina contenida en el cuerpo causal del Gran Director Divino; ¡si tan solo pudierais daros cuenta de que hay una poderosa red de luz que desea sosteneros con tanta ternura como una violeta o una nomeolvides en los bosques! Tan solo tenéis que ascender cada nivel de la red y adaptaros al arquetipo para descubrir a diario un nuevo horizonte de nuevas octavas de luz que no habéis visto ni conocido antes.

Esta es mi alegría en la hora en que el mundo cristiano celebra mi ascensión. Esta es la hora, como sabéis, en que me recibió una nube que me ocultó de sus ojos.[16] Y desaparecí de la vista y de esa escena y de ese episodio solo para continuar mi misión, porque nunca he dejado de servir, tanto en la octava física como desde los planos superiores.

Os bendigo ahora, amados, y vuelvo a las octavas de luz donde estoy con Maitreya preparando, ¡oh!, preparando y suavizando los corazones de muchos para que reciban una mayor proporción de luz y de la enseñanza. Es nuestra oración, como se os ha dicho, que la Tierra pueda mantenerse en equilibrio porque muchos más corazones saltan ante la oportunidad de convertirse en el cáliz.

El foco vivo del Santo Grial sobre el corazón

En el nombre del Santo Grial que YO SOY, pongo ahora en la octava etérica sobre este Corazón el foco vivo y verdadero

---

*Nota del traductor: Es uno de los géiseres más conocidos del Parque Nacional Yellowstone, en Wyoming, Estados Unidos.

del Santo Grial, buscado por todos los caballeros de Cámelot, contemplado en el corazón inmaculado de todas las damas de la llama. Lo pongo aquí como una luz resplandeciente, un foco brillante que nadie en sus cuerpos sutiles pasará por alto. En sí mismo es el imán de mi cuerpo y mi sangre. Es el imán de la enseñanza y el gran misterio de la llama en el cuenco: el Espíritu que infunde fuego, anima y sopla el aliento de vida sobre la Materia.

Por tanto, que podáis ser, que podáis hacer, que podáis salir en mi nombre y en recuerdo de mi dulce caricia, ya que pongo mi mano sobre vuestra mejilla, en cada uno, y recordad cuánto os he amado.

Admiro . . . oh Morya El, tus valiosas palabras: «Bien hecho». Porque, gracias a tu ejemplo, estos aprecian tanto la voluntad de Dios que Maitreya puede recibirlos ahora.

31 de mayo de 1984
Corazón del Retiro Interno
Rancho Royal Teton, Park County, Montana

CAPÍTULO 4

Amado Señor Maitreya

La misión de Jesucristo

*La redención de las llamas gemelas
en la Escuela de Misterios de Maitreya*

Amados míos, os doy la bienvenida a mi corazón, como se la di hace mucho tiempo al joven Issa, vuestro Jesús, cuando vino a los Himalayas y entró en contacto con el fuego del Tíbet, conoció a los antiguos lamas y me encontró.[1] Porque yo era el prometido y conocido de él, incluso antes de nacer, así como todo el drama de la misión del avatar de la era de Piscis fue calculado por Dios, por supuesto, y dirigido desde arriba.

El dulce Jesús, el poderoso, cuando dijo a sus padres a la edad de doce años: «¿No sabíais que en los negocios de mi Padre me es necesario estar?»,[2] se refería al Instructor, al Gurú eterno al que debía dirigirse y encontrar. Él debía ir al Oriente, como todos los santos, para recibir la unción del linaje de su origen.

Así pues, os revelo la verdadera misión del Salvador, tan fielmente declarada por los apóstoles, para la redención de las llamas gemelas que tomaron el sendero del Árbol de la Vida en la antigua Escuela de Misterios, y la astucia de la filosofía serpentina los desvió; que era la filosofía de los ángeles caídos que estaban decididos a subvertir la luz de las llamas gemelas y a orientarlas erróneamente acerca del gran don de Dios a todas las generaciones futuras.

La culpa, por supuesto, no es de aquellos dos ni de nadie en particular, pues no atribuimos culpa alguna, excepto al nuevo ciclo de oportunidad de retomar la llama, la llama de Alfa y Omega, llamas gemelas del Único. Ningún alma reunida aquí ni nadie en la Tierra en este día, la mayoría sin saberlo, ha esquivado el sucumbir de algún modo a cualquiera de las sutilezas de la mentira de Serpiente. Por lo tanto, todos están en el proceso de salir de la antigua Escuela de Misterios o de regresar a ella. ¿En qué dirección estáis caminando, amados? En esta hora, por supuesto, habéis venido a mi corazón. Mediante el imán de mi corazón, aprovecho la ocasión para realinearos con la estrella polar de vuestro propio ser de modo que nunca más salgáis por el capricho o la fantasía de esos oscuros con su histrionismo e insensatez, adulación y lisonjas e interminable parloteo.

Así pues, la misión de Jesús era volver al Edén; sin embargo, la Madre Patria había desaparecido. Por eso, vino a Shambala, hasta el antiguo depositario de las tablas de Mu y de las escrituras de Maitreya, de Gautama y Sanat Kumara. Vino para la redención de aquellos que se habían apartado de la ley de la Madre Divina y para restaurarlos al verdadero sendero del discipulado bajo el Cristo Cósmico.

La mayor luz se envía al lugar más oscuro

Tan perfecto era él que el Anciano de Días determinó que, tanto como la Gran Ley permita, el sendero de la Escuela de Misterios debe demostrarse por el ejemplo de su misión. Las pruebas de esa misión y su capacidad para sobrellevar esas iniciaciones en lo externo fueron objeto de nuestras sesiones de instrucción durante sus dieciocho años en el Oriente.

Sí, se convirtió en estudiante, erudito y sabio, al pasar por las escuelas de preparación y recibir de mi corazón la atribución de poder de Gautama y de Sanat Kumara para volver al lugar del karma más oscuro del planeta Tierra; nada menos que Palestina, el cruce de caminos del Medio Oriente, el lugar de la Madre y el lugar de una profunda oscuridad y de actividades de muchas corrientes de vida y evoluciones que se habían enfrentado a la Palabra viva en sus propias estrellas de origen y que siguieron con el mismo comportamiento en esa era y época.

Por tanto, la mayor luz se envía al lugar más oscuro para poner al descubierto, para acusar mediante la separación del error, de modo que todos puedan elegir la derecha, la izquierda, el norte o el sur, el este o el oeste. Ya sabéis que la dirección lo es todo, amados, y el Todo.

¡Jesús, el Maestro, el amor de mi corazón! De hecho, yo soy el instructor que vivió para ver a su discípulo superar su propia enseñanza. Siempre debe ser así, pues este es el propósito de la transferencia del manto: que la luz del discípulo, multiplicada por el Gurú, debe superar al primero, así como al último. Y aún mayores obras,[3] mediante la Palabra viva, debe ser el nuevo fruto del Árbol de la Vida que aumenta en poder, sabiduría y amor con cada sucesiva dispensación de dos mil años.

Así, amados, Piscis ha pasado y está pasando, y los residuos de su karma han estado sobre vosotros durante varios años con gran carga para la humanidad. Apenas he visto a Kuan Yin estos años sin una lágrima en el ojo de la sensibilidad de la Madre ante el dolor del mundo.

¡Kuan Yin, Kuan Yin! Oh, Luz de Asia, ¡Luz del Eterno! Forma femenina del Buda, nos inclinamos ante tu voto de bodhisatva. Porque tú lo eres, nosotros también nos sentimos animados por el signo visible de la Mujer universal, la Madre siempre presente en la Señora de la Misericordia.

Reconoced a Jesús como el Salvador de vuestra vida

Mis amados, ¡con cuánta alegría os recibo aquí como recibí al joven Jesús! Pues la dispensación está realmente abierta, y puede comenzar de nuevo, para tomar a aquellos que se han ofrecido como aprendices ante el maestro de Darjeeling y de Saint Germain y del Gran Director Divino, aquellos que se han disciplinado a sí mismos por la ley del amor ante el Cristo vivo.

En verdad, *en verdad*, debéis reconocerlo como el Salvador de vuestra vida, ¡porque lo es! Él os restauró el contacto con vuestro propio Ser Crístico, y está aquí hoy para aumentar vuestra chispa o incluso encenderla de nuevo si por vuestras palabras y vuestras obras podéis girar ciento ochenta grados hacia la faz del Hijo vivo de Dios. Si no podéis ver al Salvador en él, no puedo enseñaros; no hay nada que pueda hacer. Él ha impartido mi enseñanza. Deseo aceptaros desde ese nivel y más allá. Nunca podréis salvar ni a un abejorro si no veis la gloria de esa vida.

Venid ahora. Que los miedos y las argumentaciones, que las ideas materialistas sobre Dios, que todas las quejas respecto a la misión y la vida de Jesús, ¡cesen! Porque, en efecto, él fue y es Dios encarnado en el sentido único de que Dios lo elevó como ejemplo, pero nunca en el sentido exclusivo de que nadie pudiera seguir sus huellas.

Llevad esto a vuestro corazón con humildad y no con orgullo. Algunos olvidan que deben derribar antes de poder construir, e ir al nivel debajo del sótano y enterrar el orgullo y enterrar la ambición y enterrar a los muertos y seguirme.[4]

YO SOY Maitreya que viene de nuevo. Los ciclos avanzan con gran ritmo. Dilatadas eras cambian y la puerta se abre. Por eso os digo, como el maestro principal de la Escuela,[5] que estoy realmente cómodo, y físicamente es así, por la gracia de este cuerpo* que se me ha prestado. Y me comprometo con vuestro

---

*el cuerpo de la Mensajera.

corazón, como Dios se comprometió conmigo, a entregaros en estos meses, años y décadas, fielmente, la enseñanza personal que es el requisito para vosotros, no solo para la ascensión, sino para el mayor logro de vuestra alma antes de esa ascensión, por medio de la cual el don de vuestro logro pueda ser una ofrenda ante el altar de la humanidad.

Pido espirales de anillos de devotos alrededor del sol central de mi entrega. Pido la percepción y el reconocimiento de la importancia de esta propiedad y de la comunidad de Glastonbury y la absoluta necesidad de que el Lugar Preparado físico se establezca para que mi Escuela de Misterios y las enseñanzas del Cristo Cósmico sean legadas a perpetuidad a los portadores de luz del mundo. Al haber obtenido la propiedad, ahora debéis conservarla. ¡Conservadla, os digo! ¡Defendedla! ¡Conquistadla! ¡Sometedla! ¡Dominadla! Que por vuestras manos fructifique, se multiplique y produzca la cosecha de alimentos para los devotos de Maitreya.

«Yo y mi Padre somos uno» es un llamado

«Yo y mi Padre somos uno» es el mantra de protección de la relación Gurú-chela que le di a él, al Hijo del hombre. ¡Yo y mi Padre somos uno! Cuando pronunciáis estas palabras, el linaje de vuestros Maestros Ascendidos está con vosotros, la Presencia Electrónica de Jesús está sobre vosotros, vuestra propia Presencia YO SOY y el Santo Ser Crístico están ahí y, al instante, YO ESTOY ahí. Pues Jesús desea que lo llaméis «Hermano», y a mí, «Padre». Y estoy de acuerdo, porque es un recordatorio de que él no está tan por encima de vosotros, sino a vuestro lado; aunque muchos de vosotros lo habéis conocido como Padre.

Por lo tanto, ya veis, el mantra «Yo y mi Padre somos uno» es en realidad un llamado. Uno que podéis realizar en momentos de peligro, caos, confusión o accidente, enfermedad o cualquier necesidad, mientras tengáis la percepción de que el llamado no puede fallar ni podrá fallar, siempre que sepáis quién es el Padre. El Señor Dios Todopoderoso es el Padre; y Sus emisarios, a quienes Él ha otorgado el manto de Su Presencia para enseñar a la humanidad, son el Padre. Por eso, el mantra «Yo y mi Padre somos uno» usa el nombre YO SOY para confirmar el vínculo de nuestra unión.

Por ley cósmica, no puedo dejar de responder al llamado de este mantra. La única variación en mi respuesta es vuestra propia vibración. Pues, aunque pueda estar con vosotros, es posible que no lo sintáis hasta que hayáis dominado la turbulencia de vuestras emociones. Por tanto, nuestra unión es cada vez más cercana a medida que asumís la semejanza y la imagen del Padre que deseo legaros.

La enseñanza será personal

Mis amados hijos e hijas, es realmente una nueva era. Jesús es bajado de la cruz, yo soy bajado de la cruz; pues ya pasó la larga noche que separaba a la humanidad de la instrucción directa. La Madre es bajada de la cruz, y también vosotros sois bajados de la cruz.[6] Y el mundo mismo, como el nuevo nacimiento, como la cruz del karma en Aries, se mantiene en equilibrio gracias al cuerpo causal de los santos.[7]

Por ello, con la regularidad y el ritmo de los ciclos, la enseñanza debe ser personal. Aunque se da a muchos cientos y luego a miles, siempre estará dirigida al individuo que está presente en el nivel del Cristo Cósmico que dirige el llamado y recibe la respuesta de muchas maneras.

Establecer la Escuela de Misterios aquí, me permite acercar más a la octava física la poderosa aura, la Presencia del Señor Buda Gautama, Señor del Mundo, cuya llama de Shambala arde intensamente. Y he puesto un foco de mí mismo meditando en la postura del loto sobre el monte que llamáis Montaña de Maitreya. De modo que esta es una señal que se erige para que todo el mundo sepa que a Occidente ha llegado la Salvadora; y que la Madre Universal, una vez más, puede transmitir la enseñanza de Maitreya a través de su instrumento y sierva.

El anhelo del alma por Dios

Amados míos, os recuerdo el anhelo de vuestra alma por vuestro Primer Amor, profundamente expresado en la meditación que habéis escuchado: «Un bel di».[8] El antiguo recuerdo del amor perfecto en la unión del alma con Dios se ha buscado a lo largo de las eras. El anhelo del alma por Cristo, por Dios, supera incluso al de la llama gemela.

El amor por el Todopoderoso y por completar el círculo de la identidad es un amor, como se expresa en esa pieza musical, que es algo por lo que se da la vida y no se desea vivir sin él. Dios no desea que nadie se quite la vida, ni la pierda, por la pérdida de ningún amor, sino que busque y encuentre la unión con el Cristo a través de la unión con el propio Instructor y luego la unión con la Presencia YO SOY. Porque solo a través de esa Presencia pueden las llamas gemelas conocer la unidad suprema de la dicha perpetua de Alfa y Omega.

Corazones unidos en amor en el sendero del discipulado, familias, niños, discípulos, todos los que son parte de la sangha del Buda: Os hablo del amor y de satisfacer la necesidad del amor a través del Sendero hacia Dios. Al conocer y encontrar ese amor, cualquier otro cisma dentro de la psique se disuelve y, por fin, sois libres para dar amor perpetuamente, constantemente y siempre, a los necesitados que tienen menos amor que vosotros y que pueden ser avivados por esa luz.

Este es nuestro objetivo: haceros primero discípulos, luego maestros de la libertad capaces de estar en la Tierra como instrumentos de Saint Germain para que podáis sentar las bases firmes de la era de Acuario, que no pueden retroceder; y al haber cumplido la tarea, el dharma, y todo, ir hacia otras dimensiones donde aún otras corrientes de vida esperan vuestra llegada y vuestra ayuda.

El acontecimiento de los milenios: la iniciación de Helios

Ahora bien, amados míos, he venido no solo a conversar con vosotros, sino también para una tarea necesaria. Mientras disfrutáis ahora de la luz, vuestros cuatro cuerpos inferiores están siendo preparados para recibir la iniciación de Helios. No faltan tantas horas para su venida.[9] Los ángeles del Señor Buda os están transmitiendo una suave pero poderosa luz, para que vuestros cuerpos puedan recibir una mayor luz y sostenerla.

Pero también debo tocaros, amados. Y quisiera tocaros, pues, con la joya tan consagrada por la oración de la primera Madre de la Llama, Clara Louise.[10] Por lo tanto, os invito a venir a este altar para que pueda tocar vuestra coronilla por medio de la mano de la Mensajera, a través de esta piedra, para acelerar vuestros cuatro cuerpos inferiores y el alma en preparación para este acontecimiento de los milenios.

Pido que solo a los discípulos conocidos se les permita asistir a este evento. Porque nos preocupa que demasiada luz sea una fuerza destructiva en el templo corporal de los no iniciados. También pido que los que van a recibir esa bendición reciban esta. Por lo tanto, se puede administrar a los que puedan llegar al día siguiente.

Oh, Luz del Ahura Mazda, o Luz Eterna, exalta e intensifica ahora la llama de la Madre dentro de este foco de devoción a la Madre. Mediante la llama de la Madre, transmite el fuego del Buda y sella a cada uno sano y salvo en el anillo áurico de protección de Shambala.

La Hermandad de Shambala os saluda. ¡Bienvenidos, monjes y hermanas! ¡Bienvenidos, devotos del corazón!

Valorad lo que es de valor sublime

En verdad, YO SOY quien está aquí, y YO SOY quien está con vosotros. Y no dejaré mi silla, fundamental en esta Universidad de los Maestros Ascendidos, hasta que todos los que han sido designados por los Señores del Karma, todos los que fueron nombrados la víspera en el Retiro Royal Teton en vuestra presencia, chelas, hayan venido a este lugar a recibir esa instrucción y esa oportunidad para la liberación del alma.

Así pues, iniciamos ahora a estos hijos e hijas. Y estamos preparados para que el mundo esté listo y escuche nuestro llamado.

Amados míos, atesorad lo que es realmente un tesoro, valorad lo que es de valor sublime, y definid vuestras prioridades para el resto de esta vida.

Os conozco ahora, os conocí entonces, y os conoceré en la próxima vida, para que donde YO ESTOY vosotros también estéis en la unidad del Amor.

2 de julio de 1984
Corazón del Retiro Interno
Rancho Royal Teton, Park County, Montana

CAPÍTULO 5

Amado Señor Maitreya

¡Ha llegado la hora de la Escuela de Misterios!

¡Desciende, fuego eterno; te suplicamos! Salta ahora de coronilla en coronilla. Crea tu propio nido, oh fuego del viento. Que el fuego dorado arda en el centro de la coronilla de mi Amada. Que el alma consuma al yo inferior y se identifique con el Yo Superior.

De este modo se eleva la luz de la Madre. Es una hoguera que consume la escoria de la conciencia humana. Y vuestra obra, sin duda, el fuego la probará; porque YO SOY EL QUE YO SOY Maitreya. YO SOY el Enviado vivo. YO SOY el amado de la Madre universal.

YO SOY vuestro Instructor, y tengo una cuenta pendiente con todas y cada una de las corrientes de vida del planeta Tierra. Más bien, es la cuenta de esa corriente de vida; y debo afrontarla como el auditor divino. De alguna manera la corriente de vida nunca está lista para la auditoría divina, pero el auditor debe venir y hacer sus arqueos. Afortunadamente para vosotros, he retrasado mi venida, pero ya no puedo retrasarla más.

Por eso, mi Hijo ha anunciado que la Escuela de Misterios ha vuelto al Corazón del Retiro Interno,[1] y mis chelas allí han recibido el primer mensaje entregado por esta Escuela de Misterios.[2] Este es un mensaje que espera por vosotros, así como por vuestra venida.

Solo necesitáis declararos como mi chela, y mi chela a través de la representante de la Madre ante vosotros, reconociendo nuestra unidad y, por tanto, escuchar mi mensaje cuidadosamente preparado por mí para aquellos chelas del fuego sagrado que han servido durante mucho tiempo como personal de los Mensajeros, como la llama encendida de la Santa Iglesia.

Amados míos, busco enmendar el error, restablecer el vínculo con mi corazón o reforzar el que nunca se ha roto. Mi partida de los planos inferiores de conciencia y deliberación fue necesaria debido a la preferencia expresada de ciertas corrientes de vida de seguir a los ángeles caídos como sus instructores en vez de al representante del Cristo Cósmico. Por eso, hoy nos encontramos con muchos que han buscado durante muchas vidas aumentar o restablecer el vínculo con el Cristo Universal. Muchos de ellos están preparados para mi venida, pero otros han permanecido en desacuerdo conmigo y mi espada, con mi cetro y mi unción.

Os enseñaré a ser más de vuestro Ser

Por tanto, amados míos, os presento el Sendero; y presento una enseñanza para aquellos que se consideran discípulos experimentados en el Sendero. De ahí que mis primeros frutos de iniciación del Árbol de la Vida son para quienes son los más grandes devotos de la Tierra en esta actividad, y en otras, para que puedan elegir realinear sus fuerzas y su alma con lealtad al fuego de la Palabra universal de la cual YO SOY su representante.

De modo que vengo a ungir primero a los pastores y a los apóstoles; y a corregir algunos de los problemas de larga data en aquellas corrientes de vida que, por lo demás, sin duda, podrían considerarse como nuestros mejores servidores.

Así, amados, el primer discurso en esta serie de instrucciones a los míos ya se ha dado y está preparado para vosotros que ahora deseáis dejar los valles y subir a la montaña, que comprendéis que el llamado de Maitreya debe exigir que toméis una postura en desafío directo a ciertos ímpetus antiguos de separación de la caminata interior con el Ser Universal. No puedo recibiros tal como sois, sino que debo enseñaros cómo llegar a ser más de vuestro Ser de lo que actualmente está representado en vuestra vida.

Al asumir vuestro deseo y disposición de entrar, os doy este día el segundo discurso de la Escuela de Misterios,[3] ya que está relacionado con el primero. Y aquellos que lo escuchen y la serie que daré, en una hora determinada, habrán completado los catorce misterios del sendero de Maitreya. Estos, al haberse dado y publicado, serán en sí mismos la prueba de la medida y de la calidad de aquellos que han escuchado y que han aplicado, o que no lo han hecho, la verdad y el amor de mi corazón.

Desde allí procederemos con el círculo interno de devotos que pueden continuar con la enseñanza avanzada; mientras también comenzamos un curso para aquellos que están en el nivel de discípulo y los que están por debajo de ese nivel, quienes también deben tener los conceptos básicos que se dan como preparación para ingresar en la Escuela de Misterios.

El principio de asociación

Amados, hablo del principio de asociación, de la correcta aplicación de este principio y de sus usos erróneos.

La asociación del chela con el maestro está destinada a ser la oportunidad de observación precisa por parte del chela, quien debe aprender en muchos niveles a apropiarse de la luz, de la dispensación y de la maestría del Instructor mediante la sensibilidad del alma; conocer el corazón del Instructor mediante la observación, incluso de lo que no pronuncia; aprender el camino del Logos, el razonamiento de la mente desde la premisa hasta la conclusión, y la organización de la acción y la determinación de la acción correcta en lugar de la acción equivocada.

Algunos, que se han rebelado contra del Instructor que habla a través de los Mensajeros, se han enojado porque no todo fue enseñado mediante una fórmula, mediante una lista de reglas o ecuaciones, sino más bien por el ejemplo paciente, el aligeramiento o la concentración del sendero de aprendizaje.

El camino hacia la condición de adepto está condicionado por vuestro yo; porque puedo aseguraros de que el Instructor podría impartir todos los misterios del reino en una sola hora, pero sería como echar perlas a los cerdos del yo no transmutado.

Así pues, amados, es posible que escuchéis (o que os *parezcáis* escuchar) las mismas lecciones muchas veces, pues por asociación no habéis captado ni asimilado las gotas el preciado aceite de la corona de sabiduría de la Madre o del cetro de Maitreya.

La asociación, entonces, está destinada a la unión eterna y al gran amor compartido entre el Instructor y el alumno. En este amor hay compasión de uno hacia el otro y la perpetua comprensión por parte del estudiante de que una visión parcial nunca revela la totalidad de la corona ni la belleza del Revelador.

Por eso, en la visión parcial uno se abstiene de juzgar. Uno se abstiene, si así lo decide, del sentimiento de injusticia con respecto a las supuestas injusticias del Instructor. Ver el sentido de culpa dentro de uno mismo y rasgar el velo del propio maya es un prerrequisito necesario para contemplar la propia identidad Divina cara a cara. Así pues, el velo en la carne del Instructor oculta la luz más pura y la Verdadera Identidad. Y, por tanto, el alumno lo busca con confianza y fe y con la propia percepción y alineación internas; y finalmente se establece el contacto.

El principio de asociación, entonces, es para la búsqueda personal de la iniciación a través del corazón del Instructor, no alrededor ni debajo, ni a los lados ni hacia atrás, de acuerdo con la ley de la propia autoestima. ¡Volad en línea recta como una flecha *a través* del corazón del Instructor! ¡Preparaos para el dolor de vuestra jornada y para la bendición de vuestro nuevo nacimiento en el mundo del Espíritu!

No sabéis lo que hay al otro lado del corazón del Instructor, del Buda, de la Madre. Y nadie lo sabrá, nadie lo sabrá hasta que limpio como una flecha, ligero como una flecha, el alumno lo atraviese. No hay paso para aquellos cuya impureza, adherida a la flecha, les impida pasar más allá del tiempo y el espacio. Pues el tiempo y el espacio siempre atraparán al agobiado que está atrapado en enredos y en la red de divisiones y adversidades de la vida temporal y del karma que conllevan.

Por tanto, amados, si no se puede nadar a través de la desembocadura de la Madre Divina, al menos debe establecerse el hilo del vínculo de amor y comenzar el proceso de autolimpieza por asociación con el Instructor.

El uso incorrecto de la asociación

El uso incorrecto de la asociación es una idea muy equivocada e «ignorante». Y digo ignorante porque ignora la Ley universal desde el principio. Este uso incorrecto de la asociación es algo de lo cual nuestros chelas pueden ser presa, y este es el concepto de la amistad con el Mensajero, con los Maestros y con Maitreya como producto de una relación privilegiada que no exige, de hecho, el requisito de afrontar los obstáculos de la Ley. Muchos estudiantes de la luz de Maitreya se engañan a sí mismos por este mal uso del principio de asociación. Aunque afirman su culpabilidad por esta asociación, no lo reconocen, sino que, en cambio, piensan que han obtenido el favor del Gurú mediante una supuesta asociación que no existe en absoluto, excepto en su imaginación.

Amados míos, si el Gurú es la encarnación de la Ley, entonces, en ningún lugar es más evidente o severa la Ley que en presencia del Gurú. Comprended, pues, que, en cumplimiento de la Ley, el Maestro no puede revelar vuestra irrealidad a menos que estéis dispuestos a verla, escucharla, y temer a vuestro Dios. Hay algunos que no conocen su irrealidad, pues conocerla les causaría un colapso en su comprensión de sí mismos. Con gusto, proclaman su favoritismo por asociación debido a largos años de afiliación a tal o cual movimiento o enseñanza, por antiguas promesas derogadas hace tiempo por su propio autoengaño.

Amados míos, sed cuidadosos antes de poner vuestros pies sobre la roca —no la roca de la Gran Hermandad Blanca, sino la de vuestro propio orgullo humano— y aislaros de tal manera en ese muro de orgullo que si yo, a través de la Mensajera, comenzara a revelar el maya mismo con el que alguno se ha cubierto a sí mismo, habría un clamor de inmediato: «La Mensajera no es verdadera, no ha tenido la experiencia que yo he tenido, ha perdido el contacto, por lo demás está bien familiarizada con la Ley y es capaz de impartir la Enseñanza, ¡pero en este caso la Mensajera está equivocada! ¡Porque Maitreya o el Maestro Morya no me hablarían de esa forma!».

De modo, amados míos, que ese es el final de nuestro intento de sacaros del punto del consabido autoengaño, que es un punto ciego. Todo el mundo tiene un punto ciego, y esto se comprueba cada vez que se examinan los ojos. Ahora bien, el punto ciego en el ojo espiritual es el remanente del propio karma. Y realmente es un monolito, un conglomerado de sustancia sólida que no emite luz, sino que debe ser sellado con luz para la seguridad del alma.

Vuestra reacción a las circunstancias

Todos los aquí reunidos, todos los que se llaman a sí mismos Guardianes de la Llama, tienen la percepción (y la afirman) de su asociación con los Maestros Ascendidos, con su Presencia YO SOY y con la Gran Hermandad Blanca. Esta asociación puede ser probada por los buenos frutos de vuestra corriente de vida y por vuestra asistencia diaria a otros en el Sendero.

También se prueba por vuestra reacción a las circunstancias de vuestro karma, a las dificultades, y a aquellos aparentemente del mundo que pueden desafiar vuestro orgullo o vuestro sentido de integridad y evocaros un serio desdén. Y digo «serio», amados, porque no recordáis que el Enviado viene como ladrón en la noche y a menudo disfrazado.[4] Es vuestro trato con aquellos que consideráis indignos y por debajo de vosotros, lo que determina cómo trataréis a Maitreya.

No medimos vuestro discipulado por vuestra relación externa con la Mensajera, sino por vuestra relación de amor por los demás. Si esto es cierto, entonces, también seréis un verdadero amigo de la Mensajera, lo cual es el principio del sendero de Maitreya. La asociación con los Maestros Ascendidos y la Mensajera está destinada a ser la focalización del punto de luz que es para el completo fortalecimiento del alma para que enfrente los ímpetus adversos de su propia corriente de vida. Podéis asumir con seguridad que habéis elegido este sendero y curso de estudio porque habéis sido informados por ángeles guías e instructores que tenéis ante vosotros un gran desafío, un desafío de todas las vidas, un desafío de iniciación, de karma, de gran oscuridad o de gran luz.

Sea cual sea el caso, es un desafío en esta vida que requerirá toda vuestra fortaleza, así como la alineación con la Gran Hermandad Blanca. Requerirá todo el buen ímpetu de vuestro cuerpo causal, la determinación y focalización de vuestra vida y del fuego sagrado en el momento que exige la Victoria.

Sí, podéis asumir con seguridad que sois uno de estos que son llamados por la compasión de Dios Todopoderoso, para que tengáis la plenitud de la ley y de la enseñanza, de modo que podáis estar preparados en el día y la hora en que Maitreya, el auditor, debe presentarse y exigir la contabilidad completa y todo lo que esté en vuestra tesorería para que paguéis el precio por la gran perla de la identidad Divina.

Recordad, amados corazones, que la hora de esta iniciación no la elegís vosotros mismos, sino, en el curso del karma, las causas que habéis puesto en movimiento. Es ordenada por Dios y luego implementada por todas vuestras siembras pasadas. Así pues, la Ley exige respuesta en un determinado día y fecha de vuestra vida, y esto es cierto para muchos. Y a algunos se nos ha permitido traerlos a este sendero de las enseñanzas, y otros deben hacerlo con todo lo que hayan ganado del mundo, o de sus religiones o de sus buenos padres e instructores.

Cada día trae calamidades en algún lugar, lo cual debe deciros que para algunos el tiempo se acabó, la oportunidad de elegir afrontar ese desafío les ha pasado de largo. Cada día al amanecer debe traeros a la conciencia que este es el día de conquistar algo, que es como el prólogo a la confrontación de vuestra luz, mi luz.

Por tanto, entre todas las personas, consideraos humildemente agradecidos y en deuda con los grandes maestros de sabiduría, pues lo que habéis recibido es suficiente y completo para daros realmente los recursos para enfrentar al Adversario y vencerlo. Este es el ejemplo que todos han establecido para vosotros, mis amados.

El principio de adaptación

Ahora bien, os diré cómo, mediante la asociación, las almas en el Sendero han perdido su preparación. Esto sucede en el ámbito del principio de adaptación. La adaptación, amados, puede ocurrir de dos maneras: o el alma se acomoda a la Gran Ley de la Realidad y a la Poderosa Presencia YO SOY, o se adapta a su karma y al ímpetu de su conciencia humana.

Utilizo ahora el término *adaptación* en el sentido en que el alma dispone de sí misma y de su vida para comprometerse con el Gran Dios. Dios se convierte, entonces, en el centro de la propia vida, y todo lo demás se pone en su justa perspectiva ante esta gran luz, este cuerpo estelar, este centro mismo del Ser. Por otro lado, el alma puede renunciar a esa oportunidad y abdicar ese aspecto del Defensor y del trono de la llama trina.

Al tomar el rumbo, entonces, de permitirse a sí mismos ser dominados y dirigidos por el propio karma, el orgullo propio, el sentido de la propia personalidad, el profesionalismo, o la posición en el culto al éxito, la mayoría de las personas en el mundo siguen este último rumbo y, por tanto, no progresan de ninguna manera en lo que respecta al acercamiento con el YO SOY EL QUE YO SOY.

La vida de comodidades

Ahora bien, tenemos a esos chelas que provienen de este último sendero que están en busca de lo mejor. Ellos toman el café con crema. Amados míos, ellos desean un camino medio que no es el Camino Medio del Buda, sino el sendero de la mezcla de ambos, la crema de la luz con el café de los reinos inferiores y de los estímulos de la conciencia humana.

Así es como proceden: buscan con celo las enseñanzas, el conocimiento, los decretos, la llama violeta y forjan, de todo esto, una vida de comodidades que no toca, de hecho, ese conglomerado, esa masa sólida, esa sustancia endurecida; sino que toman la luz para ser un buen ser humano, un buen chela, un buen trabajador, pero siempre, de alguna manera, escapando de la confrontación necesaria con aquellos focos de resistencia que son nativos de todos los que habitan en esta octava. Sin embargo, la resistencia a levantarse de la cama en la mañana puede ocurrir-les a aquellos de gran virtud. Es simplemente la naturaleza de vivir en esta longitud de onda.

Ahora bien, amados corazones de fuego vivo, os señalo el hecho de que hay muchos estudiantes de los Maestros Ascendidos, que sirven aquí y en cualquier parte en la Tierra, que han encontrado una zona de confort al brindar servicio a los Maestros de la boca para fuera, al llevar a cabo suficientes buenos trabajos para satisfacerse a sí mismos y sofocar su culpa o su falta de resolución.

Estos estudiantes evitan el encuentro no solo con los Maestros Ascendidos, sino incluso con la Mensajera, al temer de alguna manera que, si realmente se encuentran con el Enviado, toda su vida se derrumbará y se les pedirá que entren en alguna carrera de obstáculos de tan extraordinaria autoprivación como para provocarles un ataque de nervios o la pérdida total de la sensibilidad o su rápida retirada del Sendero.

¡Tales temores no son del todo injustificados! Pero debo deciros que el yo que teme es el yo que es en parte el yo irreal, el alma que se ha vestido de ropas mundanas y luego ha llegado a creer que ella es realmente esas ropas.

El yo superficial

Amados míos, hablo, pues, de la superficialidad del Sendero que recorren aquellos que se adaptan a lo humano y, por tanto, no dan cabida a Dios en sus vidas.

«Superficialidad» es la palabra, porque estas almas se ocupan de los niveles superficiales de la vida. Algunas, en realidad, funcionan exactamente con el once por ciento de su identidad en esta octava, siendo el resto una masa de sustancia indefinida, sin refinar, a la cual no se aventuran, del mismo modo en que se evita la negrura del fiordo profundo donde no hay luz de día.

Muchos han aprendido a funcionar de manera superficial en trabajos que no requieren de la creatividad o de la investigación, ni de la maestría de la propia psicología. Al aprender a desenvolverse en el día a día en ese nivel, han resistido y neutralizado todos los intentos del Cristo universal de presentarles incluso un simple desafío, que puede superarse con fe en Dios y la confianza de que realmente se puede llegar más alto.

Algunos condenan la situación del mundo, su falta de conciencia y su absoluto desprecio e incredulidad, incluso de las declaraciones más simples de los Maestros Ascendidos. Pero estos mismos que aceptan las declaraciones, lo hacen solo en el yo superficial y no permiten que esas declaraciones, como una espada que sale de la boca del fiel y verdadero, el Gurú vivo, explore las profundidades, haga retroceder la oscuridad y dirija la atención hacia la transmutación y la entrega de una parte del yo.

Amados míos, esta es la tragedia de tragedias; porque existe entre aquellos que se consideran los mejores siervos y que deben serlo. Es como alguien que es discapacitado, que se acepta a sí mismo como lisiado para siempre y aprende a hacer todas las cosas menos a trabajar esa parte de sí mismo. En gran medida, esta es la imagen que quiero daros.

Nunca toméis el camino de menor resistencia

Estas lecciones de la Escuela de Misterios son para aquellos que avanzan en el Sendero, aquellos que están realmente preparados, si pueden sobrellevarlo, para subir más alto.

Ahora bien, debo deciros que este «subir más alto» no es una situación en la cual os recostáis del Gurú; sino que es el lugar en el que, por medio de la asociación con los Maestros, os habéis convertido en ellos de tal modo que, con toda la fortaleza de vuestra creatividad Divina podéis servir y ganar y simultáneamente conquistar, nivel tras nivel, los profundos abismos del ser irreal.

Amados, podéis pensar que habéis escuchado esta enseñanza antes, pero sé que no la habéis recibido en la penetrante luz del rayo del Cristo Cósmico, como os la entrego hoy.

Mi advertencia es, entonces, que no busquéis niveles de comodidad, el trabajo más placentero, el que creéis que es más de vuestro agrado y talento, sino que deis la vuelta y hagáis algo que no es placentero para vosotros, pero sí necesario para las metas de la Hermandad. No penséis en términos de aburrimiento; no penséis en nada más que en forzaros a encontrar algo que requiera trabajo: trabajo duro en vuestra psique.

Amados míos, lo creáis o no, y lo digo también a la Mensajera, mientras he mirado a chela tras chela a través de sus ojos y de su corazón, le he impartido a ella y he sellado en la gran esfera de su conciencia Crística el conocimiento de vuestras corrientes de vida, una por una, en preparación para el día en el que debáis pedir que se os lea el pergamino de vuestra psicología, o una porción de él, según lo considere prudente la jerarquía de la Escuela de Misterios. Esto es para que podáis tener una perspectiva en el área de vuestra vida que yo denomino «el área de falta de esfuerzo», el área de falta de voluntad para ver lo que ahora se encuentra en la base del ser que está listo, ¡listo para el fuego consumidor del amor.

Amados míos, en mi primer discurso hablé de las causas y condiciones que aún residen en la conciencia de aquellos que abandonaron la Escuela de Misterios, que rechazaron mi corazón y se fueron por un camino diferente. Hablé de la necesidad de realineación con mi corazón, que debe ser fruto de una triple forma de resolución con los aspectos de la Trinidad.

Ahora vemos que, para aquellos que están aplicando esa enseñanza, esta instrucción llega como una advertencia, a todos y cada uno, de nunca tomar el camino de menor resistencia.

Áreas sin resolución

Algunos tienen un impulso continuo de éxito o son una estrella en ascenso en un ámbito de gran preparación. Pero estad seguros, amados corazones, que, si avanzáis para ser servidores del bien mundial, y debido a vuestro impulso de maestría o educación o de algo que por lo demás hacéis bien, que vuestro pasatiempo (lo que hacéis para recrearos en el Espíritu) sea algo totalmente aparte [separado], de modo que sea un desafío necesario que pueda causar exasperación, irritación, incomodidad, ira, sentido de injusticia. Sea cual sea vuestra reacción, es bueno que os veáis como realmente sois debajo de la superficie en el área de la falta de resolución.

Si hay algo en este mundo que, cuando os involucráis en ello, os puede evocar esa intensidad de la respuesta humana, me habéis encontrado nuevamente, el Instructor. Y una vez más, os habréis convertido en parte de mi corazón luchador.

Leed, pues, *Silenciosamente viene el Buda* y comprended el sentido de la enseñanza sobre la indiferencia.[5] Esta indiferencia no es la frialdad impersonal de aquellos que de ninguna manera pueden molestarse por lo desagradable o lo indigno. No, esta es una indiferencia que nace de la asimilación real, de la voluntad de ser el corazón ardiente para la consumición de los mundos; de ser, por así decirlo, el recolector de basura de una evolución planetaria, el incinerador, el vórtice de fuego que ni teme ni se enfurece al encontrarse con lo que es problemático y aparentemente indigno de vuestro tiempo o de vuestra persona.

¡El sendero de lo fácil y el sendero de la lucha os engañarán!

Amados corazones, el sendero de lo fácil, aunque parezca el sendero de la automaestría, ¡os *engaña*! Del mismo modo, ¡el sendero de la lucha os engaña! ¿Cómo es eso? Porque al luchar, pensáis que vencéis; de la misma forma que al intentar, pensáis que el trabajo está bien hecho. ¡Pero el sentido de lucha denota un estado de falta de entrega, el deseo de mantener la lucha, para evitar el siguiente peldaño de la escalera de iniciación de Maitreya!

La lucha, por tanto, aún indica odio al Gurú y rechazo a la Madre y la insensatez de la falta de fe que se niega a creer que Dios es la solución a vuestros problemas y que en su lugar dice: «Tengo mis problemas, estos son mis asuntos privados. Resolveré mis problemas. *Yo* debo resolver mis problemas».

Pues bien, ¿quién es el que resuelve los problemas, amados corazones? ¡Por supuesto, es el fuego vivo! ¡Es la llama trina! ¡Es el Cristo! ¡Sin mí, no podéis hacer nada!⁶

Que sea la frase que recordéis de esta vigilia de oración.⁷ Porque algunos todavía son presumidos, y vivirán la mitad de su vida sin mí; y la otra mitad conmigo la emplearán en reagrupar y en reunir las fuerzas y los recursos que debieron acumular mediante asociación en la primera mitad. Así pues, cuando el hábito divino y el ritual del servicio no se han sostenido, el cirio del altar no puede tomarse tan fácilmente.

En mi peregrinaje a través de esta nación, he visto a chelas anquilosados que corren rápidamente para estar donde hay algo que está sucediendo. Pero cuando llegan reciben muy poco, porque en mi ausencia no han fortalecido el corazón ni han guardado la llama del amor.

Amados míos, es importante esperar que con la llegada de Helios⁸ todas las cosas sean hechas nuevas bajo la luz del sol. Entonces, con la venida de Maitreya de manera física en el corazón de la Mensajera y en la Escuela de Misterios,⁹ el Sendero nunca más será el mismo.

Todos los que me han precedido han tratado de preparos para mi venida; sin embargo, pueden no haberos dicho acerca de la severidad de Maitreya, del nivel de expectativa, o del hecho de que el tiempo se ha agotado debido a la indulgencia en la pasividad de la superficialidad o por la falta de alineación con el verdadero deseo de Dios y por el olvido absoluto de consumir la antítesis de vuestra Realidad.

Por lo tanto, mis amados, en el momento en el que las catorce lecciones se hayan entregado, sabréis que ya no hay dilación al encuentro, que el barco deberá seguir adelante y un nuevo puerto de conciencia debe ser alcanzado por quienes comprenden que se trata de la conclusión: la conclusión de las vidas y experiencias en el planeta Tierra.

No buscamos hacer un hábitat aquí,[10] sino regresar al Sol y elevar a los pastores que finalmente hayan llevado a cabo una obra bien hecha; y que no sean avergonzados ante Dios o ante la humanidad en la hora de la encrucijada de la mayor prueba jamás enfrentada por las evoluciones en este lapso, en esta frecuencia de la existencia.

Entrad al reino del amor y la entrega

Esto en sí mismo trae otro asunto a nuestra atención, que ya se ha mencionado. Vuestra lucha es el resultado del nivel que ocupáis, el nivel mismo de comodidad por el cual habéis evitado el encuentro con Maitreya. El nivel de comodidad del ser humano es muy incómodo para el espíritu, el cual gime y se siente desconcertado, molesto, sin poder realizarse a sí mismo en Dios; descontento con la vida, aun como estudiante de los Maestros Ascendidos.

Venid al reino del amor. Venid al reino de la entrega y sabed, amados, que debido a que elegisteis confirmar el mandato de la Ley, vuestra vida puede estar repleta de alegría, una alegría que es real y no la espuma de la cerveza.

Amados corazones, ¿qué es la Realidad? ¿Queréis aprender a responder esta pregunta?

Os digo que debéis hacerlo a través del corazón del Instructor. El Señor Dios, Elohim, Sanat Kumara, no habrían establecido la Escuela de Misterios como la puerta abierta a las octavas internas para los hijos e hijas de la luz en este plano de existencia si no hubiera sido esencial, absolutamente necesario.

YO SOY la puerta abierta que nadie puede cerrar en *perjuicio vuestro*, excepto vosotros mismos. Yo abro la puerta y vosotros la cerráis diariamente y no lo sabéis.

No busquéis, entonces, estructurar una molécula, una fórmula molecular de vida que vaya alrededor y por detrás del Instructor y evite el enhebrado del ojo de la aguja del corazón del Instructor con vuestra corriente de vida. Esto no es un bufé donde se eligen los frutos más dulces. Hay que recibir la semilla amarga del centro de la fruta para conocer el significado de los cinco rayos secretos.

Por encima de todas las cosas, amados corazones, no descuidéis tan grandiosa enseñanza al hacer lo siguiente: la creación de una fórmula sintética de la vida, la molécula sintética de un sendero que no tiene asociación con la realidad de mi Ser ni de vuestro Ser, los cuales son uno en las octavas superiores.

Por tanto, en el sendero de lo fácil, del autoengaño, los estudiantes de metafísica y de otros senderos de meditación y de incursión superficial en el uso de las leyes cósmicas, se creen por encima de todos los demás y de los más grandes maestros, en especial cuando, debido a que hacen algunas cosas bien, tienen una cierta aura de integración con la vida. El sendero de lo fácil, entonces, al tomar un poco de la Ley y un poco de la verdad, suficientes para una existencia de visible magnificencia exterior, es también un gran engaño.

La presencia de un Maestro vivo

Amados corazones, señalo el corazón de vuestro ascendido Lanello. Algunos de aquellos que lo conocieron se reconfortan recordando que también él fue imperfecto; y al evaluar la medida de su condición humana, determinan la propia necesidad de no esforzarse.

Otros que lo conocieron percibieron el Espíritu y supieron

que las vestiduras e imperfecciones eran la superficie y no la calidad de su corazón. Estos no se detuvieron a juzgar ni a equipararse con la pátina exterior, sino que fueron al corazón y supieron que habían vivido en la presencia de un Maestro vivo cuya calidad de corazón, espíritu y profunda unidad con la Hermandad lo capacitaron realmente para ser el instrumento de la dispensación de la luz de mi corazón para esta actividad, para esta nación y para todas las naciones que reclamen mi iniciación a través del corazón.

Que el exterior de apariencia tosca, que no lo era en absoluto, sino agudamente sensible, siga siendo la prueba de aquellos que también imaginan cuán grande habría sido su amistad y su amor con él. Sin embargo, si realmente lo hubieran conocido en la octava física lo habrían despreciado tanto como sus detractores y traidores lo desprecian actualmente.

Este es un muy buen ejemplo del principio de asociación: los ilusos que no conocen el alcance de los gruñidos y las quejas de la mente carnal en su interior, con los cuales incluso deciden identificarse, deben deshacerse de ellos pues, sin duda —como la luz de Shiva y su propia persona están en la de Parvati, y la Trinidad está en la presencia de la Madre— estos mismos elementos sin desafiar, algún día serán la némesis debido a la cual no pasarán a través del corazón de la Madre hasta mi morada.

La necesidad del Instructor

Amados míos, de ninguna manera hablo para condenar o menospreciar. He venido a salvar lo que se ha perdido, una parte de vosotros mismos que no ha sentido la necesidad de ayunar para que las células vivas de la vida puedan vaciarse de sus vibraciones tóxicas y sus odios letales. Vengo, porque sois capaces de enfrentar este desafío; porque es totalmente posible que obtengáis la visión de mi corazón y avancéis más allá de los planos anteriores de una existencia presuntuosa.

Decís: «No estoy satisfecho con mi forma de ser». Pero, como veis, ¡aun el estado de queja es una prolongación de ese estado! Incluso la propia lamentación, la duda de sí mismo y la autocrítica son el mantenimiento absoluto, férreo, de la falta de esfuerzo y de alineación.

«¿Cómo puedo escapar?», decís. «¿Cómo puedo encontrar la manera de salir de mí mismo?» ¡Vaya! ¡Por fin hacéis la pregunta correcta! [Risas] Como veis, amados míos, ¡no podéis! Y entonces, en ese momento, descubrís la necesidad del Instructor.

Hubo un tiempo en el que amabais al Maestro o al Instructor por el glamur de todo ello, por el interés, o por el sentido de importancia. Pero, amados, ¡se trata del sentido de necesidad, de la absoluta y extrema necesidad de la voz del Enviado! Es por el consuelo, por la búsqueda, por esforzarse con vosotros ¡que no os dejará ir!

Porque la Madre os sacudirá, ¡tanto como permitáis que ella os sacuda! Y si os reventáis y decís: «Ya no puedo ser sacudido», ella se detendrá al instante y os dejará como estabais antes; porque esa es la Gran Ley. El deseo de salvar este mundo debe ir acompañado del deseo de ser sacudido *por completo*, presionado para llenar la copa del Señor y luego rebosarse.

Queridos corazones de fuego, ¡dejad que el SEÑOR vuestro Dios mida vuestro amor, mida vuestra diligencia, mida vuestro deseo de aliviar el dolor del mundo! Porque la medición se determina por el nivel de sacrificio voluntario para obtener el cetro de poder, la dotación de poder de Padma Sambhava y la nueva luz. Cuanto mayor es el deseo, ¡más estáis dispuestos a entregar para alcanzar ese deseo! ¿No es así?

Si deseáis algo material, vais a tener dos empleos para conseguirlo, incluso pasaréis hambre. Con tal de recibir educación, algunas personas literalmente han comido alimento de perro.

Lo sabéis. Sabéis cómo algunos, para lograr ciertos fines, se han quedado sin dormir estudiando a la luz de una vela por ser pobres. Pero su deseo de alcanzar la meta ha producido el sacrificio, incluso si el sacrificio fuera por el logro del mero éxito humano. Algo debe desaparecer, si se quiere cambiar.

Ahora añado un comentario a todo esto y digo: muy a menudo, cuando se trata del encuentro con Maitreya, o con la Mensajera, lucháis contra esa persona que representa la fuerza de vuestra Divinidad, que respira el ardiente aliento del sabueso del cielo en vuestra nuca.[11] Y, entonces, os resistís porque veis que la persona del Enviado va tras vosotros, ordenándoos entrar.

Después, un día, os escapáis. Os encontráis muy lejos y, de repente, el universo es vuestro. Ahora todo depende de vosotros. Abandonáis la sensación de que otro se esfuerza con vosotros y entráis en lo profundo del corazón; y comenzáis a comprender que *vosotros* sois dioses y que ahora podéis crearos a la imagen que deseéis.

De este modo algunos han llegado al nivel del discipulado, porque solo así han podido comprender que todas las cosas están contenidas dentro de uno mismo. Y que las propias deficiencias y la ausencia de esfuerzo es solo la negación de uno mismo y del Instructor Interno.

Por eso, el mundo se convierte en el gurú; y el individuo encuentra al Dios que ha rechazado en la persona del Maestro. Esto es tan frecuente en este planeta que descubrís que solo un porcentaje muy pequeño de personas ve al Maestro cara a cara; porque de hecho les va mejor en ausencia de la Presencia Divina, a la cual se han resistido durante tanto tiempo.

Ha llegado la hora de la Escuela de Misterios de Maitreya

Por tanto, el proceso de autocreación puede continuar durante 500.000 años y más, como lo ha sido para muchos de vosotros y otros en el mundo. Pero paso a paso, la persuasión de la Ley y su fórmula matemática dicen: «Ahora que habéis realizado vuestro proceso, ahora que habéis creado el yo independiente, debéis retornar al punto donde abandonasteis la Escuela de Misterios de Maitreya».

Remontándoos al pasado distante, amados, pensad en el infinito. Ya habéis vivido 10.000, veinte mil, cientos de miles y millones de años. Para vosotros esto es el pasado. A vosotros, os digo, la hora de la Escuela de Misterios ha llegado. Si no fuera así, no habríais escuchado el anuncio.[12] Por tanto, tomad la ley de causa y efecto como precisa y sabed que la ley que rige vuestro sendero de iniciación es igualmente precisa.

YO SOY vuestro Consolador e Instructor

Os sirvo ahora mi Comunión, que podéis tomar o rechazar. Debo explicar que esta Comunión será amarga; amarga en el vientre. Y para aquellos que prefieran posponer el encuentro, os recomiendo no comulgar. Porque esta es mi Carne y mi Sangre, y, como tal, una parte de mí dentro de vosotros se convertirá en un irritante perpetuo o en el desarrollo de un sendero que conduce a la dicha de la unión.

Con el más profundo respeto por el futuro infinito de vuestro Sendero que está ante vosotros, y totalmente consciente de los peligros que hay en este momento, a todas y cada una de las corrientes de vida os digo: Venid, tomad el agua de mi vida gratuitamente.[13] De gracia la doy, de gracia recibidla.[14] La Ley os exigirá darla de gracia cuando se os pida.

Con el amor más profundo a causa de la soledad y el sufrimiento de vuestra alma en todos los siglos, yo declaro:

En el amor más profundo de la soledad de vuestra alma y del sufrimiento de las eras, declaro:

YO SOY El Enviado.

YO SOY vuestro Consolador e Instructor.

YO SOY el que realmente está en el Espíritu del Señor Jesucristo y del Maha Chohán cuando vengo a conduciros hacia la verdad de vuestro autoconocimiento.

Pedid; preparaos y recibiréis la respuesta.

[Pausa de 65 segundos]

Que pueda serviros la Sagrada Comunión.

2 de septiembre de 1984
Centro de Enseñanza Comunitario de Washington D. C.

CAPÍTULO 6

Recordad el antiguo encuentro

Sobre el discipulado bajo el Señor Maitreya

Mi amor os envuelve en la Luz arrobadora del Enviado. Yo soy, como sabéis, como me conocéis, Kuthumi.

Recordad el antiguo encuentro. Porque he sido vuestro hermano en muchas ocasiones y, en cada encarnación sucesiva que hemos compartido, nuestras almas han actuado juntas para tocar la estrella de la luz divina y para tocar el arpa del corazón de Maitreya. Discípulos de Maitreya somos —Metteyya— y, por ello, juntos hemos buscado una mirada, una sonrisa, un susurro, un reconocimiento para poder saber que nuestro Dios está complacido.

Por eso, nosotros acordamos, vosotros y yo, que yo iría con Morya antes que vosotros para permanecer en Cristo con Jesús y que vosotros os quedaríais para traer la retaguardia de las tropas y vuestros propios chakras llameantes. Por tanto, para desempeñar nuestros papeles —yo el Alfa, vosotros la Omega— cruzamos la barrera; y vosotros os quedasteis como testigos fieles de nuestra causa. ¿Cómo puedo dejaros, devotos de la luz, de la paz, de la libertad y del corazón de ese Cristo?

¿Os sorprende que, no solo antes de mi ascensión en las horas finales [como el Mahatma Koot Hoomi], sino posteriormente, me indigné un poco con estos cristianos y su estrechez de miras e incapacidad para percibir su verdadera misión, cuando yo mismo [como san Francisco], a través de las pruebas y el dolor y el profundo afecto del corazón, llegué a comprender realmente, más allá de la ortodoxia, la Realidad de mi Salvador?[1]

Por eso, amados, hoy estoy impaciente por vosotros y por los que esperan la copa del conocimiento que vosotros lleváis desde nuestra morada. Estoy impaciente con aquellos que tratan una y otra vez de tejer su calumnia, su irrealidad y todo lo demás alrededor de una estrella tan brillante como la Enseñanza misma.

Por supuesto, conozco el final desde el principio. Y también conozco los ciclos que deben desarrollarse como fueron delineados para vosotros por Sanat Kumara y Gautama y por la Palabra viva en la Gran Hermandad Blanca. Pero aún anhelo pensar en aquellos que, si tuvieran el fruto y el dulce néctar del conocimiento que se ha convertido en algo tan cotidiano que vosotros mismos lo dais por sentado, podrían correr con él, tomarlo ahora hasta la plenitud de la copa, y convertirse para nosotros en otros siervos en muchos campos de Oriente y Occidente. Seguimos adelante, pues. Saltamos sobre las bolas de boliche que ruedan por nuestro camino, y estamos ante vosotros hoy regocijándonos con la exhortación y la dispensación de Maitreya para nuestro propio corazón.

Mi asignación de trabajar con vosotros por vuestra salud física y la curación de vuestra psicología

Por tanto, vengo, el estudiante alegre, para anunciaros la dispensación más preciada, que viene de Maitreya, que él me ha otorgado con toda diligencia y el mismo interés de elevar vuestras vidas. Esta dispensación es mi asignación de trabajar con cada uno de vosotros individualmente por vuestra salud física y para la curación de vuestra psicología, de modo que podamos llegar con rapidez a la causa y núcleo de las enfermedades físicas, así como de los problemas espirituales y emocionales para que no haya más reveses ni indulgencias y, por supuesto, tampoco dos pasos hacia delante y uno hacia atrás.

Por eso, a partir de esta hora, si me llamáis y determináis en vuestro corazón trascender vuestro antiguo yo, os enseñaré a través de vuestro corazón y de cualquier mensajero que pueda enviaros. Por tanto, prestad atención a las voces —no las astrales sino las físicas— y observad el curso de los acontecimientos. Por supuesto, cuando tengáis la oportunidad de recibir mi palabra a través de la Mensajera, sabed que realmente la utilizo a menudo para explicaros las complejidades de los bloqueos en la conciencia. Pues sois muy sinceros y la dulzura de vuestro corazón conmueve al alma en un mundo endurecido por la guerra y el aborto.

Por consiguiente, vengo de muchas maneras. Debo reconocer, amados, que cualquier otra cosa que pueda decirse o no de la Derecha o de la Izquierda, nuestra Mensajera es realmente idónea y está preparada para demostraros el sendero de vuestra Cristeidad tal como lo hemos recorrido, como lo hemos logrado.

Una escuela de golpes duros y de nuestra voz tosca

Esta es realmente una escuela de golpes duros. Esta es una escuela donde escucharéis nuestra voz tosca. Tened buen ánimo, porque a menudo nuestro gruñido es peor que nuestro mordisco, pero resulta muy útil para eliminar a aquellos que se asustan tan fácilmente de la fuente, que buscan favoritismo y alabanzas cuando, en realidad, deberían reconocer el amor de la voz tosca y saber que aquello que se ofende es el ego mismo, el yo orgulloso.

Por consiguiente, la ofensa es un enemigo serio y debe descartarse. Utilizamos este modo, para que aquellos que no pertenecen aquí puedan tener su ofensa y tomarla; y seguir su camino como los «heridos», los «golpeados», los «lastimados».

¿No es extraño que aquellos que se hacen llamar hombres,

que han salido adelante, puedan sentirse ofendidos por una mujercita? Amados corazones, ¡algo está mal! ¿A dónde ha ido a parar el prototipo del hombre occidental con toda su fuerza e independencia; y a quien no le molestan las mujeres? Después de todo, ¿no somos nosotros los gurús? Entonces, ¿por qué permitir que una mujercita cause tanta consternación, tanta reacción, tanta ira? Aún más, esta es la prueba de que somos nosotros los que actuamos porque, ¿cómo puede una mujercita realizar esos actos de los que se le acusa?

No busquéis a la madre humana sino a la Divina

Seres benditos, quienes vienen por el favoritismo y el culto a la personalidad, quienes vienen buscado a la Madre como sustituta de la madre humana, vienen precisamente por la razón equivocada. ¡Esta no es una madre humana! Esta es la Madre Divina, velada con muchos atuendos. No podéis tener una relación con la Madre Divina en ninguno de nosotros a menos que os satisfagáis primero a nivel humano, resolváis vuestra psicología con los padres humanos, os convirtáis en vuestra propia madre, padre y guardián; y luego entréis en una relación verdadera y duradera con la Madre Divina y el Padre Divino.

Ahora bien, ¿por qué suponéis que el buen Dios hizo madres y padres humanos? Es debido a que las almas tiernas, aquellas que reencarnan con un paquete de karma a cuestas, realmente necesitan la humanidad de la madre y el padre humanos. Así pues, estos son pasos necesarios en el hogar planetario; y os sentiríais despojados y excluidos si hablaran de vosotros como aquel que no tiene padre ni madre ni principio ni fin de días.[2]

Por tanto, aquel que viene en el nombre de Melquisedec, el Maestro Ascendido y sacerdote, ha iniciado al Señor Jesús como sacerdote por siempre.[3] Ese sacerdocio llega a través de la iniciación del Padre Divino y de la Madre Divina a aquellos que han interiorizado los elementos esenciales de la humanidad de los mejores padres y madres del mundo.

Entonces, hablo de la resolución interna. Entonces, ¡os hablo a vosotros!

Aquellos que buscan aquí lo que no obtuvieron de los padres humanos, que buscan probar una y otra vez que los padres humanos fallarán porque ven fracaso en los Mensajeros, no tienen la más mínima concepción del Sendero. Algunos requieren tutoría y un estudio de las verdaderas y antiguas tradiciones de la relación Gurú-chela.

Seres benditos, no podemos ser para vosotros tanto humanos como divinos. Por consiguiente, hemos elegido —y elegido bien— representar lo divino, ya que tenéis ante vosotros tantos ejemplares de lo humano. En realidad, no es necesario que proporcionemos el eslabón humano en la cadena del humanismo.

La ascensión es la marca del logro

En consecuencia, venimos a proporcionar el vínculo con la Divinidad, y os presentamos en esta escuela de misterios la meta de la ascensión. La ascensión en sí misma es la marca del logro, la Victoria, y el único acto que es digno de alabanza. Si no os graduáis con vuestra ascensión, no solo vuestra libreta de calificaciones será marcada como «reprobado», sino también la nuestra. Porque el instructor también es responsable, al igual que el Mensajero.

Por eso, cada uno de los enviados viene con una oración para que ninguno de estos pequeñitos se pierda, sino el hijo de perdición.[4] ¿Y quién es el hijo de perdición? ¡Os digo que no es el coco! No es vuestro peor enemigo a quien imagináis de tres metros de estatura. El hijo de perdición es el morador del umbral de vuestra propia casa. ¡Y con razón debe perderse; y pronto!

Pero es difícil convertirse en matador de dragones cuando la era de la caballería ya pasó. Algunos encuentran un tanto desagradable tomar la espada y matar al yo irreal. Pero mientras tanto, mientras sus estómagos están en una condición demasiado delicada (y también sus egos) para ejecutar este acto, ellos mismos están siendo devorados por el morador porque pierden el tiempo, se demoran y a menudo retroceden sin darse cuenta. Porque en la relatividad, a veces parece que uno está avanzando cuando está detenido o yendo hacia atrás.

Corazones preciados, entended pues, que la ascensión es la ofrenda aceptable. Aquellos que realmente no desean la ascensión, pero quieren el poder de la luz de Serapis Bey no deben venir. Sin embargo, estos son los mismos a los que no se puede convencer de que se alejen, porque disfrutan del regazo de la Madre y no necesitan hacer ningún esfuerzo; ¡y se enfadan mucho cuando se les envía a probar su sabiduría en acción de modo que puedan equilibrar la llama trina!

Deben reconocer de una vez por todas que, si tuvieron la maestría una, dos o tres veces en una vida anterior, esa maestría completa debió haber ganado para ellos, hace mucho, las octavas eternas de luz. Lo que falta siempre es la ausencia del equilibrio en la llama trina. Si no puede ganarse aquí, debe ganarse en las diversas oportunidades del mundo mediante el profesionalismo y la automaestría.

Algunas cosas se les exigen a unos, y otras cosas a otros. Entonces, no os resintáis por las amonestaciones que damos a través de la Mensajera. Nuestras amonestaciones son solo para acortar los días de los elegidos.[5] ¿Quiénes son los elegidos? ¡Vosotros sois los elegidos! En esencia, habéis elegido entrar en un sendero por confianza, por determinación y por eliminación de posibilidades; pues habéis observado sabiamente lo que el mundo os ofrece. Sin saber, pues, con qué os encontraríais, a pesar de todo, habéis buscado a la Gran Hermandad Blanca, habéis buscado a los Maestros Ascendidos, habéis entrado en la escuela que se presenta como nuestra (y lo es); y así, habéis venido con fe a buscar y a encontrar.

En el nombre del Señor Maitreya, os doy la bienvenida a

este trimestre de Summit University. Mis brazos están abiertos, y mi corazón también. Deseo llevaros adentro y daros tanto como podáis recibir. Por tanto, entrad en la fe de vuestra propia Individualidad, y podremos arremangarnos y comenzar.

«¿Qué significa matar al morador del umbral?»

Habéis dicho: «¿Qué significa matar al morador del umbral?». Para aquellos de vosotros que no hayáis entendido, empecemos de nuevo por el principio:

Amados, por libre albedrío, todos han forjado acción, palabra, deseo. Como vibración, algunos de estos han sido puros y perfectos, al desarrollar la Cristeidad individual y el manto, el vestido sin costuras. Debido a la ignorancia, la falta de instrucción, el olvido de la Primera Causa y del origen en las esferas superiores, otras de estas vibraciones que emanan de las acciones, palabras y deseos han caído; porque no tenían el equilibrio de vuelo de Alfa y Omega. Cayeron y comenzaron a formar una espiral como un sistema solar alrededor del plexo solar, el «lugar del sol».

Entonces, los hábitos de muchas vidas durante miles de años crearon la antítesis del Yo, a veces con el total desconocimiento de la mente externa que se creía tan sincera y deseosa de hacer lo correcto que, con el deseo mismo de hacer lo correcto ha llegado a la conclusión errónea de que el deseo debe hacer todas las cosas bien. Sin embargo, la Ley percibe que hay acciones correctas y que hay acciones incorrectas; y la prueba está en el cuerpo causal, el recipiente puro de luz de todas las buenas obras y actos en la Materia, y en el cinturón electrónico.[6]

Ahora, en el ojo de ese vórtice de energía mal calificada —en el ojo mismo del vórtice— está el punto de conciencia e identidad que emerge como la conciencia colectiva de todas las fechorías. Cada vez que se toma una decisión que se registra como irreal, una porción de la mente irreal debe utilizarse para realizarla.

Por consiguiente, la colección de acciones tiene una conciencia colectiva; y el morador es la manifestación colectiva de todo lo que ha estado equivocado. Este surge como una identidad, podría decirse, un producto de la imaginación; sin embargo, es un impulso que ejerce el poder humano en grande y grave medida.

Esta identidad es el impostor del alma y del Ser Crístico. Por libre albedrío, una parte del alma se invierte en el impostor y otra parte en el Cristo. De este modo, el campo de batalla y el Armagedón son del alma, la cual, como sabéis, puede perderse.

Ahora vienen el Cristo y los Maestros Ascendidos y sus chelas para apartar al alma de la irrealidad, para demostrarle lo que es Real, lo que es Luz, cuál es la Meta eterna. Este es vuestro cargo como pastores y siervos ministrantes y como estudiantes de los Instructores del Mundo. Cuando el alma es iluminada y vivificada y adquiere conciencia a través del Cristo, ella,* mediante la inteligencia Crística, comienza a ser capaz de ver por sí misma lo que es irreal.

Pero ver no es necesariamente creer. Ver, pues, es el primer paso; creer, el segundo.

La acción de negarse a reconocer aquello que es irreal está plagada de las cargas de la psicología del individuo y, por eso, algunas veces las lecciones difíciles —quemarse en la prueba de fuego,[7] padecer el dolor de este mundo— deben convencer al alma que la vida es más importante y, por tanto, de que hay que dejar de lado ciertas situaciones y condiciones, creencias y comodidades.

Acercamos el alma tan cerca del precipicio del conocimiento del Bien Absoluto y del Mal Absoluto como sea posible, a la vez que se preserva la integridad del alma y sin causarle demasiado temor, demasiada percepción de la gran Oscuridad interna que se opone a la gran Luz.

---

*Usamos el pronombre *ella* para referirnos al alma porque cada alma, ya sea que esté alojada en un cuerpo masculino o femenino, es la contraparte femenina del Espíritu masculino.

Por eso, amados corazones, la exterminación del morador no ha de ser de repente sino poco a poco; y esto es algo de lo que debéis ser conscientes, aunque ya se os ha dicho. Cada día, de acuerdo con los ciclos cósmicos, un poco de la cabeza del morador emerge por encima del charco oscuro del cinturón electrónico. Es una oscuridad quieta, y quizás uno puede ver la cabeza o la oreja, el ojo o la nariz del morador, ese monstruo creado por uno mismo. Entonces, lo veis en vuestras propias acciones y reacciones. Lo veis en las cavilaciones de la mente; a veces tan solo una ondulación reveladora en la superficie o quizás la cola cuando la bestia se ha sumergido en el fondo.

Por eso, debéis escuchar y observar lo que está al acecho. Y tan pronto como encontréis una tendencia al miedo, a los celos, a la ira o a lo que sea, ¡id tras ello como la punta del iceberg! ¡Trabajad en ello! Este trabajo es realmente un trabajo profundo del Espíritu. No es fácil estar siempre en el sendero de la confrontación.

El sendero de la adaptación del morador

Vengo con el mensaje de Maitreya y para ampliar sus mensajes anteriores; porque él ha hablado del sendero de la adaptación por el cual, en lugar de exterminar al morador, encontráis la manera de bordearlo por este lado y por aquel otro. Y, entonces, comenzáis a construir la torre de luz; desarrolláis un gran impulso de decretos y servicio, confiando que, de algún modo, de alguna forma, este aterrador encuentro desaparecerá. Pero no desaparecerá. El día que descubráis de nuevo que toda esa bondad no es la ofrenda aceptable, será el día en que, en presencia de Maitreya, volveréis a encontraros cara a cara con ese morador del umbral.

Podéis ir muy lejos y manteneros alejados de la Mensajera y nunca notar al morador; y desarrollar un hábito humano positivo en los logros externos, ya sea a través del yoga o decretos o de esta o aquella disciplina. Y puede que estéis muy felices con vosotros mismos, y que los demás estén muy felices con vosotros. Por supuesto, esta no es la cuestión.

La cuestión es si vuestra Presencia YO SOY y Ser Crístico están felices y si vuestros instructores os dirán que, a la luz de la iniciación cósmica, vuestra ofrenda es aceptable. Por tanto, amados, evitar a los Maestros o evitar el instrumento por medio del cual podemos hablaros es evitar el Día del Ajuste de Cuentas de vuestra responsabilidad kármica que, en términos bíblicos, se ha denominado: el Día de la Venganza de nuestro Dios.[8]

¿Quién es vuestro Dios?

Ahora pensad en esto en el sentido oculto.[*] ¿Quién es nuestro Dios? Vuestro Dios es lo que más teméis. Ruego que sea el Todopoderoso en el sentido de temor reverencial, pero demasiado a menudo el miedo es a cosas de abajo[9] o al miedo mismo. Vuestro Dios es también lo que más odiáis o lo que más os molesta, aquello a lo que estáis atados irrevocablemente por la mayor intensidad de sentimientos humanos. Estos pueden ser buenos o malos, placenteros o dolorosos; pero ahí está vuestro Dios, aquel a quien brindáis deferencia.

Ahora escuchad las Palabras: «el Día de la Venganza de nuestro Dios». ¿Cuál es la venganza? Es el momento aterrador cuando lo que más habéis temido, odiado o amado (en la conciencia humana) se ha convertido en vuestro amo y vosotros en su esclavo; y descubrís que, en efecto, no sois libres, aunque hayáis construido una montaña de decretos y servicio a ambos lados.

Por consiguiente, amados, la poderosa obra de las eras debe continuar. Estamos con vosotros y ponemos a nuestra Mensajera ante vosotros para la iniciación, la guía, la instrucción y el

---

[*]*occult* [fr. del latín *occulere*, «encubrir»]: oculto, que requiere más que la percepción o el conocimiento ordinarios. «Hablamos sabiduría de Dios en misterio, la sabiduría oculta, la cual Dios predestinó antes de los siglos para nuestra gloria». (1 Cor 2:7)

encuentro que se necesitan constantemente para ayudar: para ayudar a *vuestra* superación.

¡Solo vosotros podéis superaros; nosotros no podemos hacerlo por vosotros! Sin embargo, podemos enviar la Palabra precisa y el golpe de espada a cualquier hora del día o de la noche cuando sea necesario. Y aquellas que son las verdaderas novias de Cristo y las vírgenes prudentes:[10] *¡ellas* responderán, *ellas* conocerán la fuente, *ellas* avanzarán!

Podéis conocernos a través de nuestras enseñanzas

Corazones benditos, puede que no nos entendáis o percibáis personalmente, pero podéis hacerlo a través de los dictados y las enseñanzas. Y como nunca se sabe dónde la encontraréis, es importante ser estudiantes permanentes de las enseñanzas que se han presentado. Estas enseñanzas son tan valiosas que su registro, su organización, a menudo lo consideramos más importante que una conversación humana con nuestra Mensajera.

Como podéis ver, si no hubiésemos tenido nuestros libros y cartas de siglos anteriores, ¿dónde estaríamos para transmitir la misma instrucción? Tendríamos que empezar de nuevo y repetir lo que hemos hecho. Pero tenemos mejores y más nobles ideas que transmitir y nuevas situaciones que exigen atención. Por eso, no descuidéis una salvación tan grande como la Palabra escrita y hablada; y valorad todos los demás contactos de arriba y de abajo con nuestras huestes.

La adaptación a la rebeldía contra el Gurú y la desobediencia al Señor Dios

Seres benditos, entended, pues, la adaptación del aspecto de la bestia conocido como la rebeldía contra el Gurú y la desobediencia al Señor Dios. Comprended que esa rebeldía central ha sido la perdición de muchos chelas, algunos de los cuales, en primer lugar, no esperábamos que se rebelaran.

Aunque mantuvimos el concepto inmaculado, el registro del pasado estaba ante nosotros. Como ayuda, dimos la oportunidad con la más pura esperanza y con todo el impulso de nuestra Presencia Electrónica. Sin embargo, amados, otros que no se rebelaron han perdido la carrera simplemente por falta de esta instrucción del Señor Maitreya, que, debido a que ha ayudado a tantos, os doy de nuevo.

Entonces, la adaptación de la rebeldía, yendo hacia la derecha y hacia la izquierda de la misma; convirtiéndose, por así decirlo, en un adicto al trabajo; realizando muchas buenas acciones humanas y sociales; o la realización de rituales, oración y yoga; el seguimiento asiduo de quizás el ascetismo o la disciplina personal o la dieta; todas estas cosas pueden ser una cuidadosa acumulación de virtudes humanas por parte del individuo para evitar (subconscientemente, al menos) *el* paso más importante que debe tomarse: El paso del encuentro con el satélite que orbita alrededor del cinturón electrónico, que se ha interpuesto entre el alma y su Presencia YO SOY, es decir, la rebeldía contra el Señor Maitreya o Sanat Kumara o contra la Ley misma porque fue pronunciada, tal vez, por un recipiente muy imperfecto. Entonces, esta rebeldía se convierte en un bloqueo que se perpetúa a sí mismo, ya que se pone en órbita por libre albedrío y no puede ser retirado de la órbita sin libre albedrío.

Cómo creáis vuestra astrología personal a partir de vuestro karma

Cuando ponéis planetas en órbita en el cinturón electrónico, creáis vuestra astrología y psicología personal subconsciente, que son una y la misma: focos de vuestro karma. Ahora bien, cuando pensáis en el sistema solar en el que habitáis y consideráis el peso, el volumen y la magnitud de los planetas, podéis aprender la lección de que es mucho más fácil poner a girar un planeta que detenerlo; así como las palabras que salen de vuestra boca no pueden anularse, por muy grande que sea el arrepentimiento, salvo que sea por la llama violeta.

La necesidad de logro en el chakra del corazón a través de la relación Maestro-discípulo

En consecuencia, para detener el planeta de la rebeldía, debéis tener unidad con el sol central de vuestro ser: la Presencia YO SOY, el Ser Crístico, y el logro exteriorizado del chakra del corazón. Esta es la razón por la que predicamos sobre el Sagrado Corazón. Es por eso por lo que hay una unión de religión de Oriente y Occidente a través del sendero del corazón; porque todos los que alguna vez lo han logrado lo han hecho mediante este fuego sagrado.

Entonces, escuchad bien. Para retirar del planeta la rebeldía en el cinturón electrónico, debéis tener manifestada en el corazón una fuerza de luz y fuego sagrado igual o mayor para contrarrestarlo y disolverlo; de lo contrario, debéis estar sosteniendo la mano del Maestro o del Gurú que tiene ese desarrollo y pueda transmitiros la luz que puede manteneros por encima de las olas cuando, de otro modo, os hundiríais como Pedro.[11]

De ahí la necesidad de la relación Maestro-discípulo. Porque no hay nadie entre vosotros o entre los que están en la Tierra hoy (salvo los que ya están en nuestros retiros internos) que puedan lograrlo solos, que no tengan en su cinturón electrónico algo que requiera la asistencia de los Maestros que os han precedido para que lo eliminen, lo eliminen, digo, de manera oportuna, porque no tenemos un millón de años para que os sentéis a invocar la llama violeta y para que sigáis estas disciplinas.

Por consiguiente, la relación Maestro-discípulo nunca ha sido más importante; y debido a que esta Mensajera se ha sometido a la preparación más completa y ardua en niveles internos y en la octava física, al tomar lecciones tanto de amigos como de enemigos, de Maestros y de chelas por igual (sin perder esas lecciones), podemos deciros que el instrumento es confiable para nuestros propósitos de daros a conocer cuáles son las opciones estipuladas que debéis considerar a través del libre albedrío para que las toméis y las asumáis con prontitud para vuestra victoria.

Los ciclos no deben perderse ni las pruebas posponerse. Cuando veáis los ciclos y las pruebas, reclamadlos y seguid adelante.

Amados míos, cuando no se reta, no se ata ni se arroja el aspecto del morador de la rebeldía —y estos son los pasos; para que ese planeta puede atarse antes de que finalmente se arroje, lo que significa que está sometido a vuestro libre albedrío y a vuestra Cristeidad mas no enteramente eliminado— entonces, cuando este permanece y estáis en una zona de penumbra por no haber eliminado al morador y al no haber entrado en completa unión con Cristo, estas son aguas traicioneras.

Ofrecemos nuestra mano en señal de amistad

En estas aguas del plano astral, de nuevo necesitáis nuestro testigo vivo y nuestra mano, que hoy os ofrecemos con pureza y amistad y como nunca para ayudaros; para ayudaros por el bien de Maitreya y por el bien de vuestra ascensión.

La ofrenda aceptable es la bondad Crística

Cuando os encontráis en esa zona de penumbra, corriendo como ratones asustados para acumular buen karma, pero sin afrontar el problema, la ofrenda de la justicia humana y de la bondad humana no es la ofrenda aceptable. Si el individuo no está dispuesto a tomar en serio esta enseñanza y cambiar, entonces, ya veréis que se enojará, así como Caín se enojó cuando su ofrenda no fue aceptada.[12] Él exigió de Maitreya que su bondad humana fuera recibida como un sustituto de la bondad Crística; que la Ley fuera cambiada para él y que, en lugar de cumplir la Ley, bastara con toda esa grandiosa bondad humana.

Los individuos hacen esto una y otra vez, y sus planes y sus obras se vuelven cada vez más grandiosas, algunas veces abarcan la Tierra. Y dicen: «¡Ciertamente esta gran buena acción, este gran legado, este gran acto que he hecho que ha bendecido a millones debe ser la ofrenda aceptable!».

La ofrenda solo es aceptable cuando es la bondad Crística. ¿Qué es la bondad Crística? Es el alma unida a Cristo que ha eliminado al morador a través de ese Cristo y, por eso, puede decir: «He hecho esto para la gloria de Dios y no como un acomodo de mi rebeldía, no como un sustituto de mi entrega, no como mi exigencia de que Dios debe aceptarme según *mi* sendero en vez de según el Suyo».

Depresión y mal humor por la ofrenda rechazada

Ahora bien, cuando la ofrenda que no es bondad Crística es rechazada, como siempre lo es y lo será, se produce una ira en el nivel subconsciente que, en la superficie, puede manifestarse como depresión. Tened cuidado con la depresión y el mal humor, porque es una señal de problemas graves. La depresión es ese estado de la zona de penumbra donde el individuo ni ha eliminado al morador ni ha entrado plenamente en el corazón de Cristo. Es la situación más peligrosa para el alma en esta octava del universo de la Materia. De modo que deseáis salir rápidamente de ese lugar de peligro.

Algunos de vosotros tenéis sueños recurrentes en los que camináis sobre puentes muy inseguros, sobre abismos profundos o a través de pasillos estrechos, o en los que estáis confinados en una caja. Puede que os despertéis con un sudor frío, o que experimentéis terror en la noche. Y, con ello, una lección está llegando de vuestro Cuerpo Mental Superior que os dice que os habéis puesto en una situación peligrosa por la cual debéis pasar, debéis hacer un movimiento, no podéis regresar y no podéis permanecer quietos: debéis avanzar.

Entran los falsos gurús ofreciendo a las almas falsos frutos

Porque aquí puede llegar el tentador, aquí podéis ser vulnerables a aquellos que os ofrecen mercancías y frutos que no son los frutos iniciáticos de Maitreya.

Así pues, entran los falsos gurús para tomar ventaja de las almas que se han negado a pasar a través de la iniciación de retar el núcleo de esa rebeldía. Ahora encuentran un falso gurú, ahora están satisfechos de que todo está bien. Pueden mantener su rebeldía, porque el falso gurú es la encarnación del morador del umbral de la rebeldía contra Maitreya. Y seguirán a los falsos instructores vida tras vida, suprimiendo totalmente toda otra percepción de la luz de Cristo.

Porque esa percepción les exigiría y forzaría una vez más hacia el punto del encuentro y el punto de la elección. Por eso, tienen un sistema de conocimiento, de educación, de academia; todas estas cosas para confirmar y mantener unido un sistema de civilización basado en el orgullo y el desarrollo del ego humano, la ética de la situación, la modificación del comportamiento, y todo lo que ocurre en el modelado del animal humano.

Entended ahora cómo el individuo que, al rechazar a Maitreya hace diez mil o doce mil años y tomar la decisión consciente de conservar al morador de la rebeldía, reacciona en esta hora —o en cualquier siglo— cuando los representantes de Maitreya y de la Gran Hermandad Blanca vienen con la enseñanza verdadera y los verdaderos requisitos de la Ley. La ira que es subconsciente, que se manifestaba exteriormente como depresión, ahora se invierte y está en la superficie en una guerra sin cuartel para destruir la sociedad, la organización o el orificio de la luz verdadera.

El alma sostiene el equilibrio de la elección correcta, fortalecida por la oración y la meditación

Seres benditos, en mayor o menor medida, de vez en cuando, el morador en vuestro interior se rebela contra vuestra propia Cristeidad. Pero el alma puede elegir. Porque el alma, en última instancia, aunque pende de un hilo, mantiene el equilibrio de la elección correcta. Por tanto, cuando no sepáis el camino a seguir, ni distingáis la derecha de la izquierda, orad; orad por sintonía y unidad con nosotros.

Aprended los pasos de la oración y la meditación que hemos enseñado en nuestro libro[13] para que también podáis ser fortalecidos por la oración y la meditación como las manos derecha e izquierda de la presencia de los bodhisatvas que vienen a reforzar vuestro deseo de ser todo lo que Dios quiso que fuerais.

Como veis, la depresión engendra ineficacia, más rebeldía, desobediencia, hasta que finalmente hay un clamor y un tintineo en el cinturón electrónico y en los cuatro cuerpos inferiores. Y a menos que ese individuo elija rápidamente la luz de su poderosa Presencia YO SOY y alinearse con nosotros, los ayudantes que podemos ayudar, ese individuo, sin duda, debe hacer la elección de correr hacia las colinas o hacia los cañones de las grandes ciudades donde puede perderse y colocarse a la mayor distancia posible de alguien que puede ayudar; si no nosotros, entonces la Mensajera.

Una sensación de injusticia, una ofensa

Comprended, pues, corazones amados, que todos los que hacen esto deben tener una excusa, y su excusa debe estar basada en algún sentido de injusticia, alguna ofensa, o alguna falta real o imaginaria de nuestro testigo o de nuestros chelas o de nuestra organización. Corazones amados, es una lástima que la ofensa personal basada en una rebeldía de fondo desmonte al jinete, derribe al caballero y pierda así una oportunidad tan grande. Esta obra de las eras es un trabajo alegre cuando os tenéis unos a otros, cuando tenéis una comunidad y tal alegría ilimitada que es posible en esta circunstancia con la cual sois bendecidos, tener este centro con todo lo que presagia para vuestra corriente de vida.

Venimos en nombre de Serapis Bey porque se requiere la Escuela de Misterios

¿Por qué hemos venido en este siglo? ¿Por qué presentamos aquí la ecuación de la vida? Venimos en nombre de Serapis Bey, nuestro jefe. Venimos en nombre de este Maestro. Venimos porque se requiere una escuela de misterios en la octava física en este siglo, que enseñe el sendero de la ascensión, donde los únicos graduados de esa escuela son Maestros Ascendidos.

Se requiere que se establezca el Sendero, que no haya palabras remilgadas ni indulgencias, pagadas o no,[14] sino que exista el Sendero puro y simple demostrado por nosotros y por vosotros para mantener esta Tierra en su giro cósmico. Estamos orgullosos en el verdadero y humilde sentido de la palabra, ya que nos alegramos de que, de hecho, exista tal escuela en este tiempo y espacio.

El mensajero de la verdad debe enfrentar a los enemigos del mensaje

Amados míos, debo deciros que cuando buscamos al mensajero que pudiera llevar este mensaje y la verdad a través de lo que pudiera ocurrirle a ese mensajero en este siglo, miramos hacia abajo a esta corriente de vida y encontramos la fortaleza y la fe que no sería perturbada por chismes, calumnias, trampas o cualquier otra cosa que pudiera ocurrir. Porque si el mensaje no lo lleva alguien que tenga la fortaleza para enfrentar a los enemigos del mensaje con su antimensaje, entonces, ¿cómo podría perdurar nuestra actividad o nuestro conocimiento?

Puede que todas las cualidades que deseáis no sean evidentes en la Mensajera; pero ¿puede un individuo encarnar todas
las virtudes de Dios? ¿Por qué estáis aquí? ¿No estáis aquí para
encarnar esas virtudes y talentos que podrían no reflejarse en
la vida de aquella que está frente a vosotros? ¿Qué propósito
tendríais si no fuera a complementar todo lo que se manifiesta
aquí? ¿Qué propósito tiene el Mensajero, sino proporcionaros
los ingredientes necesarios y convenientes para vuestra propia
victoria? Esta es la gran belleza de la Gran Hermandad Blanca,
no sea que alguien que tenga una porción mayor que ella (o él) se
perciba a sí mismo como un dios, o independiente del Altísimo.

Entonces, comprended que los ingredientes más necesarios:
seguir firmes y entregar nuestra Palabra, están presentes. Estamos
satisfechos; y también lo estamos de que nos proporcionéis el
resto.

Funciones activas y pasivas de Alfa y Omega
Cumplimiento de la Palabra y su obra

Os animamos a ser emprendedores y activos en las notas
particulares que son vuestra nota clave para que esta comunidad
sea completa. Comprendéis el significado del receptor pasivo, el
Omega quien recibe la Luz del Espíritu. En el momento en que
la recibáis, os convertís en Alfa. ¡Y ahora sois los seres activos,
ahora pasáis a la acción, ahora ponéis en práctica la Palabra!

Amados míos, necesariamente debe haber adiestramientos
en comunicación. Debéis ser *receptores* de la Palabra. Luego,
debéis ser *dadores* de la Palabra. Esto aún no está en acción. La
Palabra transmitida por el Espíritu Santo se convierte en concien-
cia-acción mediante la cual os movéis. Y, de repente, la Palabra
que es el poder del Espíritu se convierte en la Obra, la poderosa
Obra que es la manifestación de la Madre en la Materia. Por
eso escribimos con mayúsculas *Palabra* y *Obra*, para que podáis

entender la polaridad de Alfa y Omega.

Es en el ciclo de Omega que debéis triunfar. Por tanto, la Obra cuenta, porque muestra el efecto de la causa interna del Espíritu con vosotros. Hasta que la Palabra sea recibida y entregada, escuchada, asimilada, y el resultado mismo de la asimilación sea la poderosa Obra de las eras, ¡no habréis completado la espiral! Y hasta que la Palabra se convierta en la Obra, es una espiral incompleta o abortada.

Grande es el clamor de la injusticia, escasa la determinación de actuar

Os hablo de esto porque miro a través de esta gran nación. Las personas se reúnen y hablan. Se agrupan en un comité. Formulan políticas. Si todos los pensamientos y deseos nobles de los corazones de la gente buena del país se pusieran en acción, esta nación sería un lugar muy desarrollado. Pero no es así.

Cuando se trata de la acción Omega, cuando se trata de que el individuo se convierta en la *Shakti** de la Gran Hermandad Blanca, cuando se trata del coraje y la voluntad de apartarse de la multitud, de ir en contra de los sistemas de creencias más apreciados, encontramos que los que suelen ser más valientes son los caídos, porque tienen un ímpetu de rebeldía y, por tanto, se destacan.

Y los que deberían destacarse están tranquilamente en su sala viendo televisión, escuchando música, y exigiendo horas y tiempos interminables para dedicarse a sus familias y a todos los demás intereses excepto a salvar a la nación o a la juventud; o

---

Shakti [en sánscrito significa «energía», «poder», «fuerza»]: Shakti es la fuerza dinámica y creativa del universo, el principio femenino de la Divinidad. En la filosofía hindú, *Shakti* es el nombre que se le da al aspecto femenino de una deidad masculina, a menudo personificada como su esposa o consorte. La contraparte masculina es vista como el aspecto inactivo y no manifestado del Espíritu, que requiere la fuerza activadora, el aspecto femenino que es Shakti, para liberar el potencial Divino del Espíritu a la Materia.

luchar contra las drogas o rescatar a los niños pequeños.

Grande es el clamor de la injusticia, y muy corta y efímera la determinación de actuar. Pocos son los que tienen el poder sustentador para actuar como excepción de sus vecinos durante mucho tiempo. Pocos pueden soportar el ostracismo que reciben. Es por eso por lo que tenemos comunidad, porque somos mentes afines que deben atraer a más mentes afines, y bien pueden hacerlo.

La Orden de Francisco y Clara

Amados, traigo a vuestra atención y enfatizo ahora nuestra orden, la santa Orden de Francisco y Clara, que durante mucho tiempo ha sido el motivo y el propósito subyacente de muchos que sirven aquí y en los grupos de estudio y centros de enseñanza. En esta hora deseo inaugurar esta orden de una manera más organizada; para que podáis identificaros, en el sendero del celibato o del matrimonio, con las obras que nos esforzamos por realizar en la reconstrucción de la Iglesia[15] sobre la piedra angular de la pureza, mientras servís a toda la vida.

Obediencia, pobreza, castidad, y la defensa de la Madre Iglesia

Deseo hablaros de nuestro lema, que hoy expresaría como Obediencia, como Pobreza, como Castidad.[16] Quisiera hablaros de ellas por un momento. Porque la obediencia de nuestra orden es lo que llamamos Amor: Cristo. Obediencia al Amor en la persona de Cristo en cada Maestro Ascendido y no solo en Jesús. Obediencia a la Luz interna y al Llamado interno: el fundamento de quienes caminan en conmemoración de los Instructores del Mundo.

La Orden de Francisco y Clara toma su nombre de un período singular de la historia que estuvo plagado del Armagedón personal y de fuerzas despiadadas tan nefastas como las de hoy.

También se remonta a una comprensión limitada de Cristo; sin embargo, en los misterios internos de nuestro corazón, sabíamos mucho más de lo que nos atrevíamos a decir.

Hoy, la orden va más allá de lo que fue para un nuevo nacimiento en la era de Acuario. Y a medida que recibís el manto y la percepción del cargo, forjáis la orden y creáis a partir de ella lo que debe ser. Por eso, amados corazones, la castidad misma es pureza. Es la pureza de los chakras. Es la pureza del corazón. Es el sendero del Sagrado Corazón. Es la pureza del alma y la purificación del cuerpo. Sobre todo, es la transmutación de todo el karma pasado. Es la dedicación al sendero de la ascensión mediante la elevación del fuego Kundalini.

La pobreza es el vaciamiento de uno mismo para poder llenarse. Cada día entregad la luz que os corresponde dar. Por tanto, conoced el camino verdadero de la Madre Pobreza. El vaciamiento para poder llenarse es la naturaleza del Sendero. La pobreza es un amor mayor por los demás que por uno mismo.

A estas tres virtudes añado una cuarta: es la defensa de la Madre Iglesia.

La Orden del Niño Santo

En esta orden también se incluye la Orden del Niño Santo, amada por Jesús, creada por Lanello, de la cual habéis oído en el aniversario de The Summit Lighthouse.[17] Esta Orden del Niño Santo es la defensa del niño en todos los siete rayos: la protección del niño, la educación del niño, la enseñanza al niño de lo que es el amor, el dar y el recibir. Es un sendero de pureza que es la claridad en el corazón para lograr la meta de la vida. Es una enseñanza de la ciencia, la salud y la abundancia; la enseñanza y la instrucción del niño del corazón —de vuestro corazón y de otros niños— en el sendero del servicio, el sendero de la liberad y las órdenes sagradas. Todas estas cosas forman parte de nuestra Palabra y de nuestra Obra.

La Orden de los Hermanos y Hermanas de la Túnica Dorada

Que seáis, pues, los que se esfuerzan. Que también podáis recordar que el cumplimiento de la Orden de Francisco y Clara en la octava etérica es ahora a través de la Orden de los Hermanos y Hermanas de la Túnica Dorada.[18] Es la túnica dorada de los Instructores del Mundo y de la Cristeidad y es el amanecer dorado de iluminación para la Tierra. Por tanto, os traigo el concepto de la orden en la hora de la venida de Jofiel cuando se necesita tanta iluminación.

Seres benditos, no temáis al Sendero, pues este se extiende como una túnica dorada ante vosotros. El amor que hemos conocido, el avivamiento por el Espíritu Santo en nuestras comuniones, todo lo que compartimos, supera con creces cualquier adversidad, persecución o conciencia humana que podáis encontrar.

La ecuanimidad, la paz y la alegría de nuestros corazones os acompañan en esta hora. Deseo, pues, en el nombre de Maitreya partir el pan de la vida con vosotros, servir la Comunión para que comprendáis que tanto el Instructor como la Enseñanza se manifiestan en la Comunión. Es la comunión con Maitreya la que exige la asimilación.

Recapitulación de mi discurso

Me permito recapitular y recordaros que al principio de mi discurso hoy, os he hablado de la dispensación de mi ayuda a vosotros en vuestra salud y psicología personal con el fin de que podáis conocer la alegría de la plenitud, de estar en paz para eliminar libre y rápidamente las partes irreales del yo; para entonces avanzar en el sendero de iniciación de modo que la llama del corazón pueda equilibrarse y brillar para todas las naciones como la diseminación de nuestra luz, al conducir a todos al fruto de Maitreya y a la necesaria iniciación que todo discípulo debe tener si quiere superar los problemas más difíciles y complejos del subconsciente o del cinturón electrónico. Para el lograrlo, os recomiendo esta Orden de Francisco y Clara; que necesariamente incluye el sendero del siervo ministrante ya anunciado.

Esta orden es un medio para un fin y no un fin en sí misma. No es que deseemos que os dejéis cautivar en el significado de la orden, sino que podáis usarla como un medio, una fuerza, una unidad, una hermandad para superar los desafíos más difíciles y recibir apoyo de vuestros amigos en la hora de la debilidad.

Por consiguiente, mis amados, no es con gran fanfarria, sino con la transferencia a vosotros del conocimiento de que vuestra alianza con los preceptos y propósitos sagrados, vuestra consideración de los votos, se está fortaleciendo y sirve para tomar la luz de la Kundalini a fin de formar la flecha sagrada que llegará a la meta de los reinos infinitos.

Nuestro motivo, nuestro modo, nuestro Maitreya

El propósito de todo lo que hacemos es vuestra ascensión. Comprended que, para rescatar vuestra alma, debemos burlar desafiar o incluso herir al morador. Y debemos engatusar e idear circunstancias en las cuales los ojos del alma se abran y se obtenga el verdadero autoconocimiento para que se tomen las decisiones correctas. Todo el propósito de nuestra instrucción en Summit University desde el corazón de Maitreya es para que tú, querido chela, puedas tener a tu disposición nuestros estándares de las octavas de los Maestros Ascendidos a medida que ejercitas el libre albedrío para la acción correcta, la Palabra y la Obra correctas. Comprende nuestro motivo y tolera nuestros medios, pues debemos actuar de la mejor manera posible para llegar a ti con prontitud.

Considera siempre el motivo de los Maestros Ascendidos en cualquier adversidad, cualquier enfrentamiento con un chela o familia, cualquier malentendido respecto a nuestra enseñanza o a la Mensajera. Considera el motivo y considera que lo más importante de cualquier experiencia que tengas no es lo que te sucede sino tu reacción ante ello. Tu reacción determina tu lugar en la escalera del logro. Tu reacción nos permite actuar o no actuar. Tu reacción a cualquier cosa, o a todo, nos muestra el fruto que ha madurado en ti gracias a todas nuestras enseñanzas anteriores y a nuestro amor y apoyo, así como nuestra disciplina.

Por eso, percibe la onda sinusoidal que se desarrolla ante los acontecimientos que producen un empuje que exige una respuesta de tu parte. Observa la respuesta y observarás las mayores esperanzas y posibilidades que ahora tienen espacio para manifestarse. Siempre es bueno hacer una pausa y respirar profundamente, y reflexionar, antes de hablar y antes de decidir un curso de acción.

Por lo tanto, todo está en el pudín. Veamos ahora la prueba de tu pudín, porque no te dejaremos. Estamos aquí para los propósitos que hemos declarado. Y nos preguntamos qué maravilla puede tener Maitreya ante nosotros cuando hayas alcanzado un nuevo nivel de logro comunitario.

Con la señal de Oriente y del jerarca de luz, con la señal del Aquel que me ha enviado, soy por siempre el pajarito de Cristo, el pajarito de Buda. Hablo al oído, gorjeo en el árbol, formo ondas en el estanque, y te traigo un pedacito de pan en mi pico.

27 de enero de 1985
Cámelot
Condado de Los Ángeles, California

CAPÍTULO 7

Amado Señor Maitreya

Astrología para las llamas gemelas

El cuerpo causal de Maitreya es la clave de la era de oro

Hijos del Sol Surya, hijos del Sol que habéis captado la luz del heredero, ahora debéis ser llamados hijos e hijas del Altísimo, herederos de la luz: la investidura de la Cristeidad, de la Budeidad, es el retorno, he aquí, el ascenso a todo lo que YO SOY.

Vengo para que podáis escuchar mi voz y sepáis que toda mi ofrenda en el sendero del Buda está en el amor y la reverencia de la Madre y en la carga de la Madre para reclamar a los suyos, reencontrarlos, limpiarlos, hacerlos íntegros, sanar sus cuerpos y, por tanto, preparar alimento para el alma, el cuerpo y la mente.

El gran anhelo de la Madre de atraer de nuevo al corazón de Dios a todos los que salieron se convirtió, se autoproclamó, en la carga de todos los Budas. En consecuencia, somos los consoladores de la Madre. Somos los consoladores de la Madre y a través de sus labios pronunciamos la antigua enseñanza.

La Madre, entonces, se convierte en la Palabra. La Madre, entonces, se convierte en la encarnación del Buda y del Cristo. Porque es la luz femenina que se manifiesta como Shakti universal la que reúne una vez más las partes despreciadas y diezmadas del alma.

Oh, seres benditos, conocí el anhelo de la Madre del Mundo de recomponer a sus fragmentados hijos que han caído del muro, por así decirlo, la Gran Muralla China. Esto trae a la mente el recuerdo de la muralla de Shambala que se hizo necesaria debido a la densificación del mundo. Y la muralla, entonces, se convirtió en la octava etérica que descendió para hacer que el gran Shambala fuera invisible, que ya no estuviese en el plano físico exterior. Así, los Señores de la Vida dejan caer el velo sobre los lugares preciados; y, de repente, el retiro físico es llevado, por así decirlo, al plano etérico cuando antes era físico.

Desde siempre, cuando los retiros de la Gran Hermandad Blanca se retiran de la Tierra, Dios se oculta en el corazón de la Madre. Y así, muchos hijos e hijas ascendidos han salido en Su nombre a rescatar a Su progenie. Ella no descansará hasta encontrarlos e impulsarlos, uno a uno, por Su mirada y severidad, por Su amor y sabiduría, por Su determinación, a estudiar de nuevo la Ley, a contemplar de nuevo al Primer Amor, a recordar los días dorados en el Sol Central, a recordar, pues, el punto de origen.

Sabed, entonces, que muchos han llegado a ser los salvadores de los hijos de la Madre y se ha impartido la enseñanza de la Escuela de Misterios. El año pasado visteis la publicación de mi propia enseñanza como *Perlas de Sabiduría*, para que llegue también a muchos corazones; ya que Saint Germain, El Morya y otros, incluyendo a María, han expuesto acerca de la luz de Maitreya, el Gran Iniciador.

Así se me llama, pero daos cuenta de que este título es también un manto, pues, ¿quién es el Gran Iniciador sino Dios? De modo que soy conocido como el Gran Iniciador, ya que soy el instrumento de las iniciaciones de Dios a los Suyos, y por el manto y el honor que me ha otorgado. Recordad que soy el recipiente, como vosotros lo sois. Y también podéis elegir lo que se va a verter en el recipiente, qué extraordinario vino del Espíritu puede destilar vuestra alma para que su esencia pueda nutrir y animar a los desechados y dejados por muertos en el camino de la vida.

Cristeidad y Budeidad

¿Y cómo os convertís en aquel que determina lo que se vierte en el recipiente? Revestir el recipiente con las virtudes particulares que magnetizarán la polaridad de esas virtudes, es una alquimia, una química en sí misma, que crea la totalidad de esa virtud ¡YO SOY EL QUE SOY, como Arriba, así abajo! Al perfeccionar el recipiente de la Materia y la virtud en el recipiente como custodios de la confianza de la vida abundante de la tierra, de la comunidad, de la sangha del Buda, revestís el cáliz del ser con una cualidad excepcional que *debe* atraer la plenitud de la sangha del Buda, del Instructor, del Dharma.

Benditos corazones, id, pues, de la periferia de la manifestación al centro de la gema y encontrad el corazón diamantino que muestran todos aquellos que han ganado en el juego de la vida, porque, en verdad, esa es su insignia del sendero del bodhisatva. A veces no sabéis cuándo un Maestro Ascendido ha alcanzado la plenitud de la Budeidad; pero recordad que todos los miembros de la Gran Hermandad Blanca (incluidos vosotros mismos), ascendidos o no ascendidos, están en este Sendero.

Y la Cristeidad individual y personal, tal como la define el Señor Cristo, contiene los elementos de la Budeidad, pero también es un eslabón en la cadena de ese pleno devenir: por un lado, la Cristeidad es el primer paso y los primeros frutos; y, por otro, su culminación en el chakra de la coronilla es la puerta abierta del bodhisatva a las múltiples manifestaciones del cuerpo causal, anillo tras anillo, de las marcas del Buda.

Por lo tanto, esforzaos en los grados de la Ley delineados por el gran bodhisatva El Morya. Esforzaos, pues, y reconoced el sendero del chela y del individuo Crístico que avanza hacia la entrada en los múltiples niveles de desarrollo del cuerpo causal, alcanzando el centro del YO SOY EL QUE SOY en esa postura del Buda que es el Gurú.

Qué significa la venida de Maitreya

Seres benditos, en las enseñanzas que habéis recibido en Summit University veis los peldaños hacia arriba, hacia la montaña; hacia Shasta y hacia el Grand Teton, hacia los Himalayas y hacia lo alto de los Andes. Comprended que el hilo de mi enseñanza está en todas las enseñanzas de los Maestros Ascendidos, quienes han sido como los bodhisatvas que antecedieron la llegada de mi Presencia. La presencia de esa luz en la Tierra exige una extraordinaria e inquebrantable fuerza y devoción por parte de los chelas que desean estar a mi alrededor.

Vengo, entonces, a enseñar a aquellos que me han conocido en el cristal de colores (los siete rayos) y en el cristal (el fuego blanco de la Madre) de las clases de Summit University, a aquellos que me han conocido en las disciplinas y los desafíos de la vida como miembro del personal de la Mensajera, y a aquellos que me han conocido como Guardianes de la Llama y estudiantes en todo el mundo. Vengo para que tengáis el realismo de una perspectiva de lo que significa la venida de Maitreya y por qué la venida es tan larga.

De hecho, ¿por qué es tan prolongada? Es que debemos estar seguros de que los anillos áuricos de luz que rodean los cuerpos de los chelas ascendidos y no ascendidos, y también los cuerpos de luz, pueden mantener el equilibrio para la luz del Maitreya que desciende y la oscuridad que los ataca.

Como veis, amados míos, el grado de dificultad radica en el acopio de fuerzas, en la concentración, en el dominio del tiempo y el espacio para desafiar a las fuerzas anti-Maitreya, para desafiar a todas las cosas que se han dispuesto contra el Cristo universal y que han sido reveladas por la Madre, instrumento del Buda; y por el Buda, instrumento de la Madre.

Vemos, por tanto, que el decreto dinámico concertado y el Llamado a Juicio de Jesús desechan sumariamente a los engañosos seres irreales que, en última instancia, se han hecho pasar como los seres reales de la Tierra. Por eso, deseo declarar que el logro más necesario es la percepción de: *¡lo poderoso que es el Llamado y lo incapaz que es el Adversario!;* la «potestad» del Cristo y la «nulidad» del Adversario. Cuando esta percepción se arraiga en el pensamiento y el sentimiento, y se tiene la energía acumulada de los decretos dinámicos y vuestra voz se escucha en la noche con todo el poder de la Palabra hablada, podéis comprender, amados míos, que el aura y la presencia de Gautama, de Sanat Kumara, está bien servida por vosotros a través de mi manto, porque os he recibido como mis chelas.

Y estoy en la generosa dicha del Todopoderoso y en el corazón del chela este día, con gratitud por ser el representante tanto del Señor del Mundo como de sus chelas. En cada caso me considero sumamente bendecido y afortunado; y altamente favorecido por el Señor Dios.

Cada Buda tiene una cualidad especial

Representar a Gautama es ser depositario del corazón más tierno y de un universo tan vasto de la Mente de Dios como para ser consciente simultáneamente de toda la vida sensible y estar a la vez instruyendo, iniciando, elevando, nutriendo o disciplinando a cada parte de la vida; una contemplación casi demasiado grande para estas octavas. Sin embargo, ¡se trata de una persona y de no una computadora! ¡Esta es la mente de Dios encarnado! Por eso, contemplad al Dios infinito mediante Su representación en Gautama; y comprended que es la cualidad de la compasión la que fluye en este circuito divino que pasa a toda la vida a través de su corazón.

Porque cada Buda presta al sustento de la vida sensible esa cualidad peculiar y especial que ha elegido verter en el recipiente. Por tanto, al contemplar a Surya del Sol, *¡bendito Surya!*, se comprende cómo cada hilo de luz de su corazón que llega a toda la vida sensible está «disciplinado», es decir, está envuelto por el azul eléctrico ardiente de su devoción a la voluntad de Dios y al Gobierno Divino. Y se le ve impregnar los poros mismos de sus súbditos del azul de la Madre del Mundo. ¡Así es su tierno amor «disciplinario»!

Y en la estela de Gautama, puede verse el rayo dorado y el rayo de luz rosa separados y, sin embargo, a veces mezclados. Puede percibirse la ternura que a toda la vida en este planeta le proporciona una cierta sensación de bienestar y disfrute, un sentimiento de ser amados incluso cuando se quejan de no ser amados por sus padres. En el mundo hay una cierta impresión de sentirse en casa que proviene del corazón de Gautama y que puede amplificarse a través de su corazón mediante el sendero del siervo ministrante.

Que vuestro corazón se convierta en un horno de fuego

Os traigo, entonces, la percepción de vosotros mismos como una prolongación de mi ser (que soy una extensión de Gautama, de Sanat Kumara) para que vuestro corazón, amados mío, pueda convertirse en un horno de fuego, sagrado e intenso, en el que almacenéis luz, mucha más luz* que la almacenada por aquellos que no están en el Sendero, de modo que os convirtáis en verdaderos transformadores de mundos. Gracias a ese corazón, cuando estéis en presencia de los hijos de la Madre, ya no pueden ser los mismos. Deben ser diferentes. Deben conocer la alegría. Tal es mi presencia en la Mensajera.

---

*como la conciencia Crística.

Luego, si elegís tener ese aumento de la luz del corazón, seguid las enseñanzas de los Maestros Ascendidos de manera ordenada, pues se requiere cierta maestría para que no uséis mal esa luz; porque la compasión mal utilizada puede convertirse en posesividad o tiranía. Como veis, cuando vierto el vino de la compasión en el corazón, que refleja el rayo rubí, si el corazón está teñido con una sustancia no transmutada, cambiará incluso la fórmula de la esencia destilada de mi propio corazón.

Por eso he hablado de revestir el cáliz de abajo con la virtud de lo que se desea desde Arriba. De este modo, no hay conciencia de «yo quiero» sino de «YO SOY el que afirma perpetuamente la virtud de la Madre que sin duda atraerá al Buda, pues el Buda adora a la Madre».

Ahora veis cómo vosotros mismos sois los que determináis la cualidad de la virtud y el contenido del recipiente. Por eso digo, cada palabra de los Maestros Ascendidos a través de los Mensajeros constituye para vosotros una preparación no solo para la venida de Maitreya en la manifestación externa en el mundo, sino también para mi venida en la manifestación interna en vuestro ser. Al entender esto, amados corazones, os pido: Recibidme, entonces, en el nombre del más pequeño de estos mis hermanos. Recibidme, pues, en el nombre del niño o del ángel más pequeño, del villancico cristalino o de la canción de amor veraniego.

Sea cual sea la forma en que me recibáis, que sea con una conciencia siempre atenta a la necesidad de invocar la luz efervescente que despeja el camino para que mi fuego pase a través de las mismísimas venas, *nadis*, centros nerviosos y chakras. Todo vuestro ser es luz. Todo vuestro ser es luz, corazones benditos, los corazones más dulces de Krishna, los corazones más dulces del fuego sagrado, los míos.

Mi cuerpo causal tiene la clave para la era de oro

Amados míos, a medida que hacemos retroceder las barreras y las usurpaciones de aquellos que han ido demasiado lejos y decimos: «¡Hasta aquí y no más!»; y a medida que logréis hacer retroceder las usurpaciones en esta ciudad, nación y planeta, veréis cuánto más del cuerpo causal de «Metteyya» puede entrar en esta octava y cambiarlo todo. Porque, amados, es un secreto (pero ya no lo es, porque os lo digo) que el significado de la venida de Maitreya es que mi cuerpo causal tiene la clave de la era de oro tan esperada. Por este motivo, debe hacerse espacio en la posada de la vida en la Materia para mi cuerpo causal.

Del vientre del Buda nació la Madre Cosmos. Ahora el Buda desea entrar en la Madre Cosmos para recuperar a sus hijos. ¿Cómo voy a caber cuando el espacio está ocupado por tantas, tantas cosas? No puedo recoger todas estas cosas en mi bolso, sino que debo dejarlas a un lado: las telarañas y los satélites flotantes de la mente que los hombres han puesto en movimiento y se lanzan mutuamente. ¡En qué desorden se ha convertido el espacio! Lo veis físicamente, pero yo lo veo astralmente. Y veo que no pondré ese cuerpo causal en un espacio no consagrado.

Por eso vamos a las montañas donde mi cuerpo causal puede apoyarse en las copas de los árboles y en las cumbres y en los arroyos de arriba. Pero mi descenso, paso a paso, denota la densificación de la octava etérica inferior y, en consecuencia, menor penetración de ese plano por parte de mi cuerpo causal.

¿Por qué la Madre va a la montaña a recibirme? ¿Por qué los Mensajeros han proclamado: «¡*Escala la montaña más alta!*». Porque el cuerpo causal de Maitreya presiona sobre la tierra y los de abajo se turban, se angustian, se agitan y se enfurecen. Reaccionan con rechazo debido a su superstición, fanatismo y odio innato a la luz.

Levanto la mano y envío el rayo rubí, la llama violeta y la

intensidad del rayo de brillo rosa dorado y los rayos secretos del Poderoso Cosmos.

Amados, este día envío la luz del cuerpo causal de Saint Germain de la más alta dimensión, la cual pasa a través de mis manos y forma, superpuesta a las de la Mensajera.

Envío una luz para la disolución de estas imperfecciones que han rodeado a la Mensajera y a la comunidad durante demasiado tiempo.

Ahora envío una luz para la limpieza, para regar con luz el rancho y la granja; el cuerpo y la mente; y el suelo debajo.

Envío una luz y una corriente del Río de la Vida de mi propio ser, y marco una nueva era y un ciclo de victoria.

Porque ha llegado la hora y el cosmos se regocija y envía de vuelta su alegría ante la injusticia; alegría ante la presencia de todos los que se lamentan por su conciencia apartada.

La alegría, entonces, desciende como un manto y es un regalo anticipado de cumpleaños para que la Mensajera sepa que la alegría del Buda es siempre el flujo del corazón, del vientre, del alma y de la mente. Y, de ese modo, cintas de luz y corrientes de fuego sagrado fluyen de mi cuerpo a través del de ella, tocándoos ahora como viento, luz, movimiento y cabello de ángel que pasan suavemente.

Los ciclos sí cambian

Amados nuestros, debéis saber que los ciclos sí cambian. Cambian porque apretáis la mano para impulsar la rueda de oración, recitáis el decreto y desarrolláis una acumulación de energía frente a los que, sin duda, vienen con muchos nombres (los oscuros y otros). Vienen, pero también se van. Ellos representan la antítesis del yin y del yang a medida que pasan por ondas sinusoidales y luego se desvanecen.

Así pues, amados, esos «ellos» de los que hablo son una raza que temporalmente ocupa, usa o toma prestados muchos cuerpos, y luego se van. Tened cuidado, entonces, con la violación del cuerpo etérico y de los chakras por parte de aquellos que quizás no vienen como «malvados», sino como determinados instrumentos de la Oscuridad. Tened cuidado de cómo vienen para envenenar y desviar.

Tened cuidado, oh, hijos del Sol. Porque YO SOY la Ley que os libera. El medio de liberación que habéis visto como un buque de vela, es en realidad mi cuerpo causal. Es mi Edén de Luz, forjado, ganado, creado para conteneros a todos vosotros en la Escuela de Misterios.

Por eso es hermoso contemplar esta zona de la nación. Sin embargo, debemos estar en la montaña para el descenso del cuerpo causal que es la clave de la era de oro. Y luego debemos combinar las esferas doradas de nuestros cuerpos causales sostenidos conjuntamente. ¡Porque ese es el significado de la relación Gurú-chela!

Ha venido Jofiel, y Kuthumi.[1] Aprovechad al máximo esta oportunidad. Aumentad, pues, la esfera amarilla y sabed que es el lugar de la morada del Buda.

Y cuando deseéis llegar al centro de vuestro cuerpo causal y al logro de la Cristeidad para estar con los Budas, debéis proporcionarles espacio; un espacio amplio que constituye la mente de Dios enfocada en la esfera amarilla dorada.

De manera que las «muchas mansiones» y los salones de las mansiones del cuerpo causal son para albergar a los bodhisatvas. Así que, ¡en la casa de la Madre también hay muchas mansiones para vuestra morada, cámaras secretas y lugares para jugar al escondite, para encontrarme y perderme de nuevo! Porque el juego de la Madre es siempre que podáis recibir la iniciación de Maitreya.

Os recomiendo, entonces, que estudiéis con seriedad las etapas y períodos del sendero para convertiros en bodhisatva.[2]

En verdad, la oportunidad tiene las puertas abiertas de par en par, tiene abiertas las puertas de las esferas cósmicas para que podáis pasar a un nuevo compartimento de la identidad Divina.

La falsa astrología del mundo

Estas puertas abiertas son los chakras y los cuerpos causales de todos los seres del cosmos que se han graduado al escapar de la mortalidad para convertirse en inmortales, y son ellos quienes me han enviado para hablaros en su nombre, en este momento, sobre la falsa astrología del mundo. Y hablo de ella como una astrología falsa no porque sea un cálculo erróneo de las estrellas o de los signos o de las matemáticas de las cartas de vuestro nacimiento, sino porque su interpretación es falsa y el nivel de percepción también es falso. Y ahora lo explicaré:

El aprisionamiento del alma en las configuraciones de la astrología debe considerarse un gran desafío para los chelas de Summit University que pasan de los niveles uno al dos y al tres. Llega un momento en que debe considerarse la extraordinaria necesidad de desafiar a diario el karma negativo pronosticado en la propia carta astrológica y, por tanto, de definir las posiciones de los planetas y cualquier número de estrellas fijas en la carta.

Esta es, pues, la palabra de Maitreya que os dará una idea de lo que enseñamos en la Escuela de Misterios: debéis hacer una carta alternativa, que es la verdadera carta; en la cual, según vuestro mejor entendimiento, sustituís todos y cada uno de los planetas o estrellas con el cuerpo causal de los Maestros Ascendidos de vuestra devoción.

Ahora bien, hay seres cósmicos y Maestros cerca de vosotros cuyos cuerpos causales se utilizan específicamente, por ejemplo, para contrarrestar los aspectos negativos de Plutón o ciertos aspectos negativos creados por combinaciones de las posiciones relativas de los planetas entre sí. Pero no los revelaremos en este momento, prefiriendo que asignéis las «estrellas» de la

Gran Hermandad Blanca a partir de la meditación de vuestro corazón. Y al hacerlo, pedid que el cuerpo causal de cualquier ser celestial reemplace la posición y los tránsitos significativos, grado por grado, de cualquier planeta o grupo de planetas en vuestra carta natal, en vuestra carta progresiva o en vuestra revolución solar. Cualquiera de estas tres o cualquier otra, como la carta heliocéntrica, que un astrólogo puede leer, mostrarán las configuraciones dinámicas formadas por los planetas en tránsito en relación con la carta.

Así pues, amados, comprended que, aunque haya influencias tanto benignas como negativas, la relatividad de la astrología debe ser reemplazada por la presencia absoluta de las verdaderas «estrellas», que son los Maestros Ascendidos rodeados de su cuerpo causal, a quienes invocáis. Por eso, no reconozcáis ninguna otra influencia en vuestra vida excepto la presencia y los cuerpos causales de todo el Espíritu de la Gran Hermandad Blanca que forman la verdadera, y no la falsa, astrología de vuestra vida, la cual proyecta la probabilidad divina (que está sujeta al libre albedrío) en lugar de la predicción astral (que ata la voluntad mediante la maldición de una predestinación).

Recordad, amados míos, hasta que vuestro karma esté total y definitivamente saldado, la falsa astrología y las emanaciones de las esferas inferiores de los planetas os afectarán, a menos que os aisléis invocando el tubo de luz y llamando al Arcángel Miguel para que os libere, a menos que hagáis decretos de llama violeta y retéis las fuerzas astrales que entran en vuestro mundo a través de esas predicciones astrológicas negativas.

Por esta razón, siempre debéis reemplazarlas por el llamado a los Maestros para que pongan su presencia y su cuerpo causal en vuestra carta; y para que sellen y excluyan de vuestra vida los signos astrológicos de las influencias negativas proyectadas que son, en realidad, los presagios del regreso de vuestro karma negativo.

Transmutar el karma antes de que llegue

El karma llega a vuestra puerta cada día a través de la astrología del mundo, la astrología falsa; falsa en el sentido de que el Cristo Cósmico enseña que no necesitáis cosechar ese karma, sino que podéis transmutarlo con la llama violeta antes de que llegue a vuestra puerta en detrimento de vuestro verdadero plan de vida e impidiendo que la verdadera astrología divina de vuestro cuerpo causal registre su gran bien positivo en vuestra vida, causando así todo tipo de problemas. Si invocáis el tubo de luz y recitáis vuestros decretos de llama violeta sin componer el llamado dinámico personal mediante el cual desafiáis esos impulsos, podréis encontraros libres del karma; pero agobiados por el impulso de la astrología en sí, incluso como patrones de hábitos humanos que perduran más allá del karma, los cuales originaron en primer lugar dicho karma.

De ahí que deben tomarse dos acciones: primero, en el nombre de vuestra poderosa Presencia YO SOY, debéis desafiar los niveles de vuestro karma personal ya que estos afectan vuestra vida; y luego, al nombrar las posiciones y los grados, debéis desafiar la matriz autolimitante en la astrología de vuestras cartas natal y progresada y en la revolución solar que pueda calcularse.

Daos cuenta de que desafiar esos impulsos en nombre de vuestra poderosa Presencia YO SOY es la clave para superar la prueba y la tentación. Sin embargo, estas cartas que se calculan de acuerdo con la astrología mundana deben ser realizadas solo por aquellos astrólogos que tienen la mente de Cristo y que no están atrapados en el sentido mundano de creer en la influencia y el poder supremo de la astrología sobre la corriente de vida.

Por esa razón, alertamos y proponemos un centro de intercambio de información de aquellos que puedan producir tales cartas para nuestros chelas, que entran en la mente de Cristo y comulgan con el Espíritu Santo; y pueden entregar la comprensión de las fuerzas del karma que regresa sin transmitir el miedo o la ansiedad que conllevaría un mayor conocimiento del propio destino kármico.

Una fórmula matemática que puede descifrarse

Nunca hemos recomendado la astrología como una búsqueda para nuestros chelas; porque a menudo los vuelve fatalistas y casi invariablemente causa superstición o el cumplimiento psíquico de la carta simplemente porque está presente en la mente descontrolada, aunque apenas vinculada a una emoción. Por ese motivo, damos una enseñanza reservada para aquellos lo suficientemente avanzados como para mantener el control de la conciencia y considerar la carta astrológica como una fórmula matemática que la mente de Maitreya, junto a vosotros, puede descifrar con la mente del Cristo Cósmico.

Este es mi servicio a la vida, esta es mi venida a la Tierra: para la neutralización de esos impulsos que plagan el planeta desde varios campos de energía en el universo de la Materia donde los impulsos negativos han sido establecidos por los caídos o donde los restos de antiguos cataclismos, la traición y la oscuridad han mancillado y ultrajado esos cuerpos planetarios o celestes cuyas auras, como consecuencia, se convierten en el medio por el cual los aspectos negativos de la astrología, calculados en la carta, llegan a vuestra puerta cada día para desafiaros o ser desafiados por vosotros.

Os digo que el estudio de esta fase de la astrología es una extensión del conocimiento que se dio mediante el Reloj Cósmico de Madre María. Es una comprensión que podéis lograr y, por ello, obtener una gran maestría. Pero si no estáis decididos a hacer vuestros llamados diarios y a recitar los decretos al respecto, entonces, sería prudente que ni siquiera empecéis a estudiar vuestra astrología. Porque conocerla y no dominarla es mucho peor que no conocerla en absoluto.

Por eso, advierto y revelo qué fórmulas, misterios y alquimia pueden extraerse en un estudio más amplio y organizado de todo este tema. Mientras tanto, cualquier información astrológica que tengáis, debéis hacer a diario el llamado general para que los cuerpos causales de todo el Espíritu de la Gran Hermandad Blanca sellen vuestra carta astrológica en cada nivel y en cada aspecto, al liberar solo la luz del Gran Sol Central y de la Primera Causa en vuestra conciencia y mundo.

Por tanto, haced el llamado para que se transmute el karma que desea atraeros y haceros vulnerables a esas fuerzas planetarias e interplanetarias. La atracción gravitacional del karma es la misma que la de los mundos. En aquellos que están libres de karma esa atracción se neutraliza cuando, y solo cuando, eliminan de sus cuatro cuerpos inferiores y de su mente los impulsos que crearon el karma y los patrones de hábitos humanos personales, en primer lugar.

Ved, además, cómo las secuencias de causa-efecto pueden entrar en la llama y cómo esto puede hacerse mediante el poderoso flujo en forma de ocho que se extiende desde vuestro corazón hasta el corazón de vuestra Presencia YO SOY, con su nexo en el corazón de vuestro Santo Ser Crístico. Y consultad a la Mensajera para obtener un plan de acción que pueda implementarse para vuestra gracia y automaestría. Al no desear ya veros sujetos a las cargas invisibles y desconocidas, he hablado así, hoy, en nombre de muchos seres de luz que ofrecen sus cuerpos causales a los portadores de luz del mundo.

Nuestros cuerpos causales son uno

Sello a los estudiantes de Summit University, al personal y a los Guardianes de la Llama que han sido vivificados por mi presencia y por haber mantenido la vigilia de la Gran Hermandad Blanca en una esfera de oro que ahora rodea los cuatro cuerpos inferiores. Es tanto una matriz como una esfera. Mediante el poderoso flujo en forma de ocho entre nosotros, debéis llenar la matriz de oro al atraer de Arriba hacia abajo la iluminación del Cristo Cósmico propia de mi cuerpo causal.

Os sugiero atraerla poco a poco y que luego veáis y consideréis cuál es la oposición que se alza contra esa luz. Por tanto, sed moderados y tomad un poco a la vez; y estad dispuestos a manteneros firmes con ese poco de luz hasta que hayáis enfrentado a todo enemigo que codicie esa luz, que desee atacarla, que desee destruirla y demás. Paso a paso, construid el reino de Dios hasta que vosotros conmigo, unidos nuestros cuerpos causales, nos convirtamos en la clave mutua y conjunta de la era de oro.

Mi lema, al enviaros a vuestro camino:

Paso a paso, se gana el Reino.
Paso a paso, se gana el Reino.

El manto de Saint Germain desciende. Ofrezco mi corazón.

24 de marzo de 1985
Cámelot
Condado de Los Ángeles, California

CAPÍTULO 8

Amado Señor Maitreya

La venida del Cristo Cósmico

El juicio final y la resurrección

Alcé después mis ojos y miré, y he aquí un varón que tenía en su mano un cordel de medir.

Y le dije: ¿A dónde vas? Y él me respondió: A medir a Jerusalén, para ver cuánta es su anchura, y cuánta su longitud.

Y he aquí, salía aquel ángel que hablaba conmigo, y otro ángel le salió al encuentro,

Y le dijo: Corre, habla a este joven, diciendo: Sin muros será habitada Jerusalén a causa de la multitud de hombres y de ganado en medio de ella.

Yo seré para ella, dice Jehová, muro de fuego, en derredor, y para gloria estaré en medio de ella.

Eh, eh, huid de la tierra del norte, dice Jehová, pues por los cuatro vientos de los cielos os esparcí, dice Jehová.

Oh, Sion, la que moras con la hija de Babilonia, escápate.

Porque así ha dicho Jehová de los ejércitos: Tras la gloria me enviará él a las naciones que os despojaron; porque el que os toca, toca a la niña de su ojo.

Porque he aquí yo alzo mi mano sobre ellos, y serán despojo a sus siervos, y sabréis que Jehová de los ejércitos me envió.

Canta y alégrate, hija de Sion; porque he aquí vengo, y moraré en medio de ti, ha dicho Jehová.

Y se unirán muchas naciones a Jehová en aquel día, y me serán por pueblo, y moraré en medio de ti; y entonces conocerás que Jehová de los ejércitos me ha enviado a ti.

Y Jehová poseerá a Judá su heredad en la tierra santa, y escogerá aún a Jerusalén.

Calle toda carne delante de Jehová; porque él se ha levantado de su santa morada.   Zacarías 2

¡Atención, Jerusalén! Elevaos, pues, hijos e hijas de Dios, con alas de águila[1] y con el Ojo Omnividente de esa poderosa águila de la Gran Hermandad Blanca.

Porque el Ojo Omnividente de Dios está sobre esta nación, y el Ojo Omnividente de Dios está sobre las naciones de la Tierra y sobre todos los que atacan a la Libertad[2] como la divina Diosa Madre en la Tierra.

Por lo tanto, ¡el Señor no dará por inocentes[3] a los que niegan la llama de la Madre y la elevación de la llama de la Madre en medio de las naciones de la Tierra!

Por consiguiente, que la luz se transmita desde el corazón mismo de la Diosa de la Libertad. Que la luz emane del pináculo de la corona de la Madre Divina. ¡Y que esa corona de la Madre, ahora, sea el imán para que la luz se eleve dentro de vosotros!

Hijos e hijas de Dios, escuchad la Palabra del Señor en esta hora. Escuchad la amonestación del Señor Dios en medio de las tinieblas y de los oscuros que abren la boca de la cual salen ranas y espíritus inmundos[4] debido a su ira que proviene de las entrañas de la tierra, de la muerte y del infierno mismo.

Oíd, pues, hijos e hijas de Dios, acerca de los caídos que se alejaron; y por eso han hecho de la Palabra de Dios una completa profanación y la instrumentación de esta.

El juicio de los ángeles de Abadón que son de la música rock

Hablo, pues, desde el corazón vivo del Cristo Cósmico. Y YO SOY Maitreya. Y vengo con una espada, vengo con una espada flamígera,* vengo en medio de la Palabra. Y os digo que estos caídos, todo aquel que se ha presentado ante la gente de la Tierra en ese escenario del concierto en vivo[5] para transmitir la infamia de la oscuridad en el ritmo del rock, cada uno se presenta ante el juicio de la gente y el juicio de los Veinticuatro Ancianos. Por eso son llamados para el juicio en la Tierra, porque los Veinticuatro Ancianos se han reunido y situado en la ciudad de Los Ángeles y no se han movido desde la hora de su venida.[6]

Por ese motivo se lleva a cabo el juicio, por eso han hecho su declaración. Por sus frutos, por la vibración de su conciencia, de su ira, su violencia, su condenación y su simpatía por la progenie de la oscuridad y por la mecanización del hombre, son juzgados, cada uno según sus obras, cada uno individualmente.[7] Por tanto, no temáis. Porque si alguno tiene luz, la luz misma lo exaltará y lo justificará. Pero si la Luz que tiene se convierte en Oscuridad, ¡qué grande es esa Oscuridad![8]

Y, por ello, el hombre que viene con la vara para medir a Jerusalén,[9] ha venido realmente. Y esa manifestación de Dios es el Cristo universal y los doce poderosos arcángeles que se reúnen porque el juicio del rayo rubí se ha proclamado.

Llamado a los santos ángeles del Cristo Cósmico para Su juicio en la Tierra

En consecuencia, aunque no hayáis oído sobre los otros cinco arcángeles, salvo Uziel, ni del decimotercero en el centro,

---

*una espada para juzgar el hurto, para juzgar el juramento falso en nombre del Señor (véase Zacarías 5:3, 4).

comprended que ha llegado la hora del anillo de luz alrededor del planeta Tierra en las doce puertas del templo de Jerusalén, en los doce portales de la Ciudad Santa, en las doce puertas de iniciación animadas y custodiadas por la conciencia del Cristo Cósmico y de los santos ángeles del Cristo Cósmico, que a partir de esta hora también podéis llamar e invocar para el juicio del Cristo Cósmico en la Tierra, al reforzar ese juicio del rayo rubí.

Por tanto, amados míos, comprended la intención de estos caídos de Abadón y de aquellos que han salido del abismo.[10] Comprended su deseo de justificarse a sí mismos al abrazar una buena causa y respaldarla con una mala vibración. ¡El Señor Dios no se dejará engañar! Como está escrito, el Señor se burlará de ellos.[11] Por eso, volvemos a decir: «¡Que aúllen!».[12] ¡No tienen *ningún* poder, se *acabaron* sus días!

Y una vez más, la Tierra está sellada en esta hora por el Gran Sol Central y el Imán del Gran Sol Central. Y sabréis que estáis en la orden del Señor Dios en esta hora, en la orden, el honor y el privilegio de los hijos e hijas de Dios.

La armonía Divina y la Verdad Crística: Escudo de las tribus de luz

Que vuestra unión se produzca bajo la armonía Divina y la verdad Crística. Recordadlo: la *armonía Divina* y la *verdad Crística*. Este es el escudo de los santos, este es el estandarte, esta es en verdad la marca de la casa de Israel. Por tanto, tribus, no seáis de los que se lamentan en la Tierra. Porque las tribus de luz son realmente legiones de ángeles, ángeles que descendieron bajo los auspicios de los doce poderosos arcángeles a través de la progenie de Sanat Kumara.

Ángeles caídos se infiltran en las doce tribus de Israel y Judá

El efa

> *Y salió aquel ángel que hablaba conmigo, y me dijo: Alza ahora tus ojos, y mira qué es esto que sale.*
>
> *Y dije: ¿Qué es? Y él dijo: Este es un efa que sale. Además, dijo: Esta es la iniquidad de ellos en toda la tierra.*
>
> *Y he aquí, levantaron la tapa de plomo, y una mujer estaba sentada en medio de aquel efa.*
>
> *Y él dijo: Esta es la Maldad; y la echó dentro del efa, y echó la masa de plomo en la boca del efa.*
>
> *Alcé luego mis ojos, y miré, y he aquí dos mujeres que salían, y traían viento en sus alas, y tenían alas como de cigüeña, y alzaron el efa entre la tierra y los cielos.*
>
> *Dije al ángel que hablaba conmigo: ¿A dónde llevan el efa?*
>
> *Y él me respondió: Para que le sea edificada casa en tierra de Sinar; y cuando esté preparada lo pondrán sobre su base.*[13]

Ahora escuchad esto, Jerusalén e hija de Sion, ¡escuchad esto! Porque los impostores, los ángeles caídos y los dioses Nefilín también enviaron sus propios emisarios para que se unieran a estas doce legiones de ángeles para infiltrarse incluso en las tribus de Israel y Judá y, por tanto, para ser progenie oscura entre la progenie de la luz; siempre confundiendo los asuntos, siempre entrando, intimidando y atrayendo a los hijos de la luz a las prácticas del Mal únicamente para condenarlos, únicamente para poder refrenarlos y decir: «¡Mirad lo que hace la progenie de la luz! Por eso, con su error justificamos nuestra propia maldad».

Y hay una diferencia, amados míos, entre el Mal y el error.[14] El Mal Absoluto es la Oscuridad propugnada por los rebeldes contra el Altísimo. Es un velo de energía generado con un propósito y es el de nublar, ocultar, confundir la inefable luz de Dios. Es un modus operandi para un fin: y ese fin es la destrucción total de las almas de luz.

Por lo tanto, aquellos que practican el Mal absoluto al ser portavoces de los enojados, de los rebeldes y de las fuerzas de la Oscuridad, esos mismos ahora intentan decir: «No somos Malvados [es decir, no somos del Maligno]. Tal vez nos hemos descarriado, quizás hemos cometido errores. Pero como los portadores de luz también cometen errores, nosotros también estamos bajo el dosel de la misericordia de Dios que permanece para siempre».

Así, mediante un razonamiento engañoso, han tratado de entrar al mismísimo encuentro y corazón del Sanctasanctórum del Cristo Cósmico y de los portadores de luz de Sanat Kumara.

Yo digo: ¡No pasarán! No pasarán este día del juicio del Señor mediante el rayo rubí, que han tratado de desviar, de esquivar, de burlar. Sin embargo, no han logrado su fin, ¡porque están desenmascarados!

¿Y qué pasa con las personas? Aquellas que han participado de su vibración por convicción interna, que han participado en las obras de los obreros de la iniquidad como confirmación absoluta de ese Mal que actúa a través de ellos, son igualmente juzgados.

Y todos los demás que vienen porque son atraídos por la bondad de su corazón con verdadera compasión por aquellos que realmente deben ser alimentados, porque tienen hambre y sed,[15] aquellos que están en el error y tienen dentro de ellos la verdad y la llama de la armonía Divina, son llamados por los verdaderos pastores, los Instructores del Mundo, para que reciban instrucción de sus representantes, que no son otros que los siervos ministrantes y los Guardianes de la Llama de la Diosa de la Libertad. Deben ser instruidos de manera Divina y deben marcarse límites.

Pero aquellos que son los simpatizantes que tienen la misma vibración del Mal absoluto, también reciben su juicio como patrocinadores y como electrodos de la fuerza de la Oscuridad y de los Nefilín en sus naves espaciales.

Los caídos intentan predecir e impedir el juicio y la iniciación del rayo rubí

Por tal razón, amados, comprended que los cálculos de los caídos son precisos según el conocimiento humano y terrestre. Así que podrían anticipar por medios científicos la llegada del juicio del rayo rubí, pero no tienen los medios para predecir la sabiduría de Dios Todopoderoso dentro de Sus miembros en Su cuerpo místico en la Tierra.

Comprended, pues, su determinación de anular e impedir la luz del rayo rubí. Pero no pasarán, ¡no han pasado! Y para la implementación de la santa voluntad de Dios en esta hora, debéis permanecer bajo la integridad de la llama del honor cósmico y no temer hablar para denunciar a los caídos y sus formas perniciosas de promover una cultura de muerte a través del rock y las drogas.

En el nombre del Dios vivo, os digo: cuando ellos y sus costumbres son acogidas en las iglesias del mundo y los fieles participan de las mismas, ya es hora de que adoptéis una actitud firme y seáis dignos de las burlas de la Tierra y de las alabanzas del Todopoderoso.

El decreto divino de la llama de la resurrección

Por eso, os entregamos el decreto divino en esta hora como alternativa a las espirales desaceleradoras y descendentes que ellos han manifestado. Este es el camino de la vida, esta es la dirección de mi mantra:

YO SOY la Resurrección y la Vida.
Dios donde YO SOY ES el YO SOY EL QUE SOY:
¡ES la Resurrección y la Vida de Dios dentro de mí!

Que la llama de la resurrección arda sobre el altar de vuestro ser. Y en protesta silenciosa y activa, por tanto, guardad la llama como las 144 000 vírgenes de Dios[16] que guardan la luz sagrada en la Ciudad Santa, que saben que el poder de Dios es la luz de la «serpiente» levantada. Y el sellado de esa luz, amados, es vuestra clave en la victoria, ya que debéis desafiar personal y directamente a esa oscuridad en la Tierra.

Una hora para la curación y el aliento de fuego sagrado

Por eso venimos. Venimos para la curación de las fisuras. Venimos para la curación de los caminos dentro del subconsciente, de los patrones donde la energía ha descendido en cualquier forma de discordia o mal uso del fuego sagrado. Sanamos esos canales y los llenamos. Es hora de sanación para que podáis elevar una luz más poderosa de la Madre dentro de vuestro templo como nunca. Y si prestáis atención y utilizáis el ejercicio de respiración de Djwal Kul[17] todos los días, por la mañana y por la noche, os encontraréis aumentando el aliento de fuego sagrado.

Por lo tanto, edificad sobre esta base y mantened la fuerza de la luz en vuestro corazón, en la coronilla y el tercer ojo, y ved cómo los poderosos rayos de luz del rayo rubí saldrán de vuestro corazón y serán el juicio, pues, serán la aniquilación del Mal absoluto y sus efectos en la Tierra. Y el remanente del juicio de sus proveedores es el juicio del Señor.

Y recordad esto: el Señor, él es el juez,[18] y no podéis discernir sino por la vibración, como Dios discierne la vibración.

La Diosa de la Libertad os prepara para la Escuela de Misterios de Maitreya

Así, no hay fanatismo en la actividad de los Maestros Ascendidos ni odio hacia nadie, ni condenación. Existe la centralidad en el corazón mismo de la Diosa de la Libertad, que os toma en sus manos en esta hora, haciéndoos, amados, una llama compuesta; una llama y antorcha de la iluminación, cada uno contribuyendo con el fuego del corazón.

Y la Diosa de la Libertad se adelanta hoy para iniciaros y prepararos para las futuras iniciaciones de la Escuela de Misterios de Maitreya.

Amados corazones de llama viva y del fuego sagrado, estoy en el corazón mismo de la Diosa de la Libertad. Y su corazón es uno con el vuestro en esta hora, al elevar la antorcha del camino de la Madre Divina. Porque las enseñanzas de la Gran Hermandad Blanca son el camino de la Madre Divina.

El camino de la Madre Divina

Y os recuerdo, amados míos, la profecía de vuestro propio Mensajero Mark, quien dijo: «Un día todos deben elegir entre el camino de la nave espacial y el hombre mecanizado y el camino de la Madre Divina».

Recordad esto: que el camino de la Madre Divina es la plenitud de su fuego dentro de vuestros miembros. Recordad esto e intensificad vuestro llamado, amados. Porque debéis encontraros sin mancha bajo vuestra propia poderosa Presencia YO SOY y Santo Ser Crístico, al encarnar la Palabra y al esforzaros en el camino de la virtud conocida, la aceptación de la esperanza y la posibilidad de la autotransformación.

No hay patrocinio para el portavoz de la oscuridad

Fuera, pues, aquellos que se presentan como chelas y dicen: «No hay esperanza, no hay camino. No puedo seguir adelante, debo irme». ¡Entonces vete, y márchate hoy! Porque no tendremos esa lástima hacia vosotros mismos y ese lamento en el círculo de fuego.

Y por eso os calificamos según vuestra palabra. Si vais a ser el portavoz de los demonios cuando todo lo que se ha dado en esta hora está ante vosotros, entonces, seguid su camino, bebed su sopa y obtened su sustancia. Porque no os consolaremos cuando no habéis podido consolar al Señor Cristo en vosotros mismos, en medio de vosotros y en esta comunidad.

Que aquellos que vienen con el discurso ruin de la muerte y el infierno sepan que han abandonado el altar, han abandonado a Maitreya, y Maitreya ya no patrocinará a aquellos que son portavoces de la oscuridad.

La obra del Señor en el altar

De ahí que los chelas de esta comunidad no deben evitar el altar en nombre del trabajo, porque *Trabajo* se escribe con T^* mayúscula y es la Obra del Señor. Y la Obra del Señor es la alteración dentro del corazón ante este altar, y no debéis ausentaros en nombre del trabajo humano.

Aunque lo llaméis la Obra del Señor, nunca podrá ser la Obra del Señor cuando sea una excusa para evitar el contacto con el fuego sagrado. Y por eso construís un muro a vuestro alrededor que no es un muro de luz, sino un muro que impide mi entrada.

Por tanto, entraré y os perseguiré como el sabueso del cielo. Os perseguiré hasta que se consuma el último vestigio de esa terquedad y orgullo humanos. Y podréis hacer la Obra del Señor en el santuario: construir la catedral del corazón, construir la Gran

---

*N. T.: trabajo en inglés es *work*, que también significa obra.

Pirámide de la Vida y la poderosa Obra de las eras.

Y sabed que yo, Maitreya, he escuchado. Y os digo que es la última vez que recibiremos ese lamento con respecto al Trabajo, porque no tenemos al hombre mecanizado, ni actividad rutinaria, ni abejas zánganas encargándose de este foco de Venus. Somos seres vivos, y los seres vivos permanecen.

Y por eso, El Morya pide la salida de todos aquellos que se encuentran en esa conciencia de oscuridad. Porque es una vergüenza para el nombre de la Gran Hermandad Blanca que esta condenación continúe y, por tanto, bloquee la luz y la entrada de aquellos que son los verdaderos Guardianes de la Llama de la Diosa de la Libertad.

Juicio a los impostores del Cristo Universal

Mis amados de la luz, la Escuela de Misterios se ha abierto.[19] Permanece abierta. Y porque está abierta, aquellos que son los impostores del Cristo universal son juzgados. Habéis visto el día de su infamia. Habéis visto el día de su orgullo y de sus súplicas por un buen juicio por parte del jurado del pueblo. Puedo deciros que los Veinticuatro Ancianos y los Santos Seres Crísticos de los portadores de luz de la Tierra son los que están en el centro de la luz y manifiestan los juicios verdaderos y justos del Señor.

Por consiguiente, está hecho: todos los días aparecerán en el escenario del mundo otros que son los traidores. Por tanto, no dejéis de reconocer cuál es el significado del rayo rubí en medio de vosotros y cuál es el significado del Sendero.

No podéis aceptar un estado o nivel anterior. Y si teméis y os estremecéis y tembláis ante mi venida, os advierto a que os apresuréis a destruir vosotros mismos esa sustancia y que me llaméis para que la sustituya con amor; porque no podéis permanecer en esa conciencia de terremoto, estremeciéndoos y temblando. Porque no tendremos un núcleo de aquellos que inician los terremotos de la tierra entre nosotros, que tengan alguna conciencia de temor al Señor cuando no os hemos presentado nada más que amor año tras año tras año.

Si habéis percibido nuestro amor como odio, como condenación, como una actuación mecánica, si habéis percibido el amor como odio, miedo y duda, entonces, ¡os digo que sois los más miserables de todas las personas, y que deberíais ir a buscar otro maestro!

Porque hemos dado la luz que se requiere del Gran Sol Central y del Consejo Cósmico para vuestro beneficio. Hemos enviado esa luz y esa enseñanza, y se ha dado muchas veces por encima del nivel requerido, ya que hemos ido tras vosotros en la plenitud de la Ley y mucho, mucho, mucho más allá. Hemos ido mucho más allá de las setenta veces siete.[20] Hemos expresado nuestra posición y ya no nos quedaremos en presencia de los que se burlan de nuestra luz y pierden el tiempo en sus propias tonterías humanas.

Que se entienda que hay largas filas de chelas en este planeta que esperan la oportunidad de venir ante la presencia del Señor Cristo, y no permitiremos que sigan bloqueados.

La hora de la llama de la resurrección

Por tanto, escuchad mi palabra, siervos ministrantes. Es la hora de la llama de la resurrección. ¡Es hora de la resurrección! ¡Es hora de elevar el fuego sagrado! Es hora de que utilicéis el mantra «YO SOY la Resurrección y la Vida»[21] y luego continuéis con la afirmación de todas las cosas en vuestra vida que requieren completarse.

Y por eso, si tenéis dudas, decís:

¡YO SOY la Resurrección y la Vida de la fe de Dios dentro de mí ahora!

¡Y me niego a aceptar cualquier alternativa de duda y temor!

¡YO SOY la Resurrección y la Vida de todo amor dentro de mi mundo!

Y me niego a aceptar a su opuesto o sus impostores, o cualquier lástima humana, o usar mi astucia humana para evocar la lástima humana de mis compañeros de trabajo.

Esto no lo toleraremos. Aquellos que no sean capaces de permanecer ante el Señor Maitreya y recibir la compasión que se les da gratuitamente, no se rodearán de la lástima humana de los demás pues ellos no quieren la verdadera compasión, que es la disciplina del Señor y la propia consumición de la indulgencia humana.

Si lo que queréis es indulgencia, marchaos. Porque el mundo está preparado con mucha indulgencia para todos y cada uno de vosotros, si queréis llorar sobre el pecho de las madres del mundo en la octava humana.

Entonces, daos cuenta de que la elección está hecha. Y avanzamos en la llama de la resurrección, y esa llama de la resurrección es vuestra vida. ¡Tomadla, aprovechadla y aceptadla hoy, amados!

Los siervos ministrantes predican la Palabra por medio del corazón

Siervos ministrantes de la llama, os aconsejo, pues. Representantes de la Diosa de la Libertad, os aconsejo. La manera de predicar la Palabra es por medio del corazón; es el Amor del corazón, es la Sabiduría del corazón y es el Poder del corazón.

Si os faltan estos, debéis buscar la liberación de vuestro chakra del corazón y la liberación de vuestro Santo Ser Crístico para que se manifieste allí. ¡Debéis procurarlo! Debéis alzar la voz en alto y no temer lastimaros al hacerlo.

Porque, en verdad, debéis ir a la batalla con todos los llamados que se os han dado desde el corazón del Arcángel Miguel y de los Mensajeros. Y estos llamados son adecuados si los respaldáis con el fervor de vuestra voluntad. Y son adecuados para derribar toda vuestra conciencia humana, todas vuestras dudas y vuestras costumbres preocupantes.

Mantened el ritmo con Maitreya, Morya y Kuthumi: intensificad el llamado

Entonces, si deseáis estar en la caminata y en el trayecto con Maitreya, El Morya y Kuthumi, tendréis que mantener el ritmo. Y tendréis que hacer el llamado lo suficientemente intensificado para que resolváis todos vuestros problemas y situaciones humanas y lleguéis al lugar correcto el 1 de enero de 1987.

Os digo, mis amados de la llama viva, que es en verdad la hora de la venida del Cristo Cósmico. Por tanto, no retrocedáis ni caigáis en el miedo y digáis: «No puedo». Estáis diciéndole a Dios que *no lo haréis*. Y *no* lo aceptaremos, porque debéis ser hacedores de la voluntad de Dios.

Por eso, ¡escoged hoy a quién serviréis! Porque yo, Maitreya, no dejaré esta compañía o campus o nuestro rancho, ni dejaré las casas de los Guardianes de la Llama hasta que me digan: «Vete de aquí». Porque estaré allí y os exigiré lo máximo. Exigiré vuestra atención a la luz.

La medición de Jerusalén

Así como ha llegado el juicio para los caídos, también llega la evaluación y la valoración: la vara de medir para la medición de Jerusalén, de las doce tribus y del templo en ella.[22] Así pues, prestad atención al llamado y la advertencia, amados, porque ha llegado la hora de subir al corazón de Dios.

Que así sea, y que la llama de la resurrección os prepare para presentar la luz y las enseñanzas de los Maestros. Que atendáis nuestro llamado, comprendáis nuestras prioridades y aprendáis a encarnarlas según los dictados de vuestro propio Santo Ser Crístico.

Por esto, no vengáis con soluciones y planes humanos buscando nuestra ratificación. No es necesario hacerlo. Hemos enviado el llamado y el plan. Si venís con nosotros, avanzaremos juntos. Si queréis seguir vuestro propio camino, hacedlo.

Experimentar otra ronda con vuestro libre albedrío y vuestra voluntad humana es vuestra prerrogativa. Pero no esperéis que podáis poneros al día con el impulso de nuestra aceleración cuando, y si alguna vez, deseareis regresar.

De ahí que el destino de aquellos que traicionan a la Gran Hermandad Blanca es bien conocido, y os podríamos presentar un caso tras otro en esta hora. No lo haremos para que no se diga que intentamos influir en vosotros con el miedo.

Así decimos: Temed al Señor Dios; solo a Él servid.[23] Colocaos en el asiento de la Diosa de la Libertad.

En el santo nombre de Dios, YO SOY Maitreya. Y os digo que mi venida es realmente mi descenso. Y mi presencia aquí significa que la Ley misma ya no tolera la terquedad humana de la progenie de Sanat Kumara. [El Maestro canta.]

14 de julio de 1985
Cámelot
Condado de Los Ángeles, California

Amado Señor Maitreya
Amados Arcturus y Victoria

«¡Fijo la dirección!»

.

¡Que la luz disuelva el núcleo de rebeldía en cada chela![1]
Yo, Maitreya, estoy ante vosotros. Y os desafío a que entréis en la verdadera profundidad del corazón de vuestro ser. Exijo que veáis y conozcáis a ese morador del umbral que está de pie en la puerta, porque *vosotros* lo permitís.

La puerta a la conciencia superior ha sido abierta por mí y por vuestro Santo Ser Crístico. Pero el tentador permanece con los brazos cruzados, desafiándoos a matar a ese dragón de la voluntad humana que continuamente anula lo que *sabéis* que es la verdad de vuestro sendero de regreso al Hogar. Y lo permitís mediante una continua autojustificación.

Por eso, no podemos avanzar con las enseñanzas que en verdad os otorgarán poder en la tradición del Buda a menos que comencéis a tomar en serio lo que decimos en el dictado, el mensaje y la conferencia y comprendáis que estamos construyendo ante vuestros propios ojos la pirámide: la poderosa pirámide de *vuestra* vida. Es una gran pirámide con muchas piedras. De hecho, amados, la pirámide de Egipto es el tamaño que deberíais visualizar como la estructura de vuestra propia maestría en la Materia.*

Haceos esta pregunta: ¿Cuántas piedras puedo dejar fuera o quitar y aún conservar la estructura? Como en cualquier construcción, algunas pueden ser robadas. La gente puede venir y llevarse recuerdos de vuestra casa de luz. Pero si omitís los preceptos y las instrucciones, descubriréis que no podremos construir el siguiente nivel con vosotros.

Esta construcción ha venido como una espiral desde el principio. En la década de los cincuenta, a través de los primeros mensajes por medio de Mark Prophet, decidimos en un consejo en Darjeeling traer a través de los dictados, las *Perlas de Sabiduría* y todas nuestras comunicaciones, amados míos, *cada piedra requerida* para un graduado de la escuela de misterios de la Tierra.

Enseño en la Escuela de Misterios interior

Hay dos escuelas de misterios en la Tierra: una en el exterior y otra en el interior. Aquellos que están en la exterior deben descubrir el misterio de la vida con esfuerzo y muchas encarnaciones y, siendo optimistas, obtendrán revelación de alguna experiencia. Aquellos que entran a la escuela de misterios interior llegan al corazón mismo del sol en el centro de la Tierra, llegan al corazón mismo de esa luz espiritual y de un universo entero dentro de ellos mismos.

Por eso, amados, enseño en la escuela de misterios interior. Os doy en la exterior abundantes claves externas para que ensambléis y construyáis el Retiro Interno como vuestro desempeño en la construcción de la pirámide de la vida, incluso mientras nosotros construimos esa pirámide con vosotros en la octava etérica.

Las claves que doy no se pueden interpretar hasta que se dé la obediencia. Por eso, amados, escuchad bien. Hemos acelerado

---

*La Gran Pirámide en Giza, Egipto, 230 metros de lado en la base (5.3 hectáreas), originalmente 146 metros de altura.

la entrega de dictados para que podáis pasar por esas espirales. No son demasiados para que los escuchéis. Los álbumes de *Only Mark*[2] contienen las mismas claves y pasos esenciales para el ascenso del Mensajero, ya que él llevó el karma el mundo y, por tanto, debe llevar la luz de la Hermandad para transmutar, anular, dominar al tentador en cada paso.

Un día llegará otro dictado, y, a través de todos ellos, ese que llegue también descubrirá un código que cuenta una historia completamente diferente del ascenso del alma. Pues ya veis lo que ha sucedido; con la liberación de tanta verdad, la persecución ha descendido sobre vuestros Mensajeros. Pero el nuevo día vendrá, amados, cuando los portadores de luz, libres de las garras del trabajo duro y de su propia sumisión a su propia rebeldía, encontrarán que esas claves se revelarán y que habrá cada vez mejores regalos de enseñanza cuando aquellos que son las piedras vivas[3] de este edificio de toda la comunidad puedan sostener mejor la luz y la voluntad de Dios.

Yo, Maitreya, vengo a vosotros, por tanto, para aprovechar plenamente la oportunidad de estos catorce meses para la protección y la perfección de la voluntad de Dios por dentro y por fuera: Omega, el signo exterior de nuestra venida, y Alfa el interior. Os encontráis en la superficie de la Tierra, así como os encontráis en la superficie de vuestra mente y cuerpo. Pero el viaje a la profundidad del corazón es uno al que os llamo. Por eso, debéis saber que las bases que sentasteis pueden ser trazadas por vosotros. No se necesitan muchos años para revisar estas publicaciones, sino una atención diligente y una autoasignación sistemática de la lectura diaria.

¡Este dictado está dirigido a vosotros!

Os hablo a vosotros que no habéis escuchado este llamado a través de la Mensajera para que os convirtáis en quienes realmente sois como líder espiritual y como alguien que se ve a sí mismo avanzando hacia la construcción del Retiro Interno:

Yo, Maitreya, *¡exijo* que ascendáis a vuestro manto y *dejéis* de argumentar y de resistiros al Llamado! Por consiguiente, si los elegidos no me reciben, ¿iremos tras los no elegidos y los ungiremos cuando rechacéis la unción? No penséis que este es otro dictado dirigido a otra persona. *¡Es* para vosotros! Y nadie puede llevar la carga física de esta actividad en ninguna posición, pequeña o grande, si no está dispuesto a llevar también nuestro manto. Uno no sustituye al otro.

Por eso os digo a *vosotros*: ¡Que se ate al morador de la puerta de la casa! ¡Que se ate la resistencia a la caminata interior con san Francisco! ¡Y que este movimiento avance porque hay una purga, autoinstituida, y una nueva voluntad para el nuevo año!

No podéis posponer para siempre el Día del Juicio Final. Si no aceptáis el manto espiritual, ¡vuestro karma caerá! ¡No solo lo predigo, sino que lo decreto! Ninguna causa es tan grande como para que alguien sea la excepción en el sendero de nuestra iniciación. Si queréis estar en la puerta del Retiro Interno y dar la bienvenida a los portadores de luz, entonces, acudid también al altar con la Madre y desempeñad vuestro papel, ciudad tras ciudad y nación tras nación.

Amados corazones, nadie que escuche mi palabra considere que no os hablo a *vosotros*. Porque de todos los errores que podríais cometer, está el de señalar con el dedo a otro y decir: «Yo sé de quién está hablando Maitreya».

Si el mundo ha esperado tanto tiempo el regreso de mi sendero y si todo un continente se hundió por la rebelión de los ángeles caídos contra el Buda y la Madre en Lemuria, ¿no creéis que una de las razones por las que, de hecho, hemos retenido esta manifestación no es solo por los caídos, sino por la falta de seriedad por parte de los chelas y su incomprensión para darse cuenta de lo que está en juego?

Estáis cansados de las oposiciones, de la falta de financiación, de los problemas legales y de todo lo que acosa a esta organización. Yo os digo que toméis vuestro manto y vayáis, como lo hizo Eliseo,[4] y separéis las aguas del Yellowstone y veáis cómo se os aparece Saint Germain. Y porque estáis muy decididos, tendréis esas experiencias que han tenido Godfre, Lanello y vuestra propia Madre.

Seres benditos, de hecho, esto es un acontecimiento. Miles y miles de budistas y otros portadores de luz han esperado esta oportunidad de la apertura de mi Escuela de Misterios. Sin embargo, muy pocos han comprendido la oscuridad de los impostores de la falsa jerarquía que dicen: «Mirad, Maitreya ha venido aquí. Ha venido allí. Él está encarnado. Él está dando mensajes a través de mí».

Eliminad todas las sustancias de azúcar

Amados míos, os digo que he inspirado a la Mensajera esta conferencia sobre la entidad del azúcar porque es una de las mayores amenazas, si no *la* mayor. Al manifestarse a través de la ignorancia, este tentador hace que la mente encuentre excusas y diga: «La necesito para mi estado de ánimo o para mi felicidad o mi recompensa».

Amados míos, ya lo sabéis y sabréis mucho más. Pero os digo esto: que mis chelas que vendrán conmigo al corazón de la montaña abandonen ahora esa sustancia del mundo. Y consideradlo ahora, al retiraros del ámbito de cualquier forma de azúcar, pensad en todas las cosas de este mundo exterior de las que ahora no seréis parte, y tendréis una cierta sensación de retirada al santuario interior del Sanctasanctórum.

No se puede tener el mundo y también la Escuela de Misterios.

El mundo ha venido para matar al Buda y luego lo convirtió en una filosofía pasajera.

Oh amados, las serpientes vienen de nuevo, su mercancía es

la misma. ¡Salid en mi nombre y matad a la bestia del socialismo! Su hedor cubre las vastas áreas de la Tierra. Su contaminación está en todas partes. Amenaza la fibra misma de esta nación. ¿Cómo se ayuda? Se ayuda con la entidad el azúcar que deja a las personas indefensas como vegetales. Y la entidad del azúcar dice a través de ellas: «Cuida de mí. Cuida de nosotros. Lo exigimos».

Oh amados, os digo que las enfermedades y dolencias que se acumulan en Estados Unidos se reducirían en un 50 por ciento si se eliminara el azúcar procesado. Digo solo el 50 por ciento porque hay otras causas kármicas. Pero, amados, con una reducción del 50 por ciento, la armonización, la percepción y la capacidad de las personas para comprender el Sendero y la enseñanza, con la mente llena de luz, el otro 50 por ciento se reduciría con la llama violeta transmutadora y con exorcismos planetarios como los que habéis realizado esta noche.

Estoy con los decididos

Muy bien, amados. Mirad a ese morador del umbral ahora. ¡Se está *consumiendo* porque yo, Maitreya, estoy ante vosotros y porque estáis despiertos! ¡Y estáis viendo a ese morador de la rebeldía y de la resistencia a la verdad de vuestro santo cargo como el mentiroso que es! Por tanto, vengo ahora a retirar la energía conferida a ese morador. Y vosotros, mediante la iluminación, terminad la tarea. Porque es vuestro libre albedrío: *vuestra* vida, *vuestra* puerta, *vuestra* ascensión.

¡Y yo, Maitreya, no dejaré de sondear hasta lo más profundo de vuestro ser! Mis ángeles son espíritus de fuego y vienen con un fuego amarillo que ni siquiera podéis imaginar, un fuego que penetra, descubre y revela. Si esto es lo que deseáis de la Escuela de Misterios, esto es lo que presagia.

Que todos aquellos que quieran algún halago para sus egos y el parloteo psíquico sin sentido: ¡que se vayan, que encuentren a los falsos gurús! ¡Porque yo, Maitreya, estaré con aquellos que están decididos a conquistarse a sí mismos, a conquistar a los oscuros en la Tierra y que siguen decididos con Saint Germain a hacer de la Tierra la Estrella de la Libertad!

Mi llama gemela está presente

Amados de la luz, mi llama gemela está presente. Os pido que os pongáis de pie en honor al glorioso ser de luz que es mi complemento divino. Por consiguiente, el aura de mi contraparte femenina se expande, se expande y se expande.

Y esta shakti de luz, entonces, continúa impulsando la agudeza del fuego amarillo en el cerebro, en los chakras, en la coronilla misma, para que la iluminación de los siete rayos pueda llegar a vosotros y para que aquellos que están en el rayo azul puedan comprender que en el centro de ese rayo está la multiplicación de la llama trina. Y, por eso, no queremos que permanezcáis solo como activadores del bien. Sino que deseamos atraeros ahora, a vosotros que sois los del primer rayo, a la mente del Buda que en verdad tiene la maestría Divina de toda la Trinidad y de todos los complementos de los rayos, los secretos y los externos.

Amados míos, la iluminación es un poder al que hay que enfrentarse. La civilización se mueve por las ideas cuando se transmiten correctamente, y estas ideas son para la conversión de las almas. Por eso, el Espíritu Santo usa el poder de la razón divina —y no la humana— la lógica de la Palabra, el entendimiento.

Debéis orar al Espíritu Santo por el don del entendimiento, el don de la sabiduría y del conocimiento; la sabiduría del Espíritu, el conocimiento de la Materia. Debéis orar por los medios de conversión mediante la iluminación. Y veréis que estadounidenses, alemanes, británicos, australianos, rusos, ¡todos desean la conversión por la iluminación!

El mundo está esperando a Maitreya y a sus colaboradores y servidores. Y también están esperando a mi llama gemela, a quien no conocen. Así, de las octavas del nirvana, ella ha descendido en un orbe dorado de luz. Y veréis cómo esta presencia de mi Amada multiplicará mi acción a vuestro favor. Ahora mirad a los Grandes Equipos de Conquistadores. Los habéis llamado. ¡Están aquí! Y si no los veis, observad cómo desarrollaréis vuestros sentidos espirituales al divorciaros del mundo de las drogas, del azúcar, de la marihuana, del alcohol y de la nicotina.

Amados, anhelo veros libres, ¡y *estamos decididos!* Y la Presencia, pues, en esta esfera dorada del cuerpo causal de luz de mi Amada atrae la presencia misma de la Maestra Ascendida Venus al Retiro de la Madre Divina sin velo sobre el Retiro Interno,[5] de modo que Cámelot —en esta Ciudad de los Ángeles del Cristo y del Buda— tendrá el rayo y la luz de mi contraparte divina.

Solicitad ser mi chela, mi iniciado

Y conoceréis la verdad de Maitreya. Y recibiréis las iniciaciones individualmente desde mi corazón todos los días si me dedicáis, pues, una carta separada para mí esta víspera de Año Nuevo, dirigida a vuestra poderosa Presencia YO SOY y Santo Ser Crístico, a mí y a mi amada llama gemela.

Entonces, amados, podéis solicitar ser mi chela, mi iniciado. Observad bien, porque YO ESTOY decidido a aceptar a casi todos los muchos que me llaman, más que daros las iniciaciones y dejar que os eliminéis vosotros mismos en lugar de que yo os elimine sin daros una página en blanco en 1986 para que empecéis de nuevo donde lo dejasteis en Lemuria.

¡Y os digo que sí me dejasteis en Lemuria y vengo a reclamaros de nuevo! Y podéis decidir seguir adelante, porque os llevaré a ese grado de la unión de llamas gemelas, ya sea interna o externa, que solo mi cargo puede lograr. Porque es mi cargo el que fue violado por llamas gemelas y, por tanto, a través de mí debéis recibir esa reunión.

Por eso, amados, comprended que dondequiera que esté la amada presencia de Sanat Kumara y de la Maestra Ascendida

Venus, allí ESTOY YO. Allí ESTOY YO, como un corazón lleno para entregar su luz como ellos me han enseñado por siempre y enseñaron también al Señor Gautama, a Jesús y Kuthumi y a todos los que han llegado a la unión del YO SOY EL QUE SOY.

Benditos de la luz, debéis daros cuenta de que todo el Espíritu de la Gran Hermandad Blanca está preparado para cubrir la Tierra con esta enseñanza a través de vosotros. Por ello estamos decididos a compensar vuestra palabra y compromiso dándoos las iniciaciones. Os ruego que pidáis tener la visión para que veáis exactamente lo que ellos son y procedáis con todo el cuidado y la cautela, que es en realidad la virtud de la Diosa de la Libertad. Con cuidado, pues, velad y rezad.

Cuando estamos con vosotros en la sala

He venido para la acción de despojaros. Deberíais ver vuestra propia intensidad de alma y la de vuestro Santo Ser Crístico cuando expresan a través de vosotros la consumición del morador mientras hablo, porque yo sostengo el equilibrio. Cuando estáis en un dictado de un Maestro Ascendido, ¡ese ser está sosteniendo para vosotros un formidable equilibrio!

No hay mejor momento para la entrega y la determinación interna que cuando estamos presentes con vosotros en la sala misma. Luego podéis ir con pleno vigor a combatir esas sustancias y saber que estáis protegidos en nuestras esferas áuricas. Si continuáis sellándolo con decretos a partir de entonces, podéis permanecer por la máxima bendición y victoria que cada dictado puede brindaros.

Ahora multiplicad esto por todos los dictados que han surgido y ved cómo paso a paso, diariamente, cada hora, mensual, semanal, anualmente, podéis estudiar esos pasos, recibir la bendición, desafiar la oscuridad y seguir adelante. No requiere todo el día, porque generaréis un impulso, amados míos. Desarrollaréis nuevas capacidades para absorber la Palabra y la Palabra hablada y la Palabra escrita. E incluso llegaréis al punto de que antes de que leáis o escuchéis la Palabra, las ideas ya se irán manifestando en la conciencia, y al leerlas encontraréis que ya las habéis ido asimilando, ya sea fuera del cuerpo o durante el sueño o justo antes de tomar ese volumen.

¡Os vemos manifestando la victoria Divina!

Amados míos, no os proponemos una tarea ardua, sino el camino más recto y corto hacia la maestría y la victoria Divinas que, cuando llegue a vosotros, veréis en esta actividad de luz un aumento de los miembros gracias al amor, debido a un muro de rayo rubí como el que ya se os ha dado,[6] y por la acción de la luz para repeler a todos los adversarios antes de que empiecen a concebir el complot de la fuerza siniestra contra vosotros.

Así es como debe protegerse esta ciudadela de la libertad. *Esta* es la forma en que debe realizarse una actividad de los Maestros Ascendidos. *Esta* es la forma en que la Gran Hermandad Blanca desea que sus chelas sirvan en la Tierra, amados *míos*.

No os vemos como trabajadores fatigados, agobiados, pues, por los tentadores y los caídos. ¡Os vemos manifestando la victoria Divina! Ahora resolvamos los viejos problemas, y permitidnos veros libres y felices, bailando por las colinas, regocijándoos y cantando juntos por todo Cámelot, por todo el Rancho Royal Teton. Que la alegría se convierta en el mismísimo milagro para repeler toda la oscuridad.

Que venga sobre la Tierra un temor y un silencio ante las huestes del Señor reunidas como Maestros Ascendidos y seres cósmicos. Sabed, amados, que la Tierra nunca ha estado más preparada para este mensaje. Por tanto, no permitáis que vuestra propia incapacidad de moveros tan rápido como los portadores de luz que están más allá de estos muros os hagan postergar la entrega de ese mensaje completo.

¡El mundo *está* preparado para Saint Germain y la llama violeta!

Y les digo a los que dicen que el mundo no está preparado para Saint Germain y la llama violeta: ¡no tenéis ningún poder! Sin duda, cosecharéis el karma de vuestras falsas profecías y de vuestras predicciones psíquicas, cuando podríais haber sido el portavoz del propio Saint Germain para la liberación de las personas. ¡Habéis rechazado las decisiones de la Gran Hermandad Blanca y su horario, y, por eso, la Hermandad os ha rechazado a vosotros!

Escuchad mi palabra, amados. ¡El mundo *está* preparado para Saint Germain y la llama violeta! Y yo, Maitreya, soy su principal promotor y exponente. Y exijo que mis chelas se unan a mí, para que el mundo conozca a este gran Dios de la Libertad y sea envuelto en sus mismos mantos de luz.

Así que he hecho mi demanda. No es una petición. No es una sugerencia. Fijo la dirección. Que entren todos los que *quieran* y a los que les *encantará* y *serán* todo lo que se les ha enseñado a ser.

Os amo con la intensidad del primer rayo de la voluntad de Dios. Por tanto, ¡*sed* nuestros mensajeros!

....

Amados Arcturus y Victoria

¡Sorpresa! ¿Pensasteis que habíamos terminado? [Risas]

Pues bien, nosotros los del séptimo rayo tendremos la última palabra.

Nosotros, Arcturus y Victoria, ponemos nuestro sello sobre vosotros y nuestro compromiso de la llama violeta para que podáis abordar estas mismas entidades así nombradas y hacerlo en el nombre de Saint Germain, para que podamos esperar un victorioso 1 de enero de 1986 para el amado Saint Germain como nuestro héroe y Maestro de la era de Acuario.

Así que todavía hay tiempo de aplicar esa acción de la llama violeta para completar todo lo que los Señores del Karma requieren. Que sea esta, entonces, nuestra última palabra sobre el tema de la responsabilidad que hemos asumido mutuamente en nombre del Dios de la Libertad.

Entonces, nosotros, Arcturus y Victoria, deseamos cantarle a Saint Germain «*I Love You Waltz*», para que el cosmos se impregne de los cuerpos causales gemelos de los jerarcas de Acuario.

[«I Love You Waltz», número 237, cantado a Saint Germain y Porcia].

31 de diciembre de 1985
Cámelot
Condado de Los Ángeles, California

CAPÍTULO 10

Amado Señor Maitreya

El sendero de la estrella de seis puntas del Señor del Mundo

Tomad la mano de la Mensajera de Maitreya

Amados devotos del Señor Gautama:

Nos inclinamos ante su llama. Junto a vosotros hemos estado en consejo con el Señor del Mundo.

Ahora juntos —esta es nuestra asignación inicial desde que la amada llama gemela ha venido para unirse a mí en una poderosa obra para esta era[1]—con nuestros devotos y discípulos, a quienes en realidad llamáis bodhisatvas, hace un momento comenzamos la procesión desde el Grand Teton hacia esta cámara en una formación en V; nosotros juntos en el punto de iniciación del ángulo de la victoria, con dos líneas formando la V de los bodhisatvas masculinos y femeninos que, en verdad, se han ganado su posición en la jerarquía de Maitreya y de los Instructores del Mundo, todos los cuales sirven bajo el Señor del Mundo.

Todos estos devotos, amados míos, llevan un traje dorado de gala en honor al Buda. Es de oro metálico y cristalino. Por tanto, mientras hemos venido, al viajar en lo alto de la Tierra, del sol de Helios y Vesta y de las llamas del corazón del Dios y la Diosa Merú, junto con las del Señor Lanto, Confucio, Jesús, Kuthumi y el Poderoso Víctory y sus legiones, se han reflejado y brillado con reluciente luz blanca y dorada sobre nuestras vestimentas y nuestros chakras.

Esto puede parecer fastuosidad, pero es un ritual divino que debe imprimirse en la octava etérica y en la Tierra física. Pues, esto es realmente lo que se ve en las eras doradas de los Budas y bodhisatvas y de los individuos Crísticos, ya que los ungidos, los discípulos de aquellos que han sido enviados, pueden verse en varias partes de la Tierra fuera de los retiros, al avanzar juntos en sus misiones, al atravesar el hogar planetario con iluminación y amor, canto, consuelo y enseñanzas para el hogar, así como para las universidades y las grandes congregaciones.

El Sendero de iniciación se considera el camino más elevado

Amados míos, en las eras doradas presididas por el Anciano de Días, el Sendero de iniciación de la Gran Hermandad Blanca y del Señor del Mundo se considera, por supuesto, como el camino más elevado. Aquellos que se esfuerzan deben ser estimados y respetados por las austeridades, sacrificios o logros que han hecho y obtenido.

Así, amados, se entiende que los que se están formando bajo el Señor del Mundo se están preparando a sí mismos, todos ellos, para ser servidores públicos en un sendero o profesión u otra actividad. Su retiro es solo para la preparación. En los últimos años, tan alejados de Shambala, nuestros discípulos han pasado una y varias vidas en retiro en la recitación del mantra y en las disciplinas internas por las cuales puedan volver al estado del Uno y al grado de integración en el cual su cargo debe llevarlos de nuevo al primer plano como siervos de la comunidad.

A pesar de que las escuelas externas del cristianismo, del budismo o del hinduismo pueden haber perdido el hilo de la razón de ser del sendero del bodhisatva, creedme, amados míos, el epítome del logro de la estrella de seis puntas del bodhisatva debe incluir la victoria tal como el guerrero para que el individuo pueda defenderse con intrepidez a sí mismo y a su clan —es decir, al grupo de devotos de su comunidad— contra todo enemigo interior y exterior, sutil o evidente. Un punto muy clave de las seis es el logro de ese nivel de compasión por el cual se es capaz de tratar con todas las partes de la vida con serenidad, diplomacia, misericordia, comprensión y, sobre todo, con justicia no empañada por la lástima humana, pero, sin duda, adornada con la delicada llama de la misericordia de la Bodhisatva Kuan Yin.

Amados míos, la luz de la pureza coronada por el logro del loto de mil pétalos es lo más esencial. Aquel que es guerrero debe tener también, en ese cargo, el control del poder y sus usos. Además, existe la necesidad de la clase sacerdotal a medida que hombres y mujeres aprenden a servir en el altar del fuego sagrado. Este sendero de ministración también lo habéis aceptado como siervos ministrantes. Y gracias al don de la compasión habéis conocido el camino de la cruz del rayo rubí.

El perfeccionamiento del alma

Existe, pues, el sendero del perfeccionamiento del alma, siempre en lo profundo del corazón del ser, conforme llegáis a la comprensión de ese grado de comunión con el Espíritu Santo. Bajo el Espíritu Santo os convertís en la encarnación del Instructor del Mundo. Entonces, enseñar, ministrar, defender, sostener la llama de la justicia, estos puntos de la Ley están posicionados en los cristalinos triángulos entrelazados. Podéis observar el que es esencial: la contención de la llama de la Madre Divina.

Amados míos, las artes de curación también tienen su

posicionamiento. Quisiéramos hablar, por tanto, del gran hexágono de luz, el cristal que debe pulirse y cortarse bien antes de que pueda perfeccionarse, para que podáis entender el poder del tres veces tres en el lugar de la llama del corazón. Venimos, pues, con vosotros, amados, para presentar cierto conocimiento concerniente al Sendero que muchos de vosotros estáis comenzando y que muchos de vosotros habéis recorrido durante varios años.

El sendero de la Gran Hermandad Blanca, concebido por Saint Germain y el amado El Morya para la dispensación de esta actividad, es para evocar en las almas de luz la remembranza de su *identidad* divina, trayéndolas al punto de la integración con lo Real mediante un proceso de elecciones paso a paso. Amados míos, algunos no han entendido que muchos son los llamados, pero no todos eligen continuar ese llamado. Os presento hoy un diagrama del Sendero para que podáis ver y entender cuáles son los desafíos que os esperan y cuáles, en efecto, son los sabios consejos que hay que observar.

Las catorce estaciones de la cruz

El patrón de los pasos de iniciación desde mi cargo y el de mi amada llama gemela sigue el ciclo de catorce conocido como las estaciones de la cruz.[2] En este caso es una cruz cósmica de fuego blanco a la que el alma decide sujetarse, no como crucifixión, sino como iniciación, que puede convertirse en la experiencia de la crucifixión, si no se ha aprendido el arte de retirarse al núcleo de fuego blanco del corazón y su cámara secreta. Pues cuando todo el mundo de vuestro karma gira en torno a vosotros, la verdadera seguridad está en el ojo mismo del vórtice de luz en el que os estáis convirtiendo, el cual es también una luz purgadora y aceleradora.

Por eso, amados, cuando decidís entrar al Sendero, en algún momento desde vuestro primer contacto con las enseñanzas de los Maestros Ascendidos hasta el día de vuestra responsabilidad por esa enseñanza, se inicia la espiral mediante la cual vosotros mismos comenzáis a caminar, año tras año, estas catorce estaciones. Es por ello por lo que las primeras enseñanzas del Mensajero acerca de este Sendero deben recopilarse y divulgarse.

Pues cuánto más se entienda, tanto en el sentido físico como esotérico, así como según a la astrología, de las doce jerarquías del Sol y también de las líneas de los chakras, de los cuadrantes de la Materia y de los cuatro cuerpos inferiores, más podrá el chela que desea convertirse en discípulo y bodhisatva proceder con los ojos abiertos, completamente consciente de la protección de cada jerarquía así como de las lecciones que debe aprender, el karma que debe afrontar con todo el valor, la abnegación y el deseo por Dios, incluyendo un cierto conocimiento de los caídos y de la manera en la que manipulan el karma personal y planetario contra el que está recorriendo este Sendero.

Catorce años en el Sendero, un cierto ciclo completo

Amados míos, vuestra iniciación bajo mi cargo no puede durar menos de catorce años. Catorce años como estudiante y en el Sendero significa un cierto ciclo completo. Por favor comprended que este es, en efecto, un período de tiempo muy corto. Y se da y fue dada como una dispensación en los primeros comienzos cuando se dictaron las primeras *Perlas de Sabiduría* al Mensajero Mark en 1958.

Así que es importante, pues, darse cuenta de que el ciclo de doce es un círculo de iniciación bajo las doce jerarquías del Sol. Estas doce visitas a las «casas» de estas jerarquías solares deben entenderse como las iniciaciones que Jesucristo y los avatares de todas las eras, así como los representantes de la Madre Divina, han enfrentado en la Tierra en esta y en eras pasadas.

Conocéis estas estaciones por la descripción de Jesús desde

el momento de su condenación hasta su sepultura. Las primeras doce alrededor del círculo, entonces, son para el equilibrio de fuerzas, la limpieza de los cuatro cuerpos inferiores mediante la llama violeta; y gracias a esta limpieza reestablecer la acción de la Trinidad, la llama trina y su funcionamiento a través de cada uno de los cuatro cuerpos inferiores a medida que la luz se reajusta, regula y equilibra en los chakras y en la acción de la Madre Divina desde la base hasta la coronilla.

Deseamos ver un curso de estudio delineado de tal forma que aquellos que pudieran dejar el Sendero por ignorancia —ya sea por incapacidad para percibir o entender las iniciaciones, por algo que se haya dejado de hacer, por alguna falta de conciencia o incluso por descuidar la atención de la delicada química del cuerpo y todo lo que se necesita para funcionar al nivel óptimo de sintonía Crística— puedan tener ese curso al cual recurrir en tiempos de problemas kármicos.

Así pues, que se dé a conocer el Sendero. Que se clarifique para que aquellos que vengan aquí puedan ver que la Universidad de los Maestros Ascendidos, las Universidades del Espíritu y la Escuela de Misterios de Maitreya tienen como base este ciclo de catorce puntos. El sellado de ese ciclo ocurre al concluir las doce líneas: el enhebrado del ojo de la aguja a través del centro del reloj, envolviendo la línea seis en una espiral en forma de ocho y regresando a la doce.

La confrontación con el morador del umbral

Amados míos, en cierto punto del Sendero, que puede estar en cualquier línea del reloj, el individuo se enfrentará a una porción más que ordinaria de su morador del umbral,[3] dependiendo del punto de su partida original del cargo del Gurú, que ocupé al principio en el Jardín del Edén y que ahora ocupo al final en esta hora en la Escuela de Misterios del Retiro Interno.

Estas confrontaciones deben ser observadas por los mentores, por los instructores de Summit University, por los consejeros y compañeros discípulos en el Sendero. Es esencial que haya un despertar y una aceleración del Ser Crístico interno de todos los miembros de la Comunidad para que los signos de coacción, angustia y carga y los desafíos del morador no transmutado del individuo sean reconocidos por lo que son antes de que el discípulo, al no comprender su difícil situación, pierda el equilibrio en su caminata por la cuerda floja hacia el corazón del Sol.

Así, amados, a pesar de que algunas líneas son más difíciles que otras, tales como la línea tres del orgullo, la ambición, la presunción, así como el engaño del ego humano, la línea que es sobre todo la más desafiante, donde muchos pierden el camino, es la línea seis, la cual es la sede tanto de la Madre como del Gurú Sanat Kumara.

Este punto de encuentro, cuando lo experimenta el individuo, es siempre el desafío del cuerpo astral, del cinturón electrónico y del morador personificado. En ese punto el discípulo debe entrar en el amor del Buda, cuyo ser, multiplicado a través de Gautama, de mí mismo y del Señor Jesús, puede conocerse a través del amor por la Trinidad en las líneas doce, nueve y tres. Es el amor al Buda como el Señor del mundo, al Salvador de la humanidad y al Anciano de Días, quien se entregó a sí mismo a este llamado, lo que ancla las fuerzas, las fuerzas primarias del alma, a la Trinidad arriba y a la llama trina.

Esta devoción al Buda y al sendero del Buda le permite al alma situarse en la línea seis y comenzar a exteriorizar la llama de la Madre en el amor por sus hijos y su servicio, así como en la purificación de los chakras desde la base hasta la coronilla. En esta línea es muy importante hacer el ejercicio de los mantras budistas, así como de las sílabas sánscritas[4] que evocan la presencia en la expresión de la shakti divina.

Por eso, también hay que estar conscientes de la propia edad, de los años en encarnación. Pues a la edad de seis años, de dieciocho y así sucesivamente, el ciclo de la línea seis se repite con un desafío calculado para el individuo. Amados míos, toda la Tierra ha estado en ese punto de confrontación con la Madre Divina y con el Gurú Sanat Kumara, cuya sede de autoridad está en esa línea de la Madre Divina.

Por tanto, la pérdida del rayo femenino y el descenso de esa luz hacen que esta línea sea un escollo particular. Es una línea, amados, donde ocurre la iniciación y en la cual la mayoría de las corrientes de vida de esta evolución externa en la superficie de la Tierra tiene el menor logro; por ello, el fracaso en esta línea implica el despilfarro de la luz de los chakras y especialmente de los chakras inferiores.

Así, amados, de acuerdo con las catorce estaciones, hay dos viajes hacia la línea seis, uno en la primera vuelta al círculo exterior desde la doce hasta la seis; y luego posteriormente, al final, en el círculo interior de la figura en forma de ocho, al sellar desde la doce a través del centro hasta la seis y de vuelta nuevamente a la doce. Comprended, pues, que toda la ganancia y el logro que el individuo adquiere en el borde exterior del reloj debe sellarse, entonces, cuando se pone sobre el altar de Alfa y Omega ese logro que debe convertirse en el regalo de la Cristeidad individual del bodhisatva en el Sendero.

Una iniciación primaria en lo que se llama la Y

Aunque la meta sea fijada por el Gurú con el chela de modo que la luz se dé por la abnegación del discípulo para que al final el discípulo pueda dar esa luz en el altar de la humanidad, la conclusión de las líneas trece y catorce debe probar cuál es el compromiso del alma y si mantendrá el voto de usar esa luz para la curación universal y la elevación planetaria.

Así vemos, amados, que al concluir los doce puntos del reloj, que representarían doce años de servicio, hay una iniciación primaria en lo que se conoce como la Y; si ahora, con ese aparente logro, ajuste y unidad con la Hermandad, un cierto grado de haberse puesto a prueba a sí mismo y de excelencia, el incremento de la luz en la espiral de la ascensión y en el cuerpo solar inmortal que se desarrolla en, a través y alrededor de los chakras, al haber transmutado por la llama violeta muchos escombros, ese individuo escogerá, entonces, seguir su camino y disfrutar de los frutos de esa experiencia en privado y para sí mismo, utilizando ese logro para otra ronda de éxito o para obtener riqueza o conseguir ventajas en situaciones familiares y así sucesivamente; o, si tomará todo ese logro y aumentará la intensidad necesaria para sellarlo en el sendero de la derecha a través de las dos alas de Mercurio, al sujetar a Alfa y a Omega en el tercer ojo.

Encuentros serios que los discípulos deben afrontar

Amados míos, a lo largo del camino del octavo y el noveno año, del décimo al duodécimo y al decimocuarto, hay encuentros muy serios que los discípulos deben afrontar. Deseo señalaros algunos de los problemas que surgen.

En primer lugar, permitidme señalar que después de siete años en el Sendero, los individuos comienzan a sentir un cierto grado de satisfacción consigo mismos, una sensación de que «conocen el camino» de la Gran Hermandad Blanca y a los Maestros. Entonces, adaptan el Sendero a su forma de vida; a menudo hasta el punto de que la capacidad de adaptación del alma no está ahí: su flexibilidad.

En lugar de eso, han visto la enseñanza en sí. Han visto sus ramificaciones. Y organizan el Sendero alrededor de sí mismos en lugar de hacerlo alrededor del centro del sol central del Ser. No se han dado cuenta de que en el centro de este reloj de Maitreya están el Dios y la Diosa Merú que representan el núcleo del rayo femenino que es la señal de la venida de Sanat Kumara. Más allá del Dios y la Diosa Merú están Helios y Vesta.

Es bajo este dosel y bajo la tradición de los jerarcas que venimos, profesando apropiadamente nuestro amor por el Señor Himalaya, el Manú Vaivasvata y el Gran Director Divino. Es a través de estos jerarcas, de Merú, y del Dios Padre-Madre de este sistema solar que estos Mensajeros fueron asignados para guiaros en el sendero de la superación.

Así, puede surgir en el discípulo un cierto sentido de satisfacción consigo mismo, un cierto sentido de ritual y rutina que, mientras puede continuar sirviendo, recitando decretos y aceptando los dictados, no hay de hecho un aumento interno aparente de los anillos del cuerpo causal de luz que deberían formarse como halos entrelazados alrededor de los cuatro cuerpos inferiores.

La razón por la que esto no ocurre es que el individuo llega a un punto en el que ya no entrega cada día, hora y año otra capa del árbol, del árbol humano de la vida, del cinturón electrónico. En vez de esto ha llegado a un punto de adaptación, al punto de una falsa sensación de equilibrio en el que ha aprendido a equilibrar, según piensa, «lo mejor de ambos mundos». Debido a que la luz ilumina toda su casa y parece estar en la alegría del Sendero, es difícil discernir que tal persona, de hecho, ha detenido el flujo del progreso.

Por ello, no solo se necesita un examen de conciencia y una sabia observación, sino el consejo directo que damos a través de la Mensajera para comprender si el propio progreso interno se ha detenido debido a esta falsa percepción de que el círculo de la vida misma y del Reloj Cósmico es una cinta de correr y no una espiral ascendente. Por eso, gracias a la verdadera percepción de este círculo de la vida, cada día os lleva más alto en vibración y en el Sendero.

Hay que ver claramente la meta del Sendero

Ahora bien, hay que ver claramente la meta del Sendero. Es la reunión con Dios. Es el convertirse en el Gran Yo Divino y la disolución del yo inferior. Si el individuo ha entrado en el Sendero sin este deseo, sino más bien para alcanzar una cierta comodidad y un aura para el yo humano y el yo inferior, literalmente se resistirá cuando llegue el momento de tener que deshacerse del yo para el cual todo el tiempo ha buscado la gloria.

Es por eso por lo que el Sendero llega a su fin para muchos, incluso antes del séptimo año, porque hay gran temor y ansiedad por la pérdida de la identidad externa, una renuencia a experimentar el intercambio divino con Maitreya: el intercambio que debe llegar, amados, si deseáis ser Reales como YO SOY. Porque en el intercambio pongo mi Presencia Electrónica sobre vosotros como una presencia que sostiene, mientras recibo porciones del ser inferior a través del flujo de la figura en forma de ocho. Mientras tanto, la luz que regresa a vosotros está desarrollando la verdadera identidad de vosotros mismos con vuestra total cooperación y cocreatividad a medida que hacéis descender a la manifestación los elementos de vuestra propia Cristeidad Cósmica, para los cuales mi cuerpo causal y Presencia Electrónica proporcionan el diseño y el patrón.

Así pues, amados, existe la necesidad de confiar y depender de la luz para dejar ir y saber que al dejar ir uno no perderá, sino que ganará. Esto se ha dicho antes. Pero se dice de nuevo porque hay individuos en esta Comunidad que todavía están pasando por esta experiencia sin realmente ningún deseo de dejar ir esa excesiva preocupación por sí mismos que es el signo, en efecto, de una llama trina disminuida; una que ha descendido por debajo del nivel de suficiencia para mantener una calmada confianza en uno mismo como discípulo que avanza hacia el Sol y una calmada confianza en que la llama trina del Buda Gautama, del

Dios y la Diosa Merú y de Helios y Vesta serán la suficiencia en la hora de la noche oscura del alma y de la prueba del alma. Amados míos, hay un bloqueo autoimpuesto en el que toda la vida se convierte en una preocupación por el cuidado de uno mismo: la póliza de seguros, la preparación para emergencias médicas y cualquier tipo de necesidad que pueda preverse en toda una vida. La ansiedad con respecto al cuerpo físico, a los deseos y a las necesidades de las criaturas llega a ser tan grande en este punto que el individuo no puede ver más allá del desafío al que se enfrenta cuando se acerca a una prueba de la línea seis, sin importar en qué línea del reloj se encuentre.

Pues sabéis que cada línea del reloj tiene en sí misma sus propias doce líneas en los sesenta minutos que recorre. Por tanto, las ruedas dentro de ruedas[5] presagian las doce iniciaciones y las catorce en cada línea de este sendero de catorce pasos hacia el corazón del Uno.

Por ello, llega el momento en el que el individuo debe salir a satisfacer ese deseo de estar al mando de todas las posibilidades y probabilidades que la criatura humana pudiere enfrentar en las vidas sobre la Tierra. A menos que el individuo sea capaz de acabar con ese temible miedo al morador del umbral, no tiene más alternativa que dejar el Sendero y seguir ese deseo. Esta solución puede ser la mejor para tal individuo. Pero quisiera señalar su causa y su cura a quienes, teniendo ese deseo, puedan ser capaces de dar el salto a mi corazón.

Amados míos, si las peludas criaturas cuadrúpedas, los pájaros del aire y las más grandes de las selvas pueden saltar para acurrucarse en torno a mí o en torno a san Francisco, a Gautama o a Jesús, ¿no creéis que vuestra alma también puede dar el salto a mi regazo en ese momento mismo de falta de entrega que debería ser de perdón hacia vosotros mismos?

El problema de la llama trina disminuida

Amados míos, nos acercamos, entonces, al problema de la llama trina disminuida. Hay quienes aman el Sendero porque fueron parte de él hace mucho, mucho tiempo. Conservan la memoria, saben que las directrices de los Maestros Ascendidos y la Enseñanza son correctas y que es la verdadera religión que deben adoptar. Sin embargo, no tienen en su corazón el suficiente imán de la llama trina para sostener el enfoque Omega mediante el cual estén en el flujo de la figura en forma de ocho con el Alfa divino del Gurú o de la Presencia YO SOY o del Ser Crístico.

Por tanto, sus propios miedos se apoderan de ellos. Se desbocan y se hartan hasta la saciedad en cada línea del reloj con los impulsos personales y planetarios del karma que los desafía. Es precisamente a estos individuos a quienes deseamos dirigirnos con este entendimiento. Vosotros, sobre todo, tenéis la mayor necesidad del contacto físico con la Mensajera física y representante de los Gurús internos. Deseáis tomar la mano de Jesús como lo hizo Pedro cuando no tenía la llama trina equilibrada ni la luz de la Madre elevada para sostenerse al caminar sobre las aguas del mar astral. Al empezar a hundirse bajo esas olas astrales (que os confrontan cuando entráis al tercer cuadrante del reloj), fue necesario que tomase la mano extendida del Maestro para salvarse.[6]

Este es un paso de libre albedrío. Pero algunos, por su empobrecida opinión de sí mismos debido a que la llama trina no se ha expandido lo suficiente en esta era, no extienden la mano, internamente inventan todo tipo de razonamiento y justificación de por qué no van directamente a la Mensajera o al corazón de su Presencia YO SOY o al corazón de alguno de los Maestros Ascendidos o de los arcángeles a quienes les gustaría hablarles directamente, ya sea a través de los dictados, de las publicaciones o de la palabra misma de la Mensajera.

Deseamos evitar la crisis

Así pues, la crisis de la llama trina no desarrollada es la que queremos evitar, amados. El primer paso es poner con confianza la propia mano en la mano de la Mensajera. El segundo es comprender que esa mano solo puede ser tomada mientras haya obediencia a la Palabra y a la Luz. Por eso, Jesús dijo: «Si me amáis, guardad mis mandamientos, obedeced mi Palabra».[7] Porque esta es simplemente una definición de la polaridad de Alfa y Omega, que son una en la corriente y el flujo.

Hay una conexión con el Gurú por parte del chela, que es la contraparte femenina. Y por esa conexión, amados míos, el flujo desde el poderoso corazón de la Presencia YO SOY y el Ser Crístico y desde el logro externo de la Mensajera se establece instantáneamente; incluso como podría recibirse una transfusión sanguínea o ser colocado en una máquina moderna para reanimación o para transferencia de oxígeno que el cuerpo puede requerir para continuar funcionando.

Con esta ayuda, se ha visto que el cuerpo, el corazón y las funciones pueden restaurarse por muchos años. Pero si la ayuda no se da ni se recibe con éxito, el individuo puede salir de la pantalla de la vida casi instantáneamente. Y eso es lo que ocurre en ese momento de vacilación cuando el devoto, por un malentendido de quién es él como el ser inferior comparado con el ser interno y la Presencia YO SOY más elevada, puede privarse de una victoria.

Como veis, amados míos, en la Enseñanza y en la afirmación de la Palabra enfatizamos y confirmamos que, en los niveles internos a través del Cristo, que es vuestro Mediador divino, podéis confirmar y reclamar vuestra Filiación divina. Pero esta afirmación no significa que necesariamente la tengáis por completo en manifestación a través de los cuatro cuerpos inferiores y de un chakra del corazón desarrollado. De ahí que hay una distancia a recorrer entre el conocimiento de la enseñanza y la integración del alma con las espirales de la enseñanza, gracias a las cuales aquí abajo tengáis un recipiente que pueda contener a vuestro Cristo.

Entonces, si estáis en el estado erróneo de conciencia en el que imagináis un logro mayor al que en realidad tenéis como el fuego sagrado de la llama trina, los chakras y los cuatro cuerpos inferiores equilibrados, podéis considerar que no necesitáis el apoyo físico, el vínculo sustentador de la Mensajera que hemos enviado para este mismo propósito.

Podéis pensar que no necesitáis el refuerzo justo en la hora misma en la que por falta de este podéis tomar un desvío o una espiral descendente al dar la vuelta al reloj, yendo por debajo, por tanto, del camino alto de la espiral ascendente que avanza hacia el centro del Cristo, en el centro del círculo en el sendero de los catorce pasos que estoy describiendo.

Concentraos en el equilibrio de la llama trina

Por eso, amados, la indicación es clara por parte de la Mensajera. Pues aquí abajo mostramos la cualidad del corazón y de la llama trina desarrollada. El error ocurre a menudo en aquellos que se han desarrollado profesionalmente, que son altamente eficientes, que pueden ser exitosos en varias áreas debido a una buena formación, buena educación y crianza. Así es como debe ser, ya que toda la cultura y la civilización han sido diseñadas por la Gran Hermandad Blanca para darle al individuo todas estas ventajas de modo que, a través de las diversas áreas de desarrollo, pueda ahora dirigir su atención por completo al desarrollo de la llama trina, que entonces encuentra que puede expresarse a través de las diversas áreas de logro de su corriente de vida.

En consecuencia, amados, aquellos que creen que tienen una luz mayor, aquellos que parecen tener una luz mayor, a quienes los devotos en el Sendero erróneamente consideran que tienen un logro más alto que ellos, son los mismos que pueden caer tan fácilmente porque se imaginan que no tienen necesidad del apoyo del Gurú en el sentido externo, físico. Y también son los primeros en ofenderse si no se les asignan las posiciones más prominentes para representar a la Gran Hermandad Blanca.

Por ello, vengo a daros el conocimiento de lo que se ha hablado en los dictados de este último año, de la extraordinaria necesidad de concentrarse en el equilibrio de la llama trina, tanto mediante las canciones y decretos devocionales al Ser Crístico, la llama trina y la Presencia YO SOY como por la conciencia dentro de uno mismo de esas cosas del karma, la personalidad y los chakras subdesarrollados que son un bloqueo real a la voluntad de Dios y su poder, a la sabiduría de Dios y su aplicación práctica o al amor de Dios y su ofrenda compasiva y de sacrificio sobre el altar.

Los bloqueos en esta espiral de catorce años

En cada uno de los cuatro cuerpos inferiores y de los cuatro cuadrantes, y por tanto en cada línea del reloj, la oposición a la llama trina toma otra característica. Por eso es necesario que el discípulo astuto y entusiasta vea cómo en los cambios diarios de los signos y en esos treinta grados entre cada una de las líneas del reloj hay un cambio gradual —así como la luz del sol cambia en el cielo desde el amanecer hasta el atardecer— de aquellas vibraciones de las cosas que se oponen a la luz en manifestación.

Ahora bien, amados, es necesario que os deis cuenta de que hasta que lleguéis a un cierto nivel en que os abráis paso a través de los trozos literales de carbón y oscuridad y de sustancia endurecida, como melaza endurecida, de esta carga del cinturón electrónico alrededor del corazón; hasta que superéis esos bloqueos en esta espiral de catorce años, es muy importante estar cerca del corazón de la Mensajera a quien hemos enviado. Su responsabilidad más importante para vosotros, personalmente, es representar con verdadera justicia, compasión y sabiduría a los Maestros Ascendidos que son vuestros Gurús; representar a vuestro Santo Ser Crístico y a la Presencia YO SOY cuando no podéis pasar a través de la roca endurecida de la cueva de vuestro karma para tener la explicación directa de los acontecimientos e iniciaciones inmediatas.

Sabed ahora que cuando lo notáis, cuando lo entendéis, y cuando os adaptáis con humildad al reconocimiento de vuestra necesidad, habéis entrado en un área de seguridad por la cual, aunque vuestro logro sea deficiente, estáis firme y fielmente sostenidos a través de la Mensajera gracias a todo el Espíritu de la Gran Hermandad Blanca.

Esta acción sustentadora viene a través de vuestro compromiso con Saint Germain en la Fraternidad de los Guardianes de la Llama y de lo que la Hermandad ha decidido hacer por la humanidad a través de la Fraternidad. El sostenimiento de vuestro sendero se refuerza muchas veces cuando os convertís en comulgantes de la Iglesia Universal y Triunfante, cuyos votos, que tomáis, son una creciente autodisciplina y deseo por la pureza del sendero de la estrella de seis puntas.

La Filiación divina se otorga a todos

Ahora llegamos a la comprensión, amados, de que aquellos que tienen una insuficiencia de la llama trina o no tienen una llama alguna, pues han perdido la chispa divina, pueden funcionar muy bien como chelas en el Sendero con esta presencia reforzadora de la Hermandad. Habéis escuchado el mensaje del Señor Jesucristo en esta Navidad. Habéis escuchado que la luz y la opción por la Filiación divina se otorga a todas las personas a través de la Mensajera; y al abarcar más allá del círculo de las primicias, esta dispensación se ofrece a todos los seres y oleadas de vida de este sistema de mundos.[8]

Por tanto, la ausencia de una llama trina no descalifica a nadie del Sendero siempre que se cumplan los requisitos de la relación Gurú-chela. Sin embargo, algunos que tienen la llama trina vuelven a caer en los patrones de rutina y mecanización que tuvieron hace mucho tiempo. Esto no significa que no tengan la llama trina; significa que los cuatro cuerpos inferiores y la conciencia humana deben ser dirigidos con control Divino por el alma unida al Cristo.

Así pues, no temáis. Porque el animal humano en todos tiene sus conceptos de mecanización y sus actuaciones de rutina. Donde se observen, estos serán reprendidos implacablemente para que podáis elegir con rapidez el convertiros en el cocreador y colaborador del Cristo viviente.

Amados míos, se necesita un requisito fundamental. Como ya mencioné: es extender la mano para recibir ayuda y saber que al tomar la mano de la Mensajera tomáis la mía. Y al tomar mi mano fluye hacia vosotros una luz. Para recibir esta luz debe existir la cualidad y la capacidad de la obediencia, la cualidad y la capacidad de hincar la rodilla y confesar al Señor: el Señor Dios Todopoderoso en el Sol Central, el Señor [el YO SOY EL QUE YO SOY] de Elohim, de Sanat Kumara y de toda la jerarquía de luz hasta el ángel más cercano a vuestro corazón, que resultan ser nuestros Mensajeros.

Amados míos, habéis visto los burdos intentos de doctores y científicos de hacer trasplantes de corazón y otros trasplantes en aquellos casos en que no han funcionado. Se da el caso, también, en el que deseamos transferir una porción de nuestro corazón y de nuestra luz por medio de estrechar la mano de un chela. Entonces, ocurre una falta de receptividad, una incapacidad para recibir aquello que se conoce como la «Palabra implantada».[9] Y la transferencia no se produce.

Esta incapacidad se basa en la falta de voluntad del individuo para obedecer las órdenes del Cristo en los asuntos más simples, la falta de voluntad para establecer una prioridad de las tareas asignadas; que son siempre una serie de disciplinas dadas solo para probar la capacidad del individuo de obedecer al representante externo de ese Cristo, a fin de que se pueda confiar en que obedecerá al Ser Crístico interno y a la voz que ordena la paz de la Presencia YO SOY y de mí mismo.

Por lo tanto, en toda su sabiduría, el amado EL Morya, en consejo con Saint Germain y otros miembros del Consejo de Darjeeling, ideó esta comunidad y organización con muchas responsabilidades y departamentos que puedan permitir a todos los tipos de corrientes de vida una tarea, un sendero gozoso de contribución mediante el cual puedan también recibir la prueba de sus almas respecto a la capacidad de estrechar la mano de los Gurús vivos, de ser obedientes a los impulsos de la luz de nuestro corazón, recibir ese impulso y permitir que el propio latido del corazón humano asuma ahora el latido del corazón de Maitreya al establecer el ritmo de la recepción de la petición, la dirección, la sugerencia o la orden y cumplirla no solo una vez, sino en un ritual diario de actuación.

El Morya ha diseñado todos los departamentos y servicios con la amplitud suficiente para la creatividad mediante la cual, en el proceso mismo de la obediencia se tiene un espacio, y un tiempo también, para participar en la cocreatividad y, por libre albedrío, decidir el peldaño de la escalera de la responsabilidad. Así, cada individuo ha determinado qué responsabilidad puede asumir para mí y Morya o para la Obra de los Mensajeros.

En la determinación de cuánto esfuerzo de creatividad se aplicará a la tarea asignada, cuánta renuncia a la comodidad, cuánta responsabilidad para ser un pilar en ese puesto, el individuo tiene libertad y margen de maniobra para determinar cuán rápidamente desarrollará la llama trina y cuánto más de la luz de nuestro ser puede recibir.

La oportunidad de expandir la llama trina

Así, llegamos al punto en el que el individuo es, en un cierto sentido de la palabra, su propio gurú, establece su ritmo y determina lo que puede hacer y lo que no. Hemos escuchado a muchos decir: «Llegaré hasta aquí pero no más. Solo haré esto y luego pongo mis límites».

Esto, por supuesto, es vuestro privilegio. A veces es sabio, ya que habéis evaluado vuestro potencial e incluso los límites de vuestra capacidad para funcionar dentro de lo proporcionado por el tiempo y el espacio, el karma y el cuerpo mismo. Sin embargo, extender esa capacidad a través de las asignaciones y las peticiones de la Hermandad es lo que os da la oportunidad de expandir la llama trina. Porque la llama trina solo puede expandirse mediante el ejercicio del libre albedrío y la cocreatividad basada en una obediencia *amorosa*.

Confío en que estudiaréis bien estas palabras y llegaréis a la conclusión de que la obediencia de rutina, que establece un cierto ritmo de vida, es lo que os permite reflejar el corazón del Gurú. Pero el espejo, de hecho, solo puede reflejar y no encarnar. Pasar de ser el espejo del Gurú a convertirse en el propio ser creativo del Gurú exige que se enciendan las tres plumas: el amor a la Voluntad de Dios, el amor a la Sabiduría, el amor al Amor por el propio bien del Amor, el amor a la cocreatividad, el amor a comprometerse a aportar y adornar el núcleo del diseño original que se ha dado.

Este, por eso, es un Sendero prodigioso. Vemos este Sendero en Occidente en las naciones que todavía son libres de la bestia del socialismo o del totalitarismo o de los diversos tipos de esclavización de la gente.

Incapacidad de recibir la Palabra implantada

Ahora bien, amados míos, cuando el individuo declara: «No puedo hincar la rodilla, no sé cómo hacerlo, no sé cómo obedecer, no soy capaz de transformar una comunicación que entra en mi oído y en mi corazón en una acción que cumpla la palabra»; cuando no tenemos esa capacidad fundamental en la corriente de vida, la mano no puede sostener el apretón de manos. Maitreya debe soltarse. El chela también se ha soltado por su propia falta de alineación.

Este es el signo de la incapacidad del individuo para recibir la Palabra implantada. Esta es una palabra muy importante: *implantar*. Cuando no existe la Palabra o la llama, el Gurú debe daros un sendero y un curso donde implantará en vuestro ser una porción de sí mismo hasta que vuestro sistema la reciba por completo y os hayáis convertido en esa porción y extensión del Buda Gautama.

Ahora bien, se os ha enseñado que el Señor del Mundo, en efecto, sostiene la llama trina en las evoluciones de la Tierra mediante una luz afiligranada que se extiende desde su corazón. Esto, entonces, es esquivar el karma del individuo debido a que hay tanta negrura alrededor del corazón que las arterias espirituales o el cordón cristalino se han cortado.

La comparación de esto se observa cuando las arterias en el cuerpo físico se obstruyen tanto con los desechos que el área del flujo de la sangre se ve considerablemente disminuida hasta que se convierte en un punto de insuficiencia y el corazón ya no puede sostener la vida. Esto es comparable a lo que ocurre en el plano astral.

Así pues, Sanat Kumara vino a la Tierra para sostener la llama de la Vida. Y también el Buda Gautama sostiene la llama, la llama trina en Shambala, y es parte de todo corazón viviente. Por tanto, a medida que el discípulo se acerca al sendero de la espiral de catorce años, comprende que su meta es llegar al nivel donde la llama trina esté lo suficientemente desarrollada aquí abajo como para que, ciertamente, con o sin el hilo de filigrana desde el corazón del Buda Gautama, sea capaz de sostener la vida y el alma, la conciencia y el sendero iniciático.

Amados míos, este paso en sí mismo es de hecho un logro que pocos en este planeta han alcanzado. No tenéis ni idea de cómo os sentiríais o seríais u os comportaríais si el Buda Gautama retirase ese apoyo del hilo de filigrana y el impulso de su propio latido y la llama trina. La mayoría de las personas, especialmente los jóvenes, no tienen en cuenta lo que es la vida que experimentan con exuberancia y alegría.

Debido a la presencia sustentadora del Gran Señor Gautama, no siempre está claro quién tiene logro y quién no, ya que todos se alinean con una cierta igualdad de base bajo su patrocinio y todos pueden desempeñarse en un determinado nivel. Pero luego, cuando la oscuridad se vuelve mayor en la Tierra y las tensiones aumentan, podemos ver que aquellos que tienen la llama trina desarrollada desde hace muchas eras son los que están capacitados para resistir.

Un encuentro acelerado e intenso

Ahora bien, amados míos, avanzando en esta espiral, a veces cerca del final de los catorce años —pero, como he dicho, puede ocurrir en cualquier posición de las líneas del reloj, dependiendo de dónde el individuo abandonó la caminata interna con el representante del Cristo Cósmico— llega el día, en efecto, en que el morador del umbral se encuentra allí, en toda su falsa representación de Cristo el Señor. Esa iniciación llega, y llega independientemente del desarrollo que tenga el individuo de la luz de los anillos del cuerpo causal alrededor del yo inferior.

Y esto puede suceder en un encuentro acelerado e intensivo

con la Mensajera, conmigo mismo a través de ella, para que veáis exactamente lo que es ese morador y sepáis que estáis incluso ahora en el umbral donde debéis aniquilarlo; de lo contrario, podríais convertiros en la interiorización de aquel. En otras palabras, ¡podéis convertiros en la encarnación de vuestro morador del umbral en lugar de la encarnación de vuestro Ser Crístico!

Este es un momento de grave crisis para el discípulo en el Sendero. El morador es una presencia que todo lo consume. Por desgracia, amados míos, no todos superan ese momento. Parecen incapaces de comprender que es un momento para un llamado extraordinario de auxilio por la intercesión de los arcángeles, de arrojarse sobre la Roca de Cristo en la Gran Hermandad Blanca y sobre la Mensajera encarnada.

Amados míos, es una hora y un tiempo para entender que «No puedo yo hacer nada por mí mismo. El Padre que mora en mí, él hace las obras».[10] En ese momento sois como un paciente y vuestra vida está en manos del cirujano cósmico, el Señor Cristo. Si hacéis todas las cosas que el médico divino os dice que hagáis y las hacéis precisamente así, sobreviviréis a la operación. Os convertiréis en un asistente de esta. Y seréis capaces, a través del poder de la Gran Hermandad Blanca, de atar el antiyo incluso antes de que hayáis desarrollado completamente aquí abajo vuestra propia Cristeidad.

Cuando os despojéis del morador porque habéis decidido perseverar, los ángeles y nosotros mismos, la hueste ascendida, pondremos nuestra Presencia Electrónica sobre vosotros para proporcionar esa presencia Crística hasta que hayáis completado y ocupado vuestra propia matriz.

Debo repetir que a lo largo de todo esto, si tan solo podéis mantener el requisito básico de obediencia y de hincar la rodilla, sobreviviréis. Pero a través de varios mecanismos de la mente carnal hay un proceso autodestructivo, de modo que incluso cuando existe el deseo de ser obediente, falta la capacidad de sostener la matriz.

Vuestro encuentro con Maitreya y con el morador

En preparación, entonces, para el día de vuestro encuentro con Maitreya y con el morador —y quizá con la Mensajera como el instrumento [la facilitadora] de ambos encuentros— vosotros, pues, amados, deberéis estar practicando escalas en las octavas de vuestro ser: (1) para convertiros en la interiorización de vuestro Ser Crístico y de la llama trina y (2) para desarrollar habilidades de comunicación que conviertan la palabra recibida en acción práctica a través de un sistema de amor obediente.

Por eso, el sendero que enseña María Montessori es tan importante para los niños. Porque aprenden a obedecer al «hombre interior del corazón»;[11] así como a la fórmula precisa para el uso de los materiales, la manera correcta de hacer las cosas y la manera incorrecta. Es por eso por lo que no fomentamos el uso aleatorio de los materiales, sino que hay que enseñar al niño que hay un procedimiento paso a paso en estas disciplinas.

Este procedimiento paso a paso sigue realmente las catorce líneas del reloj y desarrolla en el niño, en los siete primeros años, un impulso de orden divino en el que la comunicación interior del instructor interior y la comunicación del instructor exterior se convierten en una sola voz. Y el niño, independiente como cocreador con el ser interior, está verdaderamente preparado para el sendero de iniciación conmigo mismo.

Por eso aconsejamos a los padres que estudien las obras de Montessori, que formen parte del salón de clases, que se sitúen en estos pasos y etapas con sus propios hijos en desarrollo cuando más les interese porque son parte de cada sonrisa, movimiento y avance del niño recién nacido. Por lo tanto, ellos mismos pueden renacer a través de sus propios hijos y del Hombre Niño en su corazón y llegar al punto de disolver la ansiedad, el miedo y la dureza de corazón que los bloquea en la hora de la mayor oportunidad de iniciación con Maitreya.

Podéis, entonces, ver y definir el sendero de los traidores de la Palabra, aquellos que han abandonado su servicio en el altar. Algunos que han percibido el día del encuentro con Maitreya y con el morador del umbral se han propuesto y han apostado por un sendero de mecanización, de actuación rutinaria y de falso sacrificio. Y lo han hecho con gran intensidad. Y han perdido el sendero del amor obediente. Han perdido el sendero de la inmersión; el bautismo por inmersión en las aguas de la mente Crística. Ese es el significado de la expresión *bautismo por inmersión*.

Así pues, sabed, amados, que ellos han dicho junto con Caín: «Recorreremos este sendero a *nuestra manera*. Exigiremos que Maitreya nos acepte por lo que hacemos como sacrificio y demostraremos que no tenemos que hincar la rodilla, que entraremos según nuestra propia manera».[12] Cuando estos llegaron al día del encuentro, muchos abandonaron por agotamiento. Su método mecánico fue incapaz de pasar por el nexo de la línea doce hacia la línea seis y de vuelta como el paso de la línea doce hacia las estaciones trece y catorce.

Por eso, amados, se escabulleron en la noche. Perdieron todo lo que habrían podido ganar. Fueron despojados de lo que estaba sobre ellos como el manto de la Mensajera. Y volvieron a ser como antes de entrar al Sendero; excepto que se han vuelto peores, con una oscuridad diez veces mayor porque ahora, en efecto, se han convertido en la encarnación completa de su morador del umbral considerando que cuando entraron al Sendero todavía no habían pasado por esa transición.

Por ello, en vez de aceptar la Palabra implantada, aceptaron el implante completo del morador. Y para ellos, entonces, no hubo separación entre el morador y el alma, como cuando el cáncer se adhiere a un órgano o a las paredes internas del cuerpo y el tejido corporal u órgano original del individuo no puede separarse de la malignidad. Por tanto, hay que extirpar todo el órgano para que el organismo mayor sobreviva.

Cuando el individuo se convierte en la encarnación de su morador del umbral, se produce la boda, no del alma como la novia de Cristo con su Señor, sino la boda del alma con toda la naturaleza inferior. Una vez que esto se realiza, amados míos, se comprende, como Jesús les dijo a los apóstoles, que después de este matrimonio ya no se contempla el sendero de la ascensión, sino solo el fuego del juicio.[13]

Este es el proceso y el resultado del Sendero. Pues, esto se os dice para que podáis ver que el curso de catorce años os lleva a través de catorce mil años de vuestras propias elecciones. Estos catorce mil años más recientes de vuestro karma, como sabéis, también se basan en ciclos anteriores de catorce mil años. Hace catorce mil años estuvisteis recientemente en Lemuria y en la Atlántida. Habéis tenido esas experiencias.

Llamado a las huestes ascendidas de luz para obtener refuerzos

Ahora bien, en cada año pasáis por todos los ciclos en esa línea del reloj, tanto los positivos en los que habéis sido victoriosos como los más oscuros en los que habéis tomado el camino equivocado. Si comprendéis esto, leéis nuestros dictados y veis cómo nos hemos referido a la limpieza de los registros de la Atlántida y a la limpieza de los registros de Lemuria, podéis entender ahora que el amado El Morya ha estado atento a esto;[14] profundamente, para que podáis tener toda la ventaja al enfrentar lo que han sido vuestras siembras pasadas. Por eso, siempre es sabio invocar desde vuestro cuerpo causal de luz los impulsos más positivos de vuestro ser e invocar los cuerpos causales de las huestes ascendidas de luz como refuerzo.

He hablado sobre este tema, que en sí mismo puede resultar tedioso para vosotros, en especial si no tenéis los antecedentes completos y no podéis visualizar estas estaciones o no estáis familiarizados con lo que implican. Os lo he presentado para que podáis entender más claramente el sendero de Maitreya.

Sobre todo, es nuestro interés veros a través de estos catorce años saliendo por el otro lado con ese grado de Cristeidad para que podáis entrar en la Escuela de Misterios sin ser totalmente dependientes de la Mensajera, sino dependientes solo en ciertas áreas en las que avanzáis hacia una filiación interna y externa mediante la cual os convertís en ejemplos de verdaderos pastores en la Comunidad porque os habéis ganado vuestro cayado de pastor. Y su signo es verdaderamente el signo de estas catorce estaciones y de estos catorce años.

Aguantad hasta el final y conoced vuestras líneas del reloj

Confío en que el objetivo de mi mensaje a vosotros hoy, que es una alerta para perseverar hasta el final[15] y para que entendáis realmente vuestras líneas del reloj, se haya cumplido por vuestra atención, vuestro corazón receptivo, y el amor de la Gran Hermandad Blanca que me ha enviado aquí.

Confío en que os deis cuenta de que hay otros ciclos, como la astrología personal y la planetaria, los ciclos oscuros que afectan al planeta, y especialmente la asociación de vuestra astrología con la de vuestra Mensajera encarnada. Porque el apretón de manos es también menos difícil gracias a una unión armoniosa de las cartas del Gurú y del chela. Y cuando las cartas no son tan compatibles, el chela, entonces, puede procurar la transmutación de esas líneas de la carta natal conforme aparecen los ciclos y pedir la intercesión de los llamados de la Mensajera.

Estamos aquí, pues, para explicar un Sendero, para esperar, amados, que en vuestro entendimiento de este Sendero podáis ver que es difícil para cualquiera pasar por un programa de catorce años en la Escuela de Misterios, que no solo daréis ejemplo, sino que también seréis vigilantes con una nueva comprensión de lo que es permanecer como el vigilante nocturno;[16] y de lo que es ser el guardián, el guardián de la llama que vigila a los que son nuevos en el Sendero y los ayuda con tanto cuidado y con la profunda comprensión de san Juan de la Cruz de lo que significa acercarse cada vez más y con mayor afecto al Sanctasanctórum del Novio, el Santo Ser Crístico, del Señor Gautama, de Sanat Kumara, de Jesús, de Kuthumi y de mi propio corazón tan directamente involucrado con la ascensión de vuestra alma.

En agradecimiento a los Mensajeros que se han puesto a disposición de manera continua para que este Sendero pueda ser delineado para vosotros en esta hora y establecido físicamente para aquellos que vendrán, os sellamos con igual y entusiasta gratitud por vuestra receptividad a la enseñanza impartida. Al sostener la relación Gurú-chela, formáis el núcleo del Imán del Gran Sol Central que es, en verdad, nuestra base del Retiro Interno y de la Escuela de Misterios.

En el nombre de la luz a la que toda la humanidad puede recurrir, os sello en la alegría de la página limpia en blanco del Año Nuevo, con el privilegio que se me concede de ser el primero de la Hermandad en escribir en esa página de vuestro libro de la vida.

Es mi oración que os haya asistido y aportado alguna visión sobre el Sendero. Porque, aunque el año anterior y sus dificultades han pasado, debéis esperar obstáculos cada vez más difíciles para que podáis alcanzar el nivel del bodhisatva que se os ha asignado.

En el nombre de mi amado Jesús el Cristo, el bendito san Issa, os deseo amor y verdad, paz y libertad.

1 de enero de 1986
Cámelot
Condado de Los Ángeles, California

CAPÍTULO 11

Amado Señor Maitreya

La autodeterminación bajo el Yo Real

Hemos venido y nos hemos quedado con los portadores de luz aquí. Hemos meditado acerca de vuestro corazón; estos discípulos que vinieron conmigo en el dorado y brillante esplendor del signo de la Victoria.[1]

Por consiguiente, se ha creado una unidad, una resonancia interna de armonía, de corazón a corazón, una determinación y un compromiso de estos discípulos de trabajar junto a vosotros para cumplir los planes de Saint Germain que él tanto aprecia en su corazón y especialmente para trabajar con las almas de luz que están tan listas para el Sendero.

Amados, es un año en el que quiero estar cerca de vosotros, en el que quiero llegar a vuestro corazón. No descuidéis, pues, la clave que hemos dejado tan clara.

Es necesario dar un paso atrás en la civilización. He señalado un problema universal entre los chelas del fuego sagrado, que es el problema del azúcar, refinado y procesado en cualquier forma, del trigo refinado y de los productos que privan al cuerpo de nutrientes.[2] Estos problemas que resultan en hipoglucemia o diabetes son más frecuentes entre los que tienen cada vez más luz debido al problema de la química entre esas sustancias y la simultánea aceleración de la luz en las células.

Entonces, mis declaraciones a vosotros establecen lo que considero un requisito serio y bien pensado para el discipulado conmigo y con mi amada llama gemela. Por favor, sabed que cuando hagáis el llamado y pronunciéis los insertos (cuyas hojas, sin duda, deben imprimirse para todos y cada uno de vuestros libros de decretos respecto a todos los factores del enemigo del azúcar, las drogas, el alcohol y la nicotina) y cuando trabajéis diariamente con [estos insertos en los decretos] hasta que hayáis conquistado [esas condiciones], encontraréis que os estaréis exorcizando a vosotros mismos, a vuestros seres queridos y a vuestras familias de las condiciones que más ocasionan los altibajos de los estados de ánimo que dan como resultado el fracaso de las pruebas, como ya hemos comentado.

Amados, os llevaré a la montaña tan rápido como elijáis correr. Os estoy llevando al lugar donde deseáis estar, donde habéis deseado ir toda esta vida y al menos todos vuestros años de relación con los Maestros Ascendidos. De alguna manera sentís que no lo habéis logrado del todo, que no os habéis convertido en el maestro que deseáis ser. Y cuando examináis esas cosas que no se han conquistado, os digo que un alto porcentaje se relaciona con la química del cuerpo y con la interferencia en esa química de las denominadas entidades.

Amados míos, ¿podéis imaginaros a un Maestro encarnado que siga siendo presa de la manipulación de las entidades desencarnadas? No puede ser. Por eso, que los chelas de Maitreya demuestren al mundo que este es realmente un sendero de maestría física.

Es mi deseo en este momento transferiros una iniciación del fuego sagrado que es para vuestro fortalecimiento, para vuestra curación y para la elevación de vuestra alma mediante una acción de transferencia y sostenimiento de mi corazón para que el alma pueda estar en un lugar de mayor autodeterminación bajo el Verdadero Yo que es la Realidad de vuestro ser.

Vengo en un año que promete ser uno de los muchos desafíos de lo irreal: esa irrealidad que se acumula en un frenesí de venganzas, represalias, resentimientos, envidias, celos e ignorancia que se manifiesta en el Ciclo Oscuro esta primavera,[3] cuya sombra ya se proyecta sobre las páginas del Año Nuevo.

Amados míos, observad a los más cercanos a vosotros y observad al planeta en su conjunto. Sed amantes de las almas, confiados y compasivos. Pero nunca confiéis en la fuerza que ataca a las almas que amáis. Porque aquellos que amáis pueden estar bajo el mayor ataque diseñado por la fuerza siniestra para que se conviertan en el instrumento para actuar contra vosotros.

Amados míos, conocemos los métodos de la fuerza siniestra. Por tal razón, he venido a iniciar una espiral de autodeterminación bajo el Yo Real.

Deseo que enfoquéis vuestra atención ahora en la Realidad de vuestro Yo Real. Esta realidad es defendida por el amadísimo Gran Director Divino. Por tanto, os pido que cantéis dos canciones al poneros en fila para recibir esta iniciación del fuego sagrado: la canción al Gran Director Divino, escrita según su decreto, y la canción que llamáis *God's Real in Me [Dios en mí es Real]*.

Amados míos, traed estas palabras con vosotros. Y al hacer fila para recibir nuestro toque, sabed que yo, Maitreya, estoy ante vosotros cerca de la octava física a través de la Mensajera. Y mientras ella pone su mano sobre vuestro tercer ojo, sabed que os estoy transfiriendo el ímpetu del deseo de vuestra alma de cumplir con todo el amor con el que descendisteis a la Tierra para convertiros en el defensor de los pobres y de los portadores de luz, de los desamparados y de los rechazados de la vida.

Amados, mis palabras son breves, pero enfáticas. Sin embargo, mi mayor declaración a vosotros en esta hora es la luz de mi amor. Os abrazo y os doy mi mano, fuerte y firme. Nunca dejaré de responder vuestro llamado.

Así pues, que todos se acerquen ahora.

[Mientras cantaba, la congregación pasó ante la Mensajera para recibir la bendición de Maitreya].

1 de enero de 1986
Cámelot
Condado de Los Ángeles, California

Amado Señor Maitreya

¡Bienvenidos a la Escuela de Misterios!

En el lugar secreto de la cueva de cristal

Mis amados hijos e hijas:

Vuelvo a entrar en la octava física a través de la bienaventuranza de vuestro ser, de vuestro deseo de conocer la verdad, de estudiar la verdad, de ser la verdad.

¡Salve, oh tú, Cristo Cósmico! He aquí, YO SOY EL QUE SOY Maitreya. Llamo a mis Hijos, los señores de los siete rayos: ¡Da a conocer tu presencia aquí! Que los árboles, la roca, la tierra y el arroyo helados conozcan el calor de tu presencia compasiva.

Oh, mis siete amados, oh, Señor [el Maha Chohán], tú que eres el representante del Espíritu Santo, da la bienvenida y acoge a tus propios estudiantes, porque en verdad desean entrar.

Por tanto, la fuente dorada de la llama de la iluminación se ve bailar como llamas que lamen las laderas, y una aurora de luz dorada pulsante crea una atmósfera de Presencia Solar como si la Tierra ya fuera una estrella solar; y también se ve el azul índigo de la noche, el poder del primer rayo, y el centelleo y estallido de los fuegos artificiales en su interior.

Benditos corazones, es una celebración de la Tierra por parte de la vida elemental que viene a reunirse con vosotros, para daros la bienvenida a su territorio, a su lugar donde son nutridos por la Madre Divina. Y la octava etérica y el retiro de la Maestra Ascendida Venus[1] se acercan, ya que vosotros mismos habéis entrado un poco en la octava etérica de vuestro ser.

Es bueno, entonces, comulgar con amor y prepararse para entrar en las ecuaciones de la enseñanza del Sendero. De este modo, estar prevenido es estar armado de antemano, y al estar armado de antemano, amados, en verdad estaréis preparados para encontraros con el Adversario interno y externo y para encontraros conmigo en el camino hacia la senda del bosque, en los refugios de la montaña, en el corazón del valle y en el fuego del hogar.

¡Bienvenidos, vosotros! ¡Bienvenidos, todos los que habéis decidido reuniros en el monte! Que aquellos que han venido por razones inferiores sean purgados de esas razones, porque yo, Maitreya, avivo una llama de iluminación dorada en cada corazón que ha venido. Esta llama debe expandirse, de lo contrario disminuirá. Aumentar la iluminación como acción iluminada libera al individuo del mal humor de la ignorancia humana que se golpea la punta del pie o el pulgar por falta de equilibrio interno en la pluma dorada de la iluminación.

La gentileza de aquellos del Oriente y de las civilizaciones antiguas es evidente. Ahora podéis ver en el reino del segundo rayo a tantos corazones, en tantos niveles, como parte de la forma de pensamiento del año: los bodhisatvas, los benditos estudiantes y discípulos,[2] todos, pues, al haber dado cabida en sus corazones a la imagen divina del Buda; y el Buda, el que sonríe, el que medita, a continuación, destella alegría.

No os toméis demasiado en serio, dice el Buda. No os agobiéis demasiado con todas las apariencias del mundo. Aunque sean apariencias intensas, conviene hacer una pausa para recordar que no son reales, ni todas las máquinas de guerra ni sus rumores.

No son reales, sino que solo se posicionan como accesorios, como pesadillas, para que aquellos que ven y conocen la realidad puedan sacar la espada y perforar ese escenario, ese panorama de la vida, y al perforarlo, extirpar todos los venenos y las manipulaciones de los caídos. Ellos no pueden permanecer a menos que algunos crean que son reales. Por eso, el Mal no tiene ninguna realidad permanente excepto la realidad que se le da.

Venimos a separar

Venimos a separar, este puede ser nuestro nombre. Que todos separemos es nuestro objetivo. Separad la luz de la lucha, ¡no hay ninguna lucha! ¡Atad la oscuridad en su propia estratagema, no puede dominar! Hay un momento de alegría en la liberación de la luz de todos vuestros chakras en el punto y lugar preparados.

Benditos corazones, estas hordas de la oscuridad tiemblan ante los suaves pasos del Señor Confucio, del Señor Lanto. Mi propia Presencia los hace retroceder consternados y desfallecidos cuando el Espíritu Santo los juzga en la Presencia del Cristo Cósmico. Se quedan sin aliento, porque no hay aliento de vida salvo el del Maha Chohán. Pues ya han arruinado su aliento con las hierbas nocivas de la Tierra.

Oh, luz extraordinaria, oh, seres excepcionales, yo, Maitreya, os saludo, ¡porque habéis recorrido un largo, muy largo camino, desde los días de Lemuria! Deshaceos del cansancio en vuestro largo camino de regreso. Estáis en Casa. Estáis en Casa en la luz, y el resplandor de la iluminación como el fuego en el corazón de la montaña establece el escenario para el Buda del Rayo Rubí.

Mirad, entonces, en los planos internos, el monte que habéis llamado Himalaya,[3] parece como si toda la ladera de la montaña se abriera como una vasta puerta. En el corazón de la montaña hay una ardiente llama de la iluminación y sentado en la llama, amados, está el Buda transparente del Rayo Rubí. ¡Qué hermoso!

La reunión íntima en la morada interior

En consecuencia, en todo el interior de las montañas de la tierra, las que han sido elegidas por los dioses, hay manifestaciones de luz desconocidas y sorprendentes. Sin embargo, las aguas debajo de la tierra y los fuegos en ella, el calor que ha sido sellado, todos estos reciben la carga y la vibración de los santos de Dios. La Tierra concebida en santidad ha sido profanada por los caídos, pero nosotros perduraremos en santidad y amor.

Si lo soltáis, retiro de vosotros el deseo equivocado. Emito en vosotros una espiral ascendente de la llama de la iluminación entrelazada con la llama de la resurrección. Por eso, permitid que todas las energías de vuestro ser aumenten, se eleven y se muevan en espiral en esta hora.

Bienvenidos a la Escuela de Misterios, que en el exterior se llama Summit University. Pero en el interior, amados, como se representa en la pintura de Roerich en las portadas de *Las enseñanzas perdidas de Jesús*,[4] hay una reunión interior, hay una unidad interior en el lugar secreto de la roca, en el lugar secreto de la cueva de cristal, en la morada interior.

Por tanto, entrad en el chakra del octavo rayo —el chakra de ocho pétalos, la cámara secreta del corazón—, el corazón de la montaña, el corazón del Himalaya, y sabed que en los planos ligeramente superiores al físico hay veredas en las que se puede entrar. Y hay senderos de túneles, cuevas y compartimentos dentro de la corteza terrestre que se han preparado para vuestra meditación cara a cara con el amado Buda.

Por esto, hago mi viaje ahora al Corazón del Retiro Interno, físicamente allí; y en el Shambala occidental me inclino etéricamente ante el Señor del Mundo, el Buda Gautama, quien me da la bienvenida a mí y a todos los miembros de esta comunidad a una era de iluminación sin precedentes en una era de oscuridad exterior que no ha sido superada.

YO SOY quien viene a vuestro templo

Así pues, mantenemos los fuegos del hogar encendidos, y el calor de nuestro amor, el fuego encendido de nuestra sabiduría vuelve a vosotros, amados, la chispa de la conciencia divina y de la inteligencia divina que fueron vuestras en el principio y se han atrofiado, por lo cual la plenitud de su uso no es vuestra en esta hora.

Sellaré mi entrega con vosotros invitándoos a decretar conmigo la llama de la iluminación dorada para que podáis tener el impulso de mi Presencia en el sendero de la superación.

Siendo el Buda venidero, YO SOY quien viene a vuestro templo. Así como se profetiza en Occidente la Segunda Venida de Cristo, también se profetiza en Oriente la Venida de Maitreya. El significado es el descenso del Buda, que es el Cristo Cósmico, a vuestro corazón. No se retrasa, está listo.

YO ESTOY aquí, amados. Deseo entrar. A medida que la cámara se vacía y luego se llena de nuevo, se vacía y luego se llena de nuevo con el aliento de fuego de la llama de la iluminación, sabe que, en tu recorrido en procesión a través de los cañones internos del ser, subiendo por la escalera de caracol hacia el corazón, yo estoy contigo; y en un momento de aceptación experimentamos la conciencia divina de nosotros dos en comunión en lo más profundo del corazón.

Por ello, desarrollad el oído atento, el Ojo Omnividente de Dios, la sensibilidad del tacto y la inhalación del aliento sagrado. Desarrollad todos los sentidos como sentidos espirituales, agudizando así los exteriores, y permitid que el fuego de la Madre Divina que se eleva consuma todo el paquete y el equipaje innecesarios de un yo, un yo anterior, para que el Yo que aún está por manifestarse pueda entrar y ser conocido por el alma.

Así, sobre vosotros se coloca ahora, en todos y en cada uno de esta comunidad y en los que estudian con nosotros en esta hora, la túnica dorada del neófito, una prenda sencilla y natural de color amarillo dorado.

Por lo tanto, usadlo con alegría en los niveles internos y no os preocupéis por ninguna otra necesidad de adorno.

En niveles internos y en la octava etérica veréis a los devotos del Buda. Algunos de ellos están fuera de su cuerpo en horas de sueño; otros se han elevado a las octavas etéricas.

Benditos corazones, muchos de los budistas tibetanos se detienen a escuchar mi mensaje a los de Occidente. Son discípulos que siempre entran en la octava etérica o en las cámaras del cinturón mental. Han sostenido un pilar de mi llama. Mirad lo que les ha caído encima:[5] las hordas de la noche y aquellos que se han vuelto parte de ellas debido al vicioso adoctrinamiento del comunismo de Mao, que es aún más fanático que el de los comunistas occidentales.

Dominad la ciencia de la Palabra

Benditos corazones, sabed, pues, que cuando el pilar de fuego se eleva, debe haber una cámara interior y la capacidad del alma de elevarse a las octavas etéricas. Por esa razón, contamos con esta Escuela de Misterios como la oportunidad de todas las almas reunidas aquí para dominar la ciencia de la Palabra y, con ella, dar el golpe mortal y el tiro de gracia a toda fuerza del Mal que ha actuado contra nuestros templos, nuestras escuelas de misterios y nuestros retiros.

Porque el propio Señor Dios ha decretado: ¡No pasarán! ¡No pasarán! Mejor dicho, que la Tierra misma no debe soportar que grupos de nuestros discípulos una y otra vez sean tratados con brutalidad, masacrados, atormentados y torturados y se apague la luz de nuestra comunidad.

Así, desde el corazón de Alfa, desde el corazón del Señor Dios, es vuestra marca y vuestra autoridad exigir el juicio de toda la progenie de los malvados encarnada en la Tierra que ha perseguido a los hijos del Sol en la Iglesia y el Estado, para que sean atados y juzgados por los ángeles de la luz. Esta autoridad para invocar su juicio, amados, se os confiere por parte de vuestro amado Alfa.[6] Tomadla, entonces.

¡Ten misericordia, oh, Dios dentro de Ti! ¡Ten misericordia, oh, Dios dentro de Ti! *¡Ten misericordia, oh, Dios en Tu interior,* de los tibetanos que han mantenido una tradición hasta mi venida!

Benditos corazones, procurad que estos, *estos,* estos, no hayan muerto en vano. Por ese motivo, permaneced en la Tierra en esta hora para redimir su nombre, su servicio y su vida con el llamado a juicio de todos los que han acordado tomar el poder, incluidos aquellos de los Estados Unidos, su presidente y el Departamento de Estado.[7] ¡Yo pido que ese Departamento de Estado también sea juzgado, y que las aflicciones caigan sobre ellos y sobre todos los que están con ellos en vibración!

Yo, Maitreya, digo que hay lugar en la Tierra para mí. Por eso, no hay lugar para el anti-Cristo.

Orad para que la llama dorada de la iluminación perfore la noche de la ignorancia

Mi mano está levantada. Alzad también vuestra mano derecha; y por el poder del grandioso Llamado que descienda el juicio. Lo decreto una vez. Lo decreto dos veces. Lo decreto tres veces. Que sean atados y que se haga mediante la plenitud de la intensidad de la mente del Buda en todos los discípulos de la luz.

Por tanto, orad conmigo ahora para que la llama dorada de la iluminación perfore la noche de la ignorancia y avive los corazones para que defiendan su victoria. Hay quienes asumen una postura para defender la libertad. Yo digo, ¡defended vuestra victoria en el corazón del Cristo Cósmico! (Por favor, tomad vuestros libros de decretos. Decreto número 20.13. Juntos:)

LLAMA DORADA DEL SOL CENTRAL

En el nombre de la amada, poderosa y victoriosa Presencia de Dios YO SOY en mí, Santos Seres Crísticos de todos los que evolucionan en la Tierra, amados Alfa y Omega, amados Helios y Vesta, amados mensajeros del Gran Sol Central, todos los seres cósmicos, potestades, actividades y legiones de Luz, amados Dios y Diosa Merú y todos los que sirven a la llama de la Iluminación, amados Gurú Ma y Lanello, todo el Espíritu de la Gran Hermandad Blanca y la Madre del Mundo, vida elemental: ¡fuego, aire, agua y tierra!, yo decreto:

Llama Dorada del Sol Central, (3x)
    ¡Expande tu Luz a través de mí! (3x)
Llama Dorada del Sol Central, (3x)
    ¡Transmuta todo error con iluminación! (3x)
Llama Dorada del Sol Central, (3x)
    ¡Dirige a la juventud en divina acción! (3x)
Llama Dorada del Sol Central, (3x)
    ¡Gobierna por siempre la iluminación! (3x)
Llama Dorada del Sol Central, (3x)
    ¡Ilumina la Tierra por orden del Cristo! (3x)
Llama Dorada del Sol Central, (3x)
    ¡Tu bello poder ahora exijo! (3x)

¡Toma potestad,
Yo me someto a tu luz;
YO SOY tu Luz radiante,
Llama Dorada brillante.
Gracias por tu rayo
Que hoy me has enviado,
Lléname hasta que
Solo existas tú!

Yo vivo, me muevo y tengo mi ser dentro de un poderoso pilar de llama dorada de Iluminación proveniente del corazón de Dios en el Gran Sol Central y de mi Poderosa Presencia

YO SOY individualizada, de los amados Alfa y Omega, de los amados Helios y Vesta y de todos los que sirven al resplandor victorioso de la Luz dorada de Dios que bendice y cura, ilumina y sella a toda la humanidad y a mí, por siempre en la Luz de Dios que nunca, nunca, nunca falla.

LUZ DORADA VICTORIOSA

En el nombre de la amada, poderosa y victoriosa Presencia de Dios YO SOY en mí, Santos Seres Crísticos de toda la humanidad, amado Poderoso Víctory, amados Gurú Ma y Lanello, todo el Espíritu de la Gran Hermandad Blanca y la Madre del Mundo, vida elemental: fuego, aire, agua y tierra, yo decreto:

YO SOY la Luz dorada victoriosa, la llama totalmente esférica de la Iluminación proveniente del corazón de Dios que rehúsa aceptar cualquier concepto de limitación relacionado con mi razón eterna de ser, manifestada aquí y ahora en el cáliz del momento presente.

YO SOY la radiación de esa Victoria que barre toda la faz de la Tierra, eliminando obstáculos por medio del poder de la Fe a quien no se le negará su derecho de nacimiento inmortal.

YO SOY la llama de la Iluminación que barre todos los continentes, despertando a personas de todas las clases sociales del letargo y del sueño de las eras hacia una percepción vital y palpitante de la sabiduría que trasciende el dogma, la conciencia sensorial y las funciones personales, pasando por el ojo de la aguja el hilo de la determinación lumínica, cuyas puntadas en la vestidura del Señor de la Creación producen elevación, consumación, radiación, purificación y libertad para todo hombre, mujer y niño sobre este planeta.

*¡Oh mundo despierta,
Sacude tus seres polvorientos; Purifica y rectifica,
Para crear nuevas formas de pensar!* (3x o 9x)

DECRETO PARA LA HERMANDAD

Del Uno,
Tú Dios, has tejido
Todas las razas del hombre.
Por tu Gran Ley
Llévanos a todos ahora
Hasta la Fuente Divina de nuevo.
Elimina el odio; Vence por el amor
Toda intención malvada de la humanidad.
A cada momento muestra el gran poder
Del amor y la compasión enviado por Dios.
YO SOY, YO SOY, YO SOY
Quien envía el amor de Dios
La maravillosa sensación
De la verdadera Curación,
Ungüentos de Luz que ahora sellan
Toda división entre los hombres.
¡Detén toda división! Por Divina precisión
El amor es la ley clave santificada.
Paz suprema,
Haz que toda guerra cese,
¡Que los hijos de los hombres sean libres!
Detén la fricción entre los hombres,
Y todas las predicciones que separan
Corazón de corazón bendito.
Por la dirección Divina
Produce perfección ahora
En tu gran familia: un corazón.

¡Y con plena Fe acepto conscientemente que esto se manifieste, se manifieste, se manifieste! (3x), ¡aquí y ahora mismo con pleno Poder, eternamente sostenido, omnipotentemente activo, siempre expandiéndose y abarcando el mundo hasta que todos hayan ascendido completamente en la Luz y sean libres!
¡Amado YO SOY! ¡Amado YO SOY! ¡Amado YO SOY!

¿Escuchasteis la afirmación «Amado YO SOY»? Estáis diciendo, soy amado por Dios. Amado, YO SOY. Amado, YO SOY. Amado, YO SOY. Si yo soy el amado de Dios y tú eres el amado de Dios, entonces, somos uno en el Todo Divino. En esta unidad del Ser realizado, sabed que os daré de beber de la misma fuente de la que di de beber a Jesús.

Por eso, amados, entrad en la corriente principal de la vida cósmica y dejad atrás las corrientes de conciencia del pasado que ya no son útiles ni fructíferas.

¡En el corazón de la rosa amarilla, YO SOY y sigo siendo *Maitreya!*

¡Vajra! ¡Vajra! ¡Vajra!

2 de enero de 1988
Rancho Royal Teton,
Park County, Montana

CAPÍTULO 13

Amado Señor Maitreya

El don del autoconocimiento

Fuego de mi fuego: convertíos en todo lo que YO SOY

Misericordiosos de mi corazón:

Rara vez en el curso de encarnar el noble semblante del Instructor Cósmico se encuentra uno con un grupo de devotos tan preparados, tan dispuestos a entrar en el corazón del Cristo Cósmico. Por tanto, esta bienvenida que me brindáis en Occidente es un punto culminante en mi servicio.

Así pues, vengo porque se ha proporcionado una cuna no solo por Gautama o la Madre Divina o Sanat Kumara, sino por corazones que se han preparado a sí mismos y están decididos, incluso por aquellos que, según los estándares de los senderos orientales, «aparentemente», pueden no tener las cualificaciones espirituales para ser la morada de Maitreya.

Observamos con el ojo interno. Las asperezas y rudezas exteriores no nos desaniman cuando vemos un fuego que arde limpiamente en el interior. Sin embargo, esto no quiere decir que no vengamos a instruir y a refinar, pues qué es la Budeidad sino el refinamiento de todo aquello con lo que se ha dotado al hijo recién nacido de Dios.

Hay sabios en la Tierra. Hay seres bondadosos. El refinamiento, incluido saldar el karma, es lo único que se interpone entre estas alegres y bondadosas personas y los bodhisatvas[1] que son los herederos, al igual que los bikús[2] y las monjas, de una tradición que establece ciertas cosas que con toda seguridad y de manera evidente forman parte del Sendero.

Preparados estáis, entonces, por los Maestros Ascendidos, por la Madre Divina, por los Mensajeros. Ahora, además, por medio de vosotros acortaré la distancia entre lo más profundo de mi corazón y el corazón de una humanidad no iluminada.

Deseo que seáis yo mismo, mi cáliz

Amados míos, una tierna sonrisa sin duda vale más que mil imágenes del rostro de Maitreya. La entrega amorosa, abundante y pura del corazón, ¿no es esto transmitir al Maitreya que está más allá del velo? Deseo que seáis yo mismo, no con pomposidad u orgullo (ahora autodenominados iniciadores de los mortales inferiores), no; sino que recordéis que por la gracia de aquel que me envió, vosotros mismos podéis ser mi cáliz.

Entonces decís: «Pero aún no te has aparecido ante nosotros, Maitreya. ¿Cómo podemos ser tú, al aparecernos ante los demás?».

Sin embargo, muchas veces me he aparecido ante vosotros.[3]

¿Por qué no?, primero que todo, os dedicáis al estudio de todos mis dictados; que he pronunciado por medio de estos dos discípulos, vuestros Mensajeros.[4] ¿Los escudriñaréis para descubrir las claves de esta era que se conoce en algunos lugares como «la Era de Maitreya»? Entonces, ¿llegaréis a descubrir que todos los demás miembros de la jerarquía espiritual que han transmitido la vasta enseñanza que se ha dado, por medio del Espíritu Santo de la Gran Hermandad Blanca, también han sido mis Mensajeros: los Maestros Ascendidos, las huestes angélicas?

¿Podrá haber siquiera un mapa del tesoro de estas enseñanzas?

¿Podríais elegir, individualmente, una sola gema de virtud y encarnarla pase lo que pase? ¿Podremos ser juntos una masa de sustancia cristalina como un cuerpo, un campo energético, para realmente dotar e infundir al planeta la conciencia del Cristo Universal?

Seres benditos, cuanto mayor sea la vibración espiritual, mayor serán los obstáculos y la represalia de las fuerzas de la irrealidad. Por tal razón, bienaventurados, ¡sellad el círculo! Selladlo, pues, y proteged por medio de la oración científica a este lugar que ha sido preparado.

En verdad, nuestra religión debe incluir la santificación del lugar bajo nuestros pies por medio del cual dirigimos al interior de la Tierra corrientes celestiales. Y cuánto se necesitan estas corrientes de vida que restauran torrentes de inmortalidad que pueden avivar a los seres secos de la Tierra.

La vida está a punto de conocer y de recibir tal incremento de misericordia por medio del corazón de Kuan Yin, que esa misericordia traerá cierta iluminación, conciencia, comprensión y autoconocimiento. ¿No es el mayor regalo de la misericordia, el más misericordioso de todos, el don del autoconocimiento? Lo consideramos como tal y como el mayor tesoro, el único tesoro que puede conservarse: el Autoconocimiento, el estado del Ser; conoceros a vosotros mismos verdaderamente como un ser de fuego.

Pongo en vuestro corazón fuego de mi fuego

Deseo atraeros a los atrios de Maitreya. Venid y encontradme, amados. No diré dónde tengo el atrio para impartir mis enseñanzas de misterios en la octava etérica, porque deseo que aquellos que tienen el imán de mi corazón me encuentren como se encuentra un tesoro sin un mapa; tan solo mediante el imán que es atraído por otro imán.

Pero en este momento juntos, pongo en vuestro corazón

fuego de mi fuego. Me sumerjo en este fuego, amados —un fuego dorado, rosa y blanco— me sumerjo en él, y en la multiplicidad de mi ser y de mi presencia lo pongo en una urna (que con vuestro permiso ya he colocado sobre el altar de vuestro corazón), un hermoso fuego dorado, rosa y blanco. Al fusionarse estos colores, amados, se producen muchos matices.

De modo que, al visualizar este fuego como pétalos de rosas, rosas de fuego con gotas de rocío, sabréis que cuando meditéis en este fuego por medio del llamado al rayo de brillo rosa dorado, seréis atraídos infaliblemente a mi morada. Y sabréis que el requisito para acercarse a mí, mediante una congruencia de vibración, ha sido cumplido por todos aquellos que encontréis en mi morada. El rayo de brillo rosa dorado es la entrada al reino de los Budas.

Benditos corazones, todavía hoy hay ocho Budas en encarnación en este planeta, y el noveno ha encarnado de nuevo.[5] Por eso, amados, no está del todo en la medida correcta la profecía de que toda la Tierra está en espera de mi encarnación física. ¿No creéis que estoy en el corazón de estos Budas? En efecto, YO SOY quien está en sus corazones.

Sin embargo, el logro búdico se encuentra en las vastas esferas del cuerpo causal; de tal manera que no necesariamente podréis reconocer a uno de estos seres benditos si los encontrarais.* Incluso, amados, con seguridad reconoceréis al Buda en el camino cuando expandáis el rayo de brillo rosa dorado del corazón; volviéndoos, por tanto, seres tiernos, sensibles, amorosos, con un hermoso sonido de amor, amor como aprecio por el alma, por el espíritu, por la inmensidad del potencial y del ser y, sobre todo, como aprecio por la llama Divina.

---

*Dado que el logro búdico se manifiesta espiritualmente en la vasta expansión de las esferas del cuerpo causal como una conciencia universal de Dios, para los no iniciados no es fácil constatar mediante la percepción sensorial cuando una corriente de vida tiene la estatura de la Budeidad.

Gratitud y bondad

En gratitud por la llama Divina que es vuestra llama trina, servid para liberar a la vida. La bondad siempre surge de la gratitud. El egoísmo emana del estado del ingrato que recibe una y otra vez y que exige cada vez más, como si la vida, la jerarquía y Madre debieran suplirle todos los deseos y necesidades.

Seres benditos, olvidaros de estar agradecidos por el regalo de la llama de la vida significa que sois capaces de atropellar los momentos y sentimientos más tiernos de los demás por esa insensibilidad.

«La Oración Diaria del Guardián»[6] entregada a vosotros por los seres benditos, por la amada Nada, es para que no descuidéis la más profunda gratitud, el recuerdo diario de que sois y seréis eternamente vosotros mismos porque la llama de la vida, como chispa divina, late, *late, amados,* salta, arde y destella dentro de vosotros. Todo lo demás puede desvanecerse, pero la llama sigue ardiendo; y de la llama surge el llamado, el llamado al alma: «Vuelve a Casa, al corazón de Maitreya».

La verdadera libertad que sostengo para vosotros

Dios os llama al nivel de mi ser, como la morada segura, el lugar de espera; todas las demás estaciones, escuelas de misterios y universidades del Espíritu conducen a asegurar la protección de la unidad con el corazón del Cristo Universal. Desde ese lugar, una vez que lo hayáis alcanzado, nunca más tendréis que descender ni partir. Esta es la verdadera libertad, la verdadera libertad que sostengo para vosotros. Y la sostengo, amados, como el defensor de vuestro amado Saint Germain, de todos los Maestros del séptimo rayo y de la era.

Vengo, entonces, como el partidario y el defensor de todos los que contribuirán a formar el mosaico de Acuario en la rica manifestación del séptimo rayo, su alquimia, su religión y su autogobierno interior.

¡Oh, que el recorrido de Acuario desde el centro de la Tierra hasta el centro del Sol sea vuestro!

Que podáis atesorar lo que es inmutable y comencéis a soltar esas cosas que con el tiempo pasarán, que por el espacio pasarán. El cielo y la tierra finalmente pasarán; pero mi Palabra, como vuestra llama Divina, vivirá para siempre.[7] No estéis satisfechos hasta que esta llama crezca y crezca cada vez más, envuelva a vuestra alma, haga permanente el potencial del alma y, como se recoge una siempreviva, os eleve a niveles de permanencia y de alegría perpetua.

YO SOY el que está en el misterio del florecimiento de la Palabra en vosotros. Me alegro de que hayáis entrado en el corazón de Kuan Yin, así como habéis entrado en el corazón de María, para que ambos lados de vuestro ser, ambos lados del cerebro, tan nutridos por la Madre Divina de Oriente y Occidente, puedan encarnar la sabiduría eterna. En el corazón de Kuan Yin, en verdad, sois transportados en la barca de *prajna*.[8] Así, YO SOY la llama, YO SOY la barca y YO SOY quien está en el corazón de la Madre Divina.

Vengo a sellaros

Vengo a sellaros, a aseguraros y a procurar que, aunque el karma y la marea kármica puedan surgir para atacar y, aunque, las fuerzas siniestras puedan prevalecer por momentos, vuestra alma en devoción a la llama Divina, al amplificar el rayo de brillo rosa dorado y la blancura de la Madre, pueda conocer esa sensación de protección de la unidad que confía y dice:

Resistiré.

Prevaleceré.

Me transcenderé.

Me libraré de esta espiral mortal.

Viviré en la llama de Dios para siempre.

Construiré mi casa
como la casa del Buda de las esferas de los rayos secretos
del rayo de brillo rosa dorado de la gratitud Divina
por el cual y para el cual me vuelvo agradecido de toda la vida
y de las circunstancias de toda la vida
de todas las manifestaciones inferiores de esa vida que es Dios.

Por medio de este regalo de fuego de mi corazón podréis convertiros en todo lo que YO SOY, tarde o temprano, según lo deseéis; conscientes de que la sangha no existe sin el cáliz vivo, que el dharma no existe sin el cáliz vivo y que la relación Gurú-chela no existe sin el cáliz vivo.[9]

Entro en el corazón de la gota de rocío. Venid y encontradme.

30 de junio de 1988
Corazón del Retiro Interno
Rancho Royal Teton, Park County, Montana

CAPÍTULO 14

Amado Buda Gautama

En relación con la Escuela de Misterios de Maitreya

Se han fijado los límites, el estándar debe cumplirse

Benditos niños que también sois mis Hijos e Hijas:

Estoy siempre con vosotros en este Corazón de Shambala, siempre deseoso de revelarme a vosotros y hacerlo todos los días. Pero muy a menudo no conocéis las señales, no me escucháis ni me veis.

Por ello, mientras os hablo, expreso muchos pensamientos. Hablo desde mi corazón y os entrego la síntesis de un año de meditación en el Uno, pues este momento es nuestra celebración de Wesak.

Con ese fin, entonces, he venido. Ya he usado el poder de la luna llena en Capricornio para establecer en este lugar un campo energético y un poder espiritual. Esta alquimia de los Budas no es conocida por vosotros, pero, al desear iniciar ciclos para todos y cada uno de los portadores de luz de la Tierra, he elegido trabajar a través del Cuerpo Causal del Gran Director Divino, quien con alegría intensifica para mí la jerarquía cósmica de Capricornio, con este propósito.[1]

Bienvenidos a mi corazón, amados. Bienvenidos. La alegría de estar juntos en este momento supera con creces los ciclos que no escogimos utilizar en mayo,[2] pues es un tiempo de espiritualizar la conciencia. Por eso, me acerco a vosotros ahora.

Deseo instruiros, amados, en relación con la Escuela de Misterios de Maitreya, que refleja las enseñanzas que se dan en el retiro etérico de Shambala. Deseo recordaros y exhortaros a que consideréis que el ritmo del discipulado no se detiene para los obstinados ni para los que creen que, mediante alguna norma interna, que ellos establezcan, todas las cosas deben continuar como estaban en esta comunidad.

Es importante que comprendáis que en los mensajes que enviamos hace un año, afirmamos que para muchos portadores de luz habría una oportunidad final.[3] Puedo deciros que ha habido Guardianes de la Llama que no han aprovechado esa oportunidad este año. No lo han hecho ni por desconocimiento de la Ley ni por falta de comprensión de los principios del amor, sino porque, en verdad, amados, se han considerado una excepción a la regla. Se ubicaron en esa magnífica línea doce del Reloj Cósmico del poder Divino e invirtieron su posición al decidir juzgar a los demás, ya que sentían que estaban capacitados para decir cómo deberían ser las cosas, cómo es que no son de la manera que deberían ser, cómo esto es correcto y aquello está mal, cómo esto es aceptable mientras que lo otro no lo es.

Benditos, ante todo deseo deciros que es un dogma sumamente peligroso entrar en esta clase de chismes y condenación relacionados con la Mensajera o con esta actividad o hacer insinuaciones sin especificarlas. Más bien, siempre es bueno ser directos; y si tenéis algo que decir, si no lo hacéis de manera humilde, al menos sed bastante respetuosos, como para que vuestras inquietudes y dudas se expresen como un deseo por conocer cuál es en verdad la explicación para esta o aquellas cuestiones que habéis observado. Os puedo asegurar que tendréis esas explicaciones y que sin duda alguna os las brindarán en respuesta a vuestra pregunta directa.

Es mucho mejor que procuréis comprender el camino de la Escuela de Misterios de Maitreya y el sendero del discipulado hacia el perfecto amor, en vez de destrozar a nuestros representantes mediante vuestro propio entendimiento privado y, de esta manera, también destrozar las aspiraciones de otros. Después de todo, cada uno tiene su propio libre albedrío y puede seguir su propio rumbo en la vida sin la necesidad de degradar, en especial para las almas más nuevas, aquellas disciplinas, como requisitos de la Ley, que son los escollos mismos por los que, en su orgullo espiritual, dichos individuos han fracasado en acelerar hacia el corazón, la cámara óctuple del corazón, con el Señor Maitreya.

Establecer el estándar a manifestar

Benditos, recordaréis que hace catorce meses, en Wesak puse mi manto[4] sobre la Mensajera. Por eso, os aseguro que siempre podéis recurrir a mi manto. Este tiene el propósito mismo de establecer el estándar de la sangha, de la comunidad, del Sendero, de la enseñanza que debe manifestarse y de la relación muy personal de cada uno conmigo.

Sin duda, comprendéis y conocéis, y si no es así os lo diré, que esta Mensajera no tiene ningún deseo de interponerse entre vosotros y yo, sino solo proporcionar un cristal transparente y un espejo si fuere necesario, un medio por el cual podáis con certeza escuchar mis palabras, reflexionar en ellas y ajustar así vuestros rumbos con el fin de que paséis vuestras pruebas.

Por consiguiente, amados, entrad en mi corazón y sabed que al afirmar que se debe dar esa oportunidad, hablé en nombre del gran Consejo Cósmico y del Señor Dios. Estos no son mis dictámenes ni los de mi amada Mensajera. Por tal motivo,

188 ENSEÑANZAS DE LA ESCUELA DE MISTERIOS

comprended que no existe un lugar donde pueda ir para pedir que se ignoren o se dejen a un lado vuestras infracciones a la ley de la vida.

Todos deben comprender que hemos acelerado esta comunidad a un nivel proporcional a la necesidad que tiene cada alma (que está destinada a ser parte de ella y que ya lo es) de la iniciación para la ascensión, pues por esta razón, supuestamente, estáis aquí.

Perfeccionad vuestras metas. Estableced la pureza de corazón. Y si realmente deseáis la ascensión, entonces, os digo que es bueno que aceptéis, o lleguéis a comprender para que podáis aceptar, el papel de la Mensajera en la transmisión de esas enseñanzas, de esas pruebas del alma, de esas iniciaciones que definitivamente se os exigirán, esas iniciaciones que no pueden pasarse ni fuera del cuerpo durante la noche en Lúxor o en el Shambala occidental ni entre encarnaciones.

El factor crítico de estar en encarnación física para saldar el karma físico no está en ningún otro lugar más crucial que en esta comunidad. Ya que os hemos llamado entre los miles de millones de almas que habitan en este planeta, pues cada uno de vosotros tiene la inmensa oportunidad de dar el ejemplo para una oleada de vida, un grupo de almas, para individuos que se encuentran en un determinado sendero y chakra, aquellos que trabajan en determinado mandala de servicio. Cada uno de vosotros ha sido llamado para que el sabio Maestro Constructor os moldee y os convirtáis en la piedra angular en un arco, que ha de ser una puerta abierta a través de la cual muchos puedan pasar.

El perfeccionamiento de la Ley, de la sabiduría y del amor* del corazón, entonces, por medio del cual la llama trina puede equilibrarse y pueden pasarse esas iniciaciones, deben ser vuestra meditación día y noche.

---

*atributos de la Trinidad manifestados en las tres plumas de la llama trina.

Amados, se requiere del patrocinio de al menos un Maestro Ascendido para que estéis sentados aquí hoy, para que se os considere como un Guardián de la Llama en la Fraternidad de Saint Germain, un comulgante de la Iglesia Universal y Triunfante de Jesús, María y Saint Germain, que es mi propia querida Iglesia.

Recibís el patrocinio porque tenéis la mayor necesidad

Amados, sabed que a menos que una persona reciba el patrocinio, no tendrá buenos resultados en este sendero. Ese patrocinio es un refuerzo inmediato para el alma y el individuo mediante el flujo en forma de ocho del Buda, que lo mantendrá alineado con su propio arquetipo interno y estabilizará a esa alma cuando deba tomar decisiones para controlar esa energía en cualquiera de los siete chakras y para liberarla de acuerdo con el plan divino.

No importa tanto el logro que ya poseéis. Esto es, por así decirlo, como «dinero en el banco». Lo que más importa es el logro que os falta, cuya carencia ha estado ahí por [es decir, debido a] los obstáculos, la debilidad, las deficiencias, por los cuales una y otra y otra vez no pudisteis aumentar esa espiral para completar el logro obtenido y llenarlo con lo que se necesita para el equilibrio.

Benditos, es fácil desarrollar una imagen muy irreal de uno mismo en el Sendero, cuando se está en la presencia de una compañía tan grande de huestes ascendidas, en el aura física de la Mensajera y en una situación donde la propiedad del retiro está protegida por seres cómicos. Así, con esta felicidad, la comodidad y la oportunidad de esforzarse (en especial cuando no se han desarrollado las cinco facultades del alma basadas en la armonización con los Cinco Budas Dhyani) es fácil considerar que uno está mucho más avanzado de lo que realmente está, según las espirales internas de luz, las esferas fortalecidas de los rayos secretos alrededor del corazón y de la cámara secreta que contiene.

Por eso, amados, comprended que, en el misterio de Dios, debe reconocerse con toda humildad que cualquiera sea el logro de cada uno, el Sendero es escarpado; y se debe buscar y buscar a diario con esmero una mayor maestría Divina, una mayor humildad y una profunda devoción a Dios. En esta búsqueda y en este descubrimiento, amados, debéis llegar a comprender que recibís el patrocinio porque tenéis la mayor necesidad, porque habéis cometido errores en el pasado y porque vuestros hermanos y hermanas mayores están interesados en que no perdáis otro ciclo cósmico cuando, *por fin,* se abra la puerta de nuevo para vosotros.

Perfeccionaré mi alma

No podemos enfatizar lo suficiente acerca de lo importante que es mantener la conciencia de: «Yo estoy aquí por la gracia de Dios y estaré seguro de que, en el cáliz de los momentos, los minutos y las horas perfeccionaré, perfeccionaré, *perfeccionaré mi alma en aquellas áreas que han sido mi perdición demasiadas veces*».

Benditos, hemos llamado a personas relacionadas con esta actividad para quienes nuestro patrocinio ha dejado de lado un enorme karma negativo. Uno nunca sabe cuándo, debido a los repetitivos fracasos en un solo punto de la Ley, la misericordia de la Ley que ha mantenido en suspenso el descenso de ese karma durante miles años diga: «La hora ha llegado. Hasta aquí y no más. Que descienda el juicio».

Benditos, el Legislador y los grandes Manús[5] encarnan la Ley. Cuando surge el edicto de la propia Ley, ya no hay poder de intercesión por parte de ningún mediador, ascendido o no ascendido, ni protesta ni justificación ni piedad ni búsqueda de privilegios mediante demasiadas acciones de protesta o intentos de convencer a muchos acerca de la propia rectitud. Ninguna de todas estas cosas puede hacer retroceder la inexorable ley del karma, la cual, amados, se vuelve doblemente severa, cuando los individuos han tenido muchos años de oportunidad para invocar la llama violeta y han disfrutado de su poder liberador, sin tener en cuenta la gran gracia que se les concede a tan pocos. Y no es que la Ley desee restringirla a los pocos, sino que los muchos no han elegido esta opción. Y, algunas veces, los muchos no la escogieron porque los que tenían la llama violeta debían patrocinarlos; pero no lo hicieron, sino que retuvieron la energía acumulada de la llama violeta para su propia utilidad, prosperidad y disfrute exclusivos.

Por ello, debe extenderse el patrocinio en la interminable cadena del flujo en forma de ocho. Y cuando seáis copatrocinadores con nosotros del siguiente anillo de portadores de luz en el peldaño de la escalera debajo de vosotros, entonces, los que están en encarnación que no pueden vernos ni comprendernos abrazarán el sendero del séptimo rayo de Acuario *porque os ven;* y observan que, aunque no seáis perfectos ni sin defectos, sois humildes ante vuestro Dios, siervos alegres y obedientes que no descuidáis los fuegos creativos del Ser en el altar del corazón.

De este modo, amados, con relación al manto que he puesto sobre la Mensajera, ese manto está allí, por el cual el cargo de Gurú desde Padma Sambhava a través de Maitreya, de mí mismo a Sanat Kumara puede y debe extenderse a todos los que son parte de la Escuela de Misterios, ya sea el personal o los miembros de la comunidad mundial de afiliados.

Benditos, conoced la Ley que gobierna la vida y el cargo que comparten los Mensajeros, la cual nos dice que no puede haber una relación continua entre la Mensajera y cualquier estudiante en el Sendero, si este no cumple con esmero los requisitos de la relación Gurú-chela. Estos requerimientos son muy básicos y deben ser obvios. Pero, amados míos, algunos no los verán, pues prefieren estar en el asiento de los arrogantes que juzgan en lugar de recibir el regalo ofrecido.[6]

El estándar debe defenderse

Sabed entonces, amados, que llega un momento en el que debemos informar a través de la Mensajera al siervo[7] o al chela inútil que ha hecho alarde de la Ley y ha presumido de nuestra Hermandad, que ya no es lícito que esa persona tenga una relación directa con nosotros a través de la Mensajera. Por ello, no hay ningún otro propósito para que esa persona esté asociada a la Escuela de Misterios de Maitreya, ya sea aquí en el Retiro Interno o en cualquiera de nuestros centros a lo largo mundo.

Benditos, esto significa que debe defenderse y sostenerse el estándar que se establece para la relación Gurú-chela. Y la hora llega (y es individual) cuando, debido a la antigüedad de la afiliación con la actividad, o en la Fraternidad de Guardianes de la Llama o en nuestros grupos de estudio o por propia cuenta, debido a la cantidad de preparación y conocimiento que la persona debe haber acumulado a través de la enseñanza misma, si no está dispuesta a llevar cierta carga de luz, que debe ser su alegría, si no está dispuesta a pagar ese precio para que el Maestro Ascendido patrocine su discipulado al soportar también una cierta parte de la carga de la actividad misma, así como también de su propia responsabilidad kármica; si esa voluntad de ser el portador de la carga en el Padre, el Hijo y el Espíritu Santo no está presente, entonces, es hora de decir que ya no podemos invertir energía en ese individuo ni requerir que el corazón de la Mensajera se sienta agobiado a través de tal asociación.

Cuando se hace necesario que ese vínculo se disuelva y se decrete, y exigirle a la Mensajera que lo declare, os puedo asegurar que es siempre una experiencia profundamente dolorosa para ella, quien, independientemente de lo que alguien pueda pensar sobre la naturaleza ardiente de esta alma, es muy paciente y sufrida con la ignorancia y las infracciones reiteradas a la ley del amor que algunas personas logran manifestar con una frecuencia extraordinaria.

Benditos, si pudierais ver la larga historia, incluso de vuestra relación con esta Mensajera, podríais descubrir que ella se ha mantenido junto a vosotros, algunas veces a lo largo de cinco mil a ocho mil años durante períodos en los que apenas mostrasteis algún progreso espiritual, ya que estabais decididos a permanecer en esa autojustificación centrada en el ego y afirmarla.

Patrocinar a un discípulo es un asunto serio

Benditos, ha llegado la hora de que os preparéis totalmente para «cumplir con vuestra parte del trato» y para que consideréis que no estáis aquí o en cualquier parte del planeta en esta actividad para seguir vuestro propio camino en cuanto a lo que haréis o no haréis. Habéis interpretado de manera equivocada la relación que disfrutáis por gracia con la Gran Hermandad Blanca. Habéis mal entendido el hecho de que la Gran Hermandad Blanca es quien elige a sus chelas y no a la inversa.

Un chela puede escoger prepararse para cualificar para el discipulado bajo alguno de los señores de los siete rayos, pero esa aceptación viene luego de períodos considerables de prueba y reprobación. Pues los Maestros Ascendidos se muestran muy precavidos y están «cansados» de los miembros de las evoluciones de la Tierra, que han tomado la copa y luego de usarla, la destrozaron y perdieron la luz, por lo que el patrocinador ha debido pagar el precio y renunciar a un servicio cósmico mayor. De ahí que el patrocinio de un discípulo es un asunto muy serio para un Maestro Ascendido y para un verdadero maestro no ascendido.

Repetimos que la función de la Mensajera en esta relación es la de ser un mediador y un instrumento, pero no dejéis de ver y conocer el manto del Gurú cuando se os transmite esa inconfundible vibración a través de la Mensajera.

Ahora bien, amados míos, hay una ley primordial en el servicio que nos dice que cuando se recibe tal patrocinio, bendiciones e iniciaciones espirituales, debemos proporcionar de manera física los medios por los cuales nuestro instrumento pueda llevar a cabo el servicio de manera personal y dentro de la organización. Algunos han venido también con una crítica sutil en su corazón: «No pagaremos. Merecemos recibir esta enseñanza gratis. ¿Por qué debe haber dinero a cambio? Hemos dado durante muchos años». Esta actitud de rebeldía, amados, está exigiendo que el padre o la madre, la autoridad o la figura del gurú no solo cargue con el karma del individuo, que es la definición fundamental en la relación Gurú-chela, sino que también los patrocinadores paguen el precio físico para que esto se lleve a cabo.

Amados míos, siempre ha sido así, que el chela traiga los frutos a los pies del Maestro. Este fruto es la ganancia del propio Árbol de la Vida que se obtiene al seguir el Sendero. El fruto se deposita en el altar para multiplicar la abundancia de la comunidad, de modo que el mismo servicio que se le brinda al individuo, pueda llegar a diez mil más.

Si esperáis que nuestro manto, el que, como se os ha dicho, es un manto muy «pesado» sobre la Mensajera, sea el campo energético que soporta y hace a un lado vuestro karma personal, que, de hecho, le sucede a todo asistente fiel, entonces, debéis comprender que, a cambio de aligerar el peso de vuestro karma, de aliviaros y daros una oportunidad para lograr vuestra maestría Divina a través de un patrocinio sin precedentes de la jerarquía ascendida, deberéis pagar el precio físico. Si no sois capaces, debido a que no habéis tomado la enseñanza misma con el fin de establecer el equilibrio de vuestra propia economía, llevad entonces un modo de vida modesto, de manera que las exigencias y los pagos que debéis costear no os priven de satisfacer la responsabilidad más importante de todas: la equidad de la relación Gurú-chela.

El mismo Jesús habló de aquellos que exigían una recompensa terrenal inmediata e instruyó a sus discípulos en privado, con las palabras: «De cierto, de cierto, *ellos tienen su recompensa*».[8] Esto significa que los que exigen una recompensa material de la Gran Ley la tienen de manera instantánea, pero esta es toda su recompensa y no tienen nada más allá de ella. Además, no hay una recompensa espiritual o celestial. De este modo, el individuo recibe su propia recompensa de acuerdo a lo que es más valioso para sí mismo; lo que selecciona recibe.

¿No es una lástima, entonces, que haya tanta miopía como para pensar que en tanto tengáis una Mensajera en encarnación física y tengáis una persona física que os ayude a cargar vuestro karma a diario, incluso cuando ayudáis a llevar el manto del cargo y a defenderlo, debáis elegir la recompensa material en lugar de la espiritual?

La perla de gran precio

¿No es una lástima, entonces, que un regalo espiritual tan grande se rechace mediante un sentido de injusticia: «exijo mis derechos?». Benditos, habéis recibido lo que habéis pedido. Comprended que donde el chela no entrega su apoyo, no se puede asimilar la bendición del Gurú. Y este no es un edicto de un ser jerárquico; es la Ley misma que funciona de manera independiente de todos nosotros.

Por ello, la capacidad de asimilar la luz que enviamos[*] proviene de un corazón profundamente amoroso y equilibrado, de un sentido de desapego,[9] del significado de la perla de gran precio.[10] Jesús relató esa parábola porque era necesario contarla, que un hombre debía ir a vender todo lo que tenía

_____
*como la conciencia Crística universal

para comprar esa perla de gran precio.

¿Qué simboliza la perla? Sí, es el símbolo de un alma que teje una manifestación cada vez mayor del Cuerpo Causal aquí abajo. Pero la perla de gran precio simboliza también el reino de Dios. *Es el Cuerpo Causal de vuestro Maestro Ascendido patrocinador.* Cuando lo habéis dado todo para recibir ese patrocinio, lo cual significa que os enfocáis totalmente al servicio en esa relación Gurú-chela que atesoráis mucho más que todas las demás, entonces tenéis, como veis, no solo el manto del Maestro que carga ese karma por vosotros, sino también día tras día de manera más directa, el acceso al Cuerpo Causal de ese Maestro.

Benditos, no podéis retener el sentido de injusticia y disfrutar de la nobleza de la justicia divina. Algunas cosas excluyen otras [es decir, son mutuamente excluyentes]. Así como el amor Divino en vuestro templo debe excluir todo odio y creación de odio, de igual manera, la verdad Divina debe apartarse de todo error. Pero si vuestros odios son más importantes que vuestro amor Divino debido a esa raíz de orgullo que se encuentra en el morador del umbral,[11] entonces, en los momentos de vuestra propia ira humana, hallaréis que ese odio y creación de odio ocupan toda vuestra casa hasta excluir totalmente la perla de gran precio; y, entonces, la bendición ha desaparecido.

«Haced las paces» con vuestro Dios

No hay nada que la gran Ley del Amor requiera de vosotros que no podáis lograr con un corazón dispuesto, con la boca de vuestro Lanello, con la determinación y la aplicación sagaz de los principios científicos del Llamado. Tenéis el conocimiento para atar y arrojar al morador del umbral.[12] Si no tenéis éxito, tenéis un teléfono, tenéis papel y lápiz; podéis caminar, tocar la puerta de nuestra Mensajera y decirle: «Te necesito. No puedo vencer a esta bestia solo. ¿Me puedes ayudar, por favor?».

¿Alguna vez se os ha negado esa ayuda, excepto cuando tal vez no estuvisteis dispuestos a dar, en primer lugar, todo lo mejor de vosotros? ¿Os ha negado el cielo o la tierra alguna vez el refuerzo cuando en verdad os pusisteis a trabajar, cuando os involucrasteis con fervor en la poderosa obra de las eras?

Os digo, amados, si alguna vez pensáis que se os retiene la ayuda, entonces, probadme hoy. Venid ante mí, ya que he puesto mi Presencia Electrónica sobre mi estatua.[13] Venid a mí, pues YO SOY quien está en el corazón de la Mensajera; pedidme y recibiréis la ayuda que merezcáis conforme al esfuerzo ya realizado. Y si este no ha sido suficiente, os digo, lo sabréis y lo veréis; y aunque os avergoncéis ante las vibraciones que habéis albergado, podéis arrojarlas en ese momento al fuego sagrado.

Benditos, algunos que han fallado y se les ha rechazado ya no están aquí. Pero digo a todos los que están aquí: desde mi corazón, en la medida que la Ley lo permita y solo si lo permite, he de interceder por vosotros hoy. Y si en verdad deseáis «hacer las paces» con vuestro Dios, con la jerarquía de luz, con vuestra Realidad verdadera y con esta Mensajera, entonces, digo que este es el día para que lo declaréis, lo hagáis así y para que pongáis en el fuego sagrado todo lo que resta de las fuerzas siniestras, las manipulaciones mentales y las proyecciones que desconocéis (que se adhirieron a vosotros debido a la sustancia pegajosa de vuestro propio apego personal) que os han acosado. Si podéis arrojarlo todo al destellante fuego de la Madre Divina y del Buda hoy, os digo: podéis avanzar como un miembro respetable y responsable de nuestras huestes.

Se han fijado los límites, el estándar debe cumplirse

Pero, amados míos, es la hora; ya es el momento fijar los límites, yo fijo los límites y digo: El estándar debe cumplirse y se os informará la razón por la cual vuestras acciones no cumplen con el estándar; y si no cambiáis, se producirá la ruptura del vínculo.

Benditos, hace seis meses en Navidad aprendisteis acerca de la carga del corazón diamantino y se os convocó para compartir ese peso.[14] Esto es fundamental para la Hermandad, que aquellos que no llevan su propia carga y una parte de la que corresponde a la Mensajera y a esta actividad, agobian tanto a la Mensajera y a la actividad como para constituirse en un punto de peligro en la misma vida y encarnación de la Mensajera y la continuidad de la comunidad.

En vuestro fuero interno, ninguno de vosotros deseáis ser un perjuicio para el Sendero. Por tanto, si en vuestra ignorancia lo fuisteis, ruego que recibáis toda la iluminación del Espíritu Santo. Que se conozca si habéis difamado y de ese modo entrado a la vibración de menosprecio. Pues estas cosas se deben confesar personalmente para que la Mensajera pueda hacer el llamado y, con la alegría del amor de su corazón, invocar la ley del perdón para vosotros. Si habéis hecho daño a la Mensajera o a la comunidad, no es suficiente confesarlo al Consejo Kármico, pues la persona que habéis perjudicado también debe perdonaros. Por eso, amados, reconozcamos nuestras faltas, pues quedan dieciocho meses antes de que comience la década de los noventa.

Hay una manera de subir más alto

Entonces, si hablamos del progreso del planeta Tierra desde el último Wesak, no vemos que se haya avanzado lo suficiente en la evolución más amplia; pero vemos un progreso considerable por parte de algunos portadores de luz que se han convertido en verdad en luces brillantes e incluso algunos en luces ardientes, pues han comprendido y se han intensificado.

Encontramos a otros que, sin importar lo que podamos decir o hablar en todos los dictados de estos catorce meses, siguen con su letargo, su somnolencia y su intransigencia. Están demasiado densos para sentir el peligro en el que se encuentran, demasiado densos para sentir que pueden hacerle frente con el poder de intercesión de Dios. Es como si fueran setas o rocas en el bosque, y las épocas fueran y vinieran y ellos permanecieran ajenos a los extremos de la Luz y la Oscuridad e incapaces de aplaudir la Victoria de los santos que avanzan.

El incremento, entonces, ha llegado a los portadores de luz. Y quienes poseen luz* en su corazón (aunque tal vez no tengan un impulso extraordinario) deben, mediante la percepción y la sensibilidad que tienen debido a esa luz, entrar en una era de cumplimiento del mandato de la Ley, como tan hábilmente lo describió nuestra amada Kuan Yin en su dictado.[15] Este dictado debe ser estudiado por aquellos que parecen incapaces o que no están dispuestos, que carecen de la fuerza para subir más alto.

Hay una manera de subir más alto. Ello incluye lanzarse sobre la roca del Ser.[16] Incluye entrar en una espiral ardiente, *aunque no sepáis a dónde os llevará esa espiral.* Así, el elemento de confianza en la relación con vuestro propio Ser Divino es absolutamente esencial. Podéis pensar que confiáis completamente en vuestra Presencia Divina, pero cada vez que negáis la intercesión de esa Presencia, reveláis la ausencia de confianza, al depositar más confianza en los seres humanos o en el propio yo humano.

Así, excluís y suprimís la ayuda del asistente divino, de vuestro Ser Divino, de vuestro Santo Ser Crístico, de vuestra Mensajera o de la jerarquía.

De ahí que es muy importante que aquellos que tal vez no sientan ni vean nada (ni tengan lo que consideran debe ser una prueba suficiente de este sendero) prueben este sendero con diligencia durante seis meses, usen los decretos, amen a la comunidad, entren al servicio que equilibra el karma y luego observen cuál fue su progreso espiritual seis meses más tarde. Algunos

---

*el equilibrio de la conciencia Crística.

entran a este servicio y ritual, pero no lo aplican con la ardiente intensidad de su corazón y de este modo no cosechan los beneficios, por lo que al final declararán que el experimento no tuvo éxito. Tendrá éxito si deseáis que así sea; y si deseáis demostrar que es infructuoso, con seguridad lo haréis. El asunto está fuera de nuestras manos debido a la soberanía del libre albedrío.

La ecuación que debe enfrentarse directamente

Es un período de turbulencia en el Medio Oriente.[17] Es un momento en el que el odio y la creación de odio iraní e iraquí deben lanzarse de manera directa contra los portadores de luz del mundo. Es una hora para estar alerta ante la posibilidad de una guerra.[18] Es una hora para reconocer que en la medida en que la proclamación salió de Alfa, que las dispensaciones eran y son para los portadores de luz y no para los caídos,[19] los celos y la envidia de los caídos hacia los portadores de luz se intensifican; y a medida que las energías de los pretendidos poderes que están en la Tierra y en el plano astral disminuyan y los portadores de luz aumenten en luz, los caídos actuarán enfurecidos para arrancar de los portadores de luz la Victoria y su ascensión antes de que se cumplan los mismos patrones del amor, a menos que se los desafíe.

Recomiendo que desde el Corazón del Shambala occidental reconozcáis que cualquier otra cosa que pueda estar aconteciendo en el mundo, el juicio de la progenie del malvado, de sus conspiraciones, su agenda oculta y su maldad practicada contra los hijos de Dios deben ser colocados ante el Señor todos los días, a través de los llamados a juicio que hagáis.[20]

A menos que la mano derecha de Dios Todopoderoso detenga la acción de la simiente del maligno, amados, los portadores de luz se encontrarán en una confrontación, en la que el poder temporal está de parte de los malvados. Y si esos portadores de luz han dejado de fortalecer sus auras, templos y chakras con una intensa luz, se verán incapaces de ser cálices para las huestes de luz y para la Victoria.

Es en verdad una realidad divina que donde no hay defensa, espiritual o física, la Gran Hermandad Blanca misma no puede colocar su red de luz a través de todas las octavas de la Materia en el plano físico. Esta ecuación está sobre vosotros a nivel individual, en esta y en todas las naciones. Esto es lo que debe afrontarse directamente.

Yo sé y estoy convencido de que, si alineáis vuestro corazón con vuestro Dios y con nuestra jerarquía, siempre seréis hallados a la diestra de Dios y sellados con el manto de la Madre Divina. Pero si cometéis el error de afirmar vuestro intelecto orgulloso en asuntos espirituales que no conocéis ni tenéis la capacidad de evaluar, el precio que pagaréis no será la pérdida inmediata, aunque esta sea grande, sino que el día en que necesitéis la inspiración divina,[21] de todo el Espíritu Santo de nuestra jerarquía, de pronto sentiréis que estáis desnudos y abandonados.[22] En ese momento, amados, al confrontar a las hordas de la Oscuridad, podréis clamar, pero será demasiado tarde.

¡Estad preparados!

Por tanto, el llamado de Saint Germain y la advertencia suenan verdaderos: *¡Estad preparados!*[23] Esta preparación es ante todo espiritual y debe extenderse a todos los ámbitos.

Aunque no os hayáis dado cuenta, os he dado la instrucción más esencial para unir a esta comunidad en un ardiente vórtice de amor. Este amor proviene del Corazón del Shambala occidental y deseo irradiarlo en el momento final de esta conferencia. Con ese amor, todos los que son del amor se unirán. Sin embargo, bajo ese amor, que es el rayo rubí, todos los que no son del amor serán excluidos.

Benditos, esta acción ha esperado durante demasiado tiempo

y debe ser motivo de regocijo. Porque es el llamado que dice: «Escoge hoy a quién servirás»,[24] ya sea que el amor sea vuestro maestro o la fuerza del anti-Amor os arrastrará a otro lugar, no preparado.

Sello vuestro corazón para que podáis recibir a los amados Alfa y Omega y al Buda del Rayo Rubí.

3 de julio de 1988
Corazón del Retiro Interno
Rancho Royal Teton, Park County, Montana

CAPÍTULO 15

Amado Señor Maitreya

La espada de Maitreya

La alegría de los seres llameantes

Viene Maitreya, viene Lao Tsé.
Viene Gautama, viene Lanto.

En la carne, YO SOY quien está aquí en la de mi Mensajera; y YO SOY quien está en el cuerpo etérico de los estudiantes de mi llama. Habéis escuchado muchas palabras cuando pasan por la aguja y el ojo de la aguja. Pero es una llama que habéis venido a estudiar; es la meditación sobre la llama, y más allá de la llama, la sonrisa y luego el rostro que contiene la sonrisa.

Por eso, amados, YO SOY Maitreya en todas las octavas; en mi mano un Huevo Cósmico, y en su interior la evolución de los portadores de luz nacidos en la Tierra. Por tanto, en este huevo hay gestación. Está el devenir del Buda. Está aquel que llegará a ser el Buda para desplazar la fuerza del anti-Buda.

¿No es este el camino de la Escuela de Misterios? ¿No es el modo de vida? ¡Cuán gozoso es el desafío de los cinco rayos secretos de los Budas Dhyani! ¡Cuán feliz es el de Padma Sambhava!

204 ENSEÑANZAS DE LA ESCUELA DE MISTERIOS

Que se escuchen y se conozcan las profecías de lo que se anticipó que sucedería en el Tíbet.[1] Que también se conozcan las profecías de lo que ha de ocurrir con seguridad en Occidente. Es necesario. Porque, entonces, amados, veréis en el Nuevo Día cómo las formas etéricas se vuelven accesibles a la vista, pues la Tierra está purificada y los anillos y las manchas solares juegan su papel en el inicio del cambio.[2]

¡*Expulsamos* a los seres de mala reputación! En todo el mundo, los desterramos. He venido con una espada esta noche. Esta es mi noche en la que empuño y hago girar la espada de Maitreya, del Señor Buda. Avanzo con los ángeles del rayo rubí y con el Buda del Rayo Rubí.

Así pues, cuando afirmáis la Palabra del juicio del SEÑOR y cuando la pronunciáis ante este altar, se produce la división del camino entre lo Real y lo irreal. Y el juicio puede descender cuando veis a través del Ojo Omnividente de Dios, cuando podéis separar y fijar los límites: *¡Hasta aquí y no más!*

Por ello, habéis despojado a la mentira de su energía. Continuad. Que se desenmascare. Que se haga trizas. Que se calcine. Que el fuego del rayo rubí elimine de nuestro camino y de nuestro sendero todo lo que impida el ascenso a esta misma montaña de las almas que aún habitan en el valle. Que se eleven, oh, Gautama, oh, Buda en el corazón, de la cámara secreta del corazón del chela.

Que los portadores de luz, cuyo destino es el de cumplir un papel aquí, en este momento reciban ayuda a través del impulso que puedan obtener de los estudiantes de Summit University y de todos los Guardianes de la Llama de este mundo por la energía acumulada de los decretos que han realizado durante el trimestre de otoño de este año. Que esa luz se extienda como flechas rubí. Que vaya como armaduras y legiones. Que se utilice para salvar a los portadores de luz. Esta es nuestra misión.

Entraré en el corazón de los que han preparado un lugar para mí

Por eso, mediante el rosario de Kuan Yin, el rosario de amatista y oro, la repetición del mantra llega a suavizar para que se abra el corazón. Algunos corazones se han cerrado por la dureza y la ignorancia. Por tanto, su valoración de sí mismo y de su entorno no es lo que es, sino lo que no es.

Deseamos apresurarnos y dar un giro a los electrones y los chakras, incluso poner nuestra Presencia Electrónica sobre aquellos que vacilan y flaquean en la comunidad mundial. Pero, amados míos, sabemos que quienes reciben el calor del sol a menudo no pueden sostenerlo cuando el sol avanza. Tal vez lo sostengamos para que ellos puedan tener memoria. Pero incluso la capacidad del cuerpo de la memoria está tan atiborrada, que ni siquiera puede registrar el impacto de nuestra llegada y retenerla. Entonces, nuestra misión es la de conectar la línea de nuestro corazón a los corazones de aquellos que han construido una fortaleza como la morada de Maitreya y esperan mi regreso a casa. Benditos, entraré en el corazón de los que han preparado un lugar para mí y os digo a todos que esta promesa se extiende por mucho, mucho tiempo en el futuro.

Os doy un tiempo casi ilimitado para hacerlo. Y digo que completar la necesaria estructura cristalina de luz no es algo que se construya en un día o en tres meses. Es el resultado de una larga dedicación, de la pureza de la luz y de la cualificación pura de la corriente cristalina del Río de la Vida que ha permitido construir esa fortaleza de cristal.

Por eso, una vez completado, yo, Maitreya, entro en el corazón y entro para quedarme. Pues, amados, deseo estar allí como una presencia para ayudaros con el ejemplo, mediante la vibración, en la exteriorización de vuestro propio Santo Ser Crístico, al seguir de alguna manera el patrón de mi propia Budeidad.

Puedo hablar estas cosas a los que han escuchado todas mis palabras, a quienes han contemplado y permitido el paso de los fuegos dorados de la iluminación.[3] Porque entenderéis, conoceréis, seréis la cristalización de la llama Divina. ¿Estáis dispuestos, estudiantes, a pagar el precio de la verdadera Cristeidad? [«Sí»] Entonces, os digo que exigiré ese precio a diario. Y como respuesta, espero que lo paguéis diariamente; mientras siga así permaneceré como vuestro mentor. Y cuando digáis: «Basta», entonces ruego que comprendáis que avanzaré en los ciclos del sol. Y en ese momento os aconsejaré, me escuchéis o no: «Mantened con firmeza lo que habéis recibido.[4] Conservad al menos esta dirección que habéis conseguido. Así pues, no dejéis de hacer el llamado al Arcángel Miguel para proteger el legado Divino».

Jamás debe darse un paso atrás; pues es una pérdida de tiempo, de energía y de impulso. Algún día, mediante la reagrupación de fuerzas, las rutas deben transitarse de nuevo; y, una vez más, podéis venir al lugar en el que una vez estuvisteis en las colinas de la ascensión.

Muy, muy lejos existe una tierra que no conocéis, en la que hay devotos que han alcanzado ciertos niveles de iluminación. Esta tierra está en la octava etérica, amados. Quizás la podéis pensar como el Cielo Tushita.

Pero, benditos, llega un momento en los niveles de victoria en los que podéis asistir a la Escuela de Misterios de Maitreya más allá del plano físico. Porque habréis saldado el karma del plano físico y ya no tendréis necesidad de descender, pues habréis elevado el fuego sagrado a los niveles de los chakras que se encuentran por encima del corazón; y con la compasión que se brinda a todos, partiréis, os alejaréis de esta escena mortal de cadáveres y enfermedades, de obesos y famélicos y de toda forma de humanidad distorsionada tan lejos de la verdadera Imagen Divina, como para no proporcionar con su representación actual ni siquiera un rastro del arquetipo interno, a partir del cual fueron creados.

La llama violeta y vuestra liberación

Benditos, esas cosas que deseáis están esperando en esta Escuela de Misterios. No está tan lejos, pero ha de permanecer distante, en tanto descuidéis la verdadera maestría del fuego sagrado en vuestro ser, así como también el equilibrio del karma.

Oh, ¡cómo debéis comprender cuán necesaria es la llama violeta para vuestra liberación de este mundo! ¡Cuán maravillosas son las grabaciones que se publican! Cómo os permiten vincularos al campo electromagnético de la Tierra y anclar allí el séptimo rayo.

Amados, es tan grandioso el servicio, que es casi sencillo saldar el karma mediante la devoción a la llama violeta y para hacerlo, oro por vosotros, en nombre de todos los estudiantes del Buda en la Tierra. Pues es muy necesario que estos portadores de luz que se encuentran en sus nichos confortables de una antigua enseñanza acepten esta dispensación clave de mi llegada. Saint Germain ha sido mi precursor, al igual que los señores de los siete rayos. Estos chohanes que nos han precedido han despejado el camino mediante la llama violeta y todos los demás rayos.

Pues, los horarios se han acelerado y mi presencia puede ser para vosotros una maravillosa actividad, en tanto vuestra aura se llene de alegría con llama violeta. De este modo, muchos ángeles entrarán. Si permitís la penetración profunda de la llama violeta, veréis cómo el morador del umbral ya no puede aferrarse a vosotros. No hay posibilidad de sujetar el aura que es una destellante, resplandeciente llama violeta. Bajo esa condición, amados, también es fácil que los arcángeles puedan atar esas porciones del ser irreal que habéis visto a través de la acción misma de invocar la llama violeta, que transmuta la propensión a *morar en* el morador, la propensión a *morar con* el morador y la propensión a *hundirse con* el morador.

La llama violeta es una energía alegre que, por su mismo aumento, comienza a permitir el giro del chakra de la base y la elevación de la luz. Benditos, esto debe comprenderse. Pues a lo largo del camino, el fuego sagrado entra en contacto con los registros y abre condiciones de la conciencia que están selladas. A medida que apresuráis el día de vuestra aceleración en la llama violeta y la transmutación de las condiciones que aparecen en cada peldaño de la escalera espinal en el camino hacia arriba a través de los chakras, desde la base de la columna hasta la coronilla, veréis que ya no habrá impedimento alguno para la elevación del fuego Kundalini. Veréis que a medida que mantengáis vuestra diligencia y perseverancia con Astrea y los llamados al Arcángel Miguel día tras día, si no caéis ni flaqueáis, ni retrocedéis ni os desviáis, *hay ganancia*. Y esta ganancia neta, amados, es el medio por el cual pagáis el precio por toda iniciación que necesitéis.

Usad todas vuestras energías para lograr la meta

Que aquellos que escalan la montaña no se demoren ni se detengan en un cierto nivel el tiempo suficiente para que el punto de mira de la fuerza siniestra los descubra. Por eso digo, seguid adelante. Subid y hacedlo rápido.

Cuando establecéis vuestra meta no tomáis decisiones nuevas todos los días. Fijáis el objetivo, tomáis el sendero que conduce al mismo y luego usáis todas vuestras energías para alcanzarlo en vez de reconsiderar, reevaluar y cambiar el curso con cada nuevo fuego errático que se presente en vuestro camino. Luego volvéis a decir: «¿Acaso es mi Presencia la que me llama aquí y allá?». Salid del infierno, digo. Salid. ¡Salid de la muerte y de toda su conciencia! ¡Regresad al Hogar libres!

Los ángeles que traen la túnica dorada de terciopelo, que es la señal de la finalización del nivel uno de Summit University se aproximan ahora para colocar esta túnica sobre vosotros. Que todos mis buenos estudiantes se levanten para recibirla. [Los estudiantes de Summit University se levantan]. Observaréis en el lado derecho del cuello una estrella de cinco puntas de color púrpura de Saint Germain. Esta estrella es el foco de la llama violeta que habéis invocado y refleja la intensidad del fuego. Visualizad su giro y sabed que la estrella de cinco puntas del propio cuerpo realmente gira con llama violeta. Y la promesa de Saint Germain es cierta: mediante la determinación, mediante la llama violeta, podéis ganar y podéis ganar la estrella en la corona en esta vida.

De ahora en adelante, dondequiera que vayáis, los ángeles y todos se darán cuenta de que habéis asistido aquí, que habéis persistido. Que habéis concluido vuestro curso con alegría. Que todos en este planeta sepan que yo, Maitreya, soy el patrocinador de los que tratan con justicia a su Dios y a toda vida, los que ponen la Justicia, el Honor y la Misericordia como el estándar de todo intercambio con la vida.

Que aquellos que me han conocido entreguen este mi mandato a todos y se conviertan en él. Que los portadores de la llama de la Libertad determinen la Era de Maitreya. Que el fuego violeta penetre la Tierra.

Mientras hablo, el mandato impulsa a los ángeles de la llama violeta a penetrar la Tierra. Y estamos comenzando a ver una fracción de un porcentaje del aligeramiento del peso de los propios portadores de luz. La energía acumulada está comenzando a crecer. Que en veinte años podáis mirar hacia atrás y saber que vuestra presencia en la Tierra y vuestro impulso acumulado de llama violeta hicieron que la travesía de todas las evoluciones de la Tierra fuera más fácil.

Separaos de la irrealidad

Vengo con mi espada, entonces, vengo a cada uno de vosotros. Esta espada desciende y separa lo Real de lo irreal mientras la sostengo con cada uno. Todos los chelas pueden ponerse de pie para recibirla. [La congregación se levanta].

Durante este momento, vuestra Realidad Divina está ante vosotros intacta y el ser irreal se separa. Ahora examinad y ved, pues en la vida cotidiana el alma se ha unido a ambos, con algunos, pero no con todos.* Ahora comprended la obra de las eras para que el alma se aleje de la irrealidad, abrace plenamente la Realidad y se prepare para abandonar algunas creencias y conceptos preciados y otras trampas de la personalidad inferior, así como las asechanzas. Entonces, amados, si la Verdad fuera tan obvia y deseable, este sería otro planeta.

La espada de Maitreya os sostiene y os aparta de esa oscuridad. Yo, Maitreya, tengo una misión que cumplir para mis chelas: expulsar la oscuridad para que podáis enfrentarla. No temáis. Mis ángeles están listos. Si no lo estáis, ellos os ayudarán. Y podéis orar: «Señor, estoy listo. Compensa mi falta de preparación».

Yo, Maitreya, os exhorto en esta hora; no hay y no puede haber más postergaciones de este curso. Digo que, si queréis sobrevivir como una integridad en Dios, *debéis* decir que se elimine todo lo que podéis ver y conocer que no es real en vosotros y todo lo que os mostraré. Y queda poco tiempo. Cuando digo que «debéis», amados, por supuesto, con la salvedad de que debéis o se os exigirá pagar un precio que no podéis pagar, pues no estaréis preparados.

Cuando llegue la hora de pagar el precio final en este planeta, yo, Maitreya, estoy aquí para asegurarme de que hayáis fortalecido tanto la mente, el corazón, la voluntad y la luz en todas vuestras células para que estéis preparados para pagar incluso ese precio y sobrevivir en la integración con la Cristeidad universal.

---

*En algunos de los chelas, pero no en todos, el alma se ha fusionado tanto con su realidad Divina como con el ser irreal. Compárese con Juan 13:10: «El que se ha lavado, no necesita sino lavarse los pies, pues está limpio en todo; y vosotros limpios estáis, aunque no todos».

La fuerza de la oposición a este mi mandato será la habitual. No caigáis por ello. *¡A la carga! ¡A la carga! ¡A la carga!*, digo. Avanzad con rapidez a través del maya y la ilusión, el apego personal y el orgullo.

Soltadlo todo, amados. Porque os aseguro que estáis listos. Vuestro Ser Crístico está listo. Y como si hubiera un gran silencio, todo el cielo está sereno y preparado para vuestra declaración de *¡Victoria! ¡Victoria! ¡Victoria!* en las copas de tiempo y espacio día tras día. Os aseguro que no será arduo por siempre.

Ahora es el gozo eterno. En la dulce entrega al corazón de mi Mensajera en el corazón de Padma Sambhava, refuerzo el manto,[5] pues el Gurú encarnado también debe golpear las aguas[6] del infierno.

YO SOY vuestro por siempre

Alegraos, porque todas las cosas en el tiempo llegan a su fin y la eternidad comienza, la montaña se abre, la roca se agrieta y allí, contemplad, doy un paso adelante para tomar vuestra mano.

Venid conmigo al retiro Royal Teton esta noche. Comencemos y establezcamos las bases de un vínculo y una lealtad a la Escuela de Misterios interior, de manera que ninguna condición exterior pueda quebrar la lealtad, la fe y la promesa de aquellos que son de Maitreya.

Benditos míos, YO SOY vuestro por siempre.

Tocaré a los míos ahora con rapidez mientras haya tiempo. Pasad a mi lado, amados, y recibid lo que hablo en vuestro corazón en este momento.[7]

11 de diciembre de 1988
Rancho Royal Teton
Park County, Montana

CAPÍTULO 16

Amado Señor Maitreya

Moldear la masa

El Gurú vivo como la Fuente del agua de Vida

¡Atención! ¡Venid a la Fuente del agua de Vida![1]
¡Elévate, oh, agua de Vida! Aun así, desciende.
Eres fuego sagrado.
Y este fuego sagrado de tu Padre y de tu Madre, oh, alma,
ciertamente, ha de consumir todo deseo inferior.
En el abrazo divino de Alfa y Omega
en el chakra de la coronilla,
desde allí desciende al chakra del corazón:
¡oh, el corazón del devoto!

Yo, Metteyya, vengo a cuidar a los corazones de quienes
desean ser perfeccionados en el amor. A causa de lo cual, llevamos
a cabo una cirugía esta noche para extirpar el tumor del temor.[2]
Que se extraiga por medio de rayos en forma de agujas que
consumen y cortan, cortan y consumen. El temor es la ausencia
de bienestar, la ausencia de confianza en tu Padre y tu Madre.

No busquéis la unión terrenal. Buscad, entonces, a los verdaderos Padre y Madre de luz en quienes no hay mudanza ni

sombra de variación.[3] De este modo, amados, todas las desilusiones con la idea humana de «padres» desaparecen cuando reconocéis que el Padre y la Madre de vuestra vida han estado con vosotros siempre. Alfa y Omega no están separados; y ellos, a través de Helios y Vesta. Helios y Vesta a través del Dios y la Diosa Merú han estado con vosotros siempre y en todo momento en el camino, el camino hacia la fuente del agua de Vida.

Si teméis al Gurú vivo, que haya resolución

La cercanía a vuestro Dios, la intimidad con vuestro Dios, si la teméis, como algunos temen al Gurú vivo, entonces, amados, sabed que hay un error sin resolver; hay pecado, karma. Hay vergüenza interna. Teméis encontrar al Señor Dios, que caminará y hablará con vosotros en el jardín de la Escuela de Misterios.

Oh, Adán, oh, Eva, ¿dónde estáis? ¿Dónde estáis vosotros, que habéis descendido de la inmortalidad a la mortalidad?[4]

Resolved, entonces. Que haya resolución. Que llegue a través de la apertura al Dios Padre-Madre. El miedo está en vosotros mismos, no en los Padres Divinos. Y aunque expresemos gratitud a los representantes humanos, debemos poner nuestra confianza más allá del velo en Alfa y Omega. Pues, cuando ha sido posible, ellos han utilizado a los padres humanos para que los representen ante Sus hijos en la Tierra. No esperéis que los padres humanos sean dioses de los cuales erijáis ídolos, que luego vais a derribar, odiar y temer.

Benditos, el temor a estar en la presencia del Gurú o del Dios Padre-Madre, el temor al Amor como consuelo *o* castigo es el sentido idólatra. ¡Arrojadlo! No os beneficiaréis con nuestra presencia si no hacéis las paces internas y externas con los Padres Divinos.

Entonces, que el alma esté en paz. Que el alma sepa que la paz proviene de la renuncia al deseo desmesurado,[5] que hace que el individuo peque, es decir, que cruce la línea de la Ley por algo que desea más que el cumplimiento de la Ley misma.

Por todo esto, algunos en la Tierra no han comprendido esta enseñanza ni se han detenido a examinar la profunda psicología que implica.

Aunque sean portadores de luz, todavía están caminando de espaldas al Sol, alejándose del Sol. ¡No pueden enfrentar al Sol de Helios y Vesta ni al Hijo de Dios! Pues aún retienen en sus vestiduras ese cisma nacido del deseo erróneo, el cual, por supuesto, nace de la ignorancia.

Por ello, es inútil rebelarse contra la Ley, amados. Y debéis comprender que gran parte de esta sustancia mortal en el subconsciente descalifica a la persona del sendero del discipulado, incluso bajo el amado El Morya, quien desde luego se jugó la vida y se arriesgó más allá del límite en nombre de quienes no tuvieron la suficiente integridad interna para poder sostener una relación de honor con este grandioso El Morya, quien ha venido a salvar a los suyos y a los chelas de Sanat Kumara.

Mantened la amistad con el Gurú

De ahí que es cierto, y aprended bien la lección: la persona debe tener el suficiente equilibrio interno, en su psique, para *mantener* la amistad con el Gurú, ¡sin *temer* al Gurú! Por consiguiente, al expulsar el miedo, la duda también desaparecerá. Pero a partir de la duda, amados, que es la negación voluntaria de la confianza en el Gurú, surge el odio al Gurú. Es posible que lo hayáis ocultado muchas veces y lo hayáis encubierto de nuevo, pero aún permanece tanto en el subconsciente como en el inconsciente.[6]

Se necesita resolución en esta hora; y si ello exige que escribáis una carta a la Mensajera para abriros totalmente y revelar estas cosas, entonces hacedlo. Pues, amados, la verdad *es* liberadora y con la verdad se produce la purgación del alma en los fuegos del perdón.

Debéis comprender que ella (que camina en mí y yo en ella, [es decir, la Mensajera]) entiende con profunda compasión la división en los miembros de la psique, así como también el manto del Gurú como el punto focal para el odio del morador del umbral. Sí, hay una polarización, pero es así para que podáis elegir (incluso mediante la apariencia del que es enviado a vosotros como Mensajero) entre vuestra propia Mensajera, quien es Cristo el Señor, el Santo de Dios en vosotros y su antítesis personificada en el morador. Por tanto, en verdad hay una polarización; y los personajes, los actores de la Realidad y de la Irrealidad absolutas en vuestra vida, se vuelven obvios en el camino hacia el Buda interno.

Así habló Maitreya, al igual que todos los avatares e instructores del mundo han hablado desde el principio. Que la sabiduría reflejada os devuelva a *vosotros* la imagen precisa de lo que es.[7] Luego, podéis decidir si lo que *es* os agrada o no. Si no es de vuestro agrado, podéis reemplazarla con lo que es, no con lo que existe solo por el momento, sino con lo que existe en las esferas superiores. Sí, podéis reemplazar lo que no debe ser y nunca debió haber sido con lo que debe ser. Y podéis llenar el espacio vacío de lo que no llegasteis a ser con la posibilidad de transformaros.

La voluntad de ser Dios: Dad el primer paso

La voluntad *de ser Dios,* la voluntad de ser Dios es un fuego que verdaderamente se envuelve a sí mismo. Aunque no sepáis lo que os traerá este deseo, así se os ha de revelar una vez que deis el primer paso y digáis:

Mi SEÑOR y mi Dios, mi propia amada Presencia YO SOY, *mi propia amada Presencia YO SOY,* mi Señor Sanat Kumara:

Doy el paso que deseo para ser mi Dios en manifestación. Por tanto, iníciame, amado Gurú.

Benditos, es un sendero desconocido hasta que camináis por él, pero no es un Dios desconocido,[8] pues Dios que está en Su cielo, también está en vuestro corazón; y lo conocéis de corazón a corazón. Pero si el corazón se endurece,[9] ¿dónde está entonces el conocimiento interno? Si está endurecido, amados, es posible que Dios sí sea desconocido. Entonces, podéis dar un paso atrás, otro más y esperar hasta que el corazón se suavice mediante el amor, la misericordia, el esmero en practicar los preceptos de la Ley, para que una vez más podáis acercaros a vuestro Dios mediante el conocimiento interno del corazón.

Toda vuestra transformación debe ocurrir a través del corazón misericordioso

Por eso, comienza el sendero de los seres disciplinados. Toda vuestra transformación mediante el corazón de los Budas Dhyani debe ocurrir a través del corazón misericordioso. Mediante el corazón misericordioso de Kuan Yin, que hacéis vuestro, entrad. Mediante la llama de la misericordia, la puerta se abre y habrá muchas puertas que se abran y se cierren detrás de vosotros a medida que entréis a una cámara tras otra, en ciclos sucesivos, a las iniciaciones de los cinco Budas Dhyani.

Benditos corazones, habéis escuchado la enseñanza de los cinco venenos.[10] ¿Prestasteis atención mientras escuchabais cómo los niveles de estos venenos en el sistema del cuerpo mental y emocional en el pasado eran superiores a lo que son ahora? ¿Pudisteis mirar vuestra vida en retrospectiva y ver cómo el sendero del Buda que Saint Germain, Jesús y los Mensajeros os enseñaron os llevaron a cierto grado de control sobre los venenos y sus manifestaciones?

Sí, vengo con una vara y con mi vara mido a cada uno.[11] Ahora veo el progreso, ya que lo mido. Mi ojo está en la «rosquilla» y cuento las pequeñas cantidades de aumento. Benditos, el incremento de la llama trina puede ser imperceptible al ojo, pero muestra nuevos anillos del sagrado campo áurico de luz blanca, hasta que, oculta tras velos sobre velos de la luz blanca de la Madre, la verdadera identidad Divina se protege de la mirada indiscreta del mundo. Sí, amados, el aumento de la luz del corazón incrementa los anillos concéntricos del Buda.

El núcleo de fuego blanco del ser, el cuerpo de fuego blanco y el cuarto rayo

Benditos, comenzad por el principio. El principio es el núcleo de fuego blanco del ser y el cuerpo de fuego blanco,[12] el tuyo y el de tu llama gemela en el principio con Dios en el Gran Sol Central. Si teméis a la luz blanca, ¿cómo habréis de entrar a la octava etérica? Por eso, de vez en cuando llevad las vestiduras blancas de manera física para que os recuerden que el principio *es* el principio.

Cuando escojáis seguir los pasos de Serapis Bey y las legiones del cuarto rayo conoceréis la llama de la esperanza, pues habréis regresado al punto de origen y al punto medio en el ciclo de los siete rayos. Allí, entonces, en el lugar de la línea tres de vuestro Reloj Cósmico[13] estaréis divinamente centrados en el corazón de Helios y Vesta, centrados firmemente como un resorte enrollado en el centro mismo del control Divino.

Todo lo que ha de salir de ese centro solar proseguirá porque habéis enrollado la vestidura envolvente del cuarto rayo alrededor de vosotros. Pues una vez que hayáis establecido así las espirales y las esferas de los cinco rayos secretos, amados, entonces, recibiréis a los «Budas sin saberlo»[14] y ellos llegan siguiendo el rastro de gloria de los bodhisatvas,[15] quienes sostienen a sus séquitos y los adornan con flores.

Por lo tanto, tomad para vosotros las esferas de los cinco rayos secretos. El requisito: *paz*. *Paz,* aquiétate, ¡oh, vientos del deseo![16] Paz, aquiétate. *¡Paz, aquiétate!* La paz debe abundar, pues el temblor mismo y el estremecimiento que se produce al establecerse alrededor del chakra del corazón las esferas concéntricas de los cinco rayos secretos de los Cinco Budas Dhyani, los colores translúcidos, pasteles y ardientes, deben estar en la quietud del espejo de la sabiduría y en la sabiduría reflejada, la calma en el corazón.

Conoced las cualidades yang y yin

También es necesario que la onda sinusoidal os lleve al centro del corazón, el centro del estado del «Ser», así como el bebé está centrado en el estado de su Ser en el vientre. Por ello, para alcanzar el dominio de un cosmos de Materia, primero hay que volver al fuego del Espíritu y conocer el estado yang del yo y de la individualidad concentrados.

Amados, una vez que esto se domine, entonces, veréis que cuando liberéis la manifestación plenamente desarrollada del yo como expansividad que ocupa un espacio, tendréis la maestría de la manifestación yin, pues ya habréis concentrado la geometría del cristal del ser y no la perderéis en el proceso de expansión. Por lo dicho, la manifestación yin no ha de ser un ciclo de desintegración y descomposición ni de desintegración y muerte, pues, como veréis, será la Omega la que ya estará saturada punto por punto por el Alfa. Entonces, estaréis centrados en Dios en el eje 3/9 del autocontrol Divino y de la autorrealización Divina, ese resorte enrollado en el corazón de Helios y Vesta y del poderoso Víctory, quienes son los jerarcas de esas líneas.

Es en la condición humana imperfecta que el yin se descontrola rápidamente. Asimismo, en la condición humana imperfecta, el yang no puede expresar la plenitud de la alegría. Pero en el cosmos de la manifestación absoluta del milagroso taichí,

¡contemplad a Alfa y Omega! ¡Contemplad el cuerpo de fuego blanco de las llamas gemelas! *¡Contemplad* el equilibrio perfecto de las fuerzas cósmicas! Bajo esta polaridad se teje la trama y la urdimbre de las esferas de los rayos secretos.

Bienaventurado el que establezca la morada del Buda en estas esferas donde YO SOY EL QUE YO SOY, donde está el centro Divino y el núcleo de fuego blanco del ser focalizado en los doce pétalos del chakra del corazón. ¡Que esté aquí! ¡Que sea ahora! ¡Que esté en la eternidad de Dios! Que esté en todas partes. Pero que esté en el punto de luz del control Divino y de la realidad Divina, en equilibrio.

Presento al Gurú a quien dejasteis de servir hace mucho tiempo

Oh, tú ser espiritual, YO SOY Metteyya. Esta luz es perturbadora y estimulante. Ya que trae a la superficie de la percepción consciente los elementos subconscientes del miedo. No temáis, manada pequeña; el Buda siente un gran placer al daros los reinos[17] de la mente de la sabiduría. Estos reinos de la conciencia de Dios son dones, pero no podéis recibirlos todos. Pues la polaridad de la receptividad, el imán de Alfa-Omega que contiene en sí, aún no se percibe, pero se está transformando.

Mirad, entonces, vigilad y observad al yo que contempla mientras estáis frente al aura de Gautama y de Sanat Kumara como si no pudiereis escapar ni desviaros. No debéis distraeros ni retirar la atención, porque estoy aquí con todo el linaje de los Budas hasta el nivel de Sanat Kumara y más allá.

Por todo ello, presento a la persona del Gurú a quien dejasteis de servir hace mucho tiempo en este o en aquel escenario de la Atlántida o de Lemuria. Mientras dure el dictado estaréis sellados en la espiral de mi ser, amados. Porque deseo que afrontéis el momento en que, como niños, hallasteis algo que no os agradó en la persona del Gurú con quien estabais; cuando permitisteis que algo que el Gurú dijo o hizo os diera la excusa para marcharos en otra dirección, y luego hacia otra, menos íntegra, en busca de instrucción.

Benditos, cuando concluya este dictado, podréis seguir vuestro camino libremente. Pero durante los momentos en que me deis vuestra atención, como vuestro Padre que está en el lugar del Gurú, os pido que miréis y que miréis ahora; pues la única pantalla de Darjeeling[18] se convierte en muchas, una pantalla para cada uno. La escena de vuestra partida de la Escuela de Misterios o del Gurú vivo se repite en vuestra mente a través del tercer ojo y a niveles internos. El alma debe repasar, el alma debe revisar, *el alma debe examinar y conocer,* para no permanecer ya más en la ignorancia acerca de la causa original de todo el sufrimiento que ha sobrevenido a raíz de vuestra salida de esa relación entrelazada mediante el flujo en forma de ocho entre el verdadero Gurú y el verdadero chela, no el falso gurú ni el falso chela, sino la Realidad divina de Alfa y Omega que puede conocerse en estas esferas materiales a través de la relación Gurú-chela.

Como veis, amados, habéis escuchado acerca del pecado de la ignorancia, habéis visto el origen de la gran sabiduría del Dharmakaya[19] y habéis deseado que esa sabiduría consuma la ignorancia. Sin embargo, si continuáis ignorantes o hacéis caso omiso de vuestra propia escritura en la pared kármica de antiguos tiempos que ahora se vence, os digo: ¡alejaos de mí! Ni siquiera sois candidatos para la Escuela de Misterios de Maitreya. Pero os recibo en vuestros términos mientras dure este dictado, ya que habéis venido a escuchar y a prestar atención.

Todo el sufrimiento proviene del deseo erróneo

Por eso, digo la verdad más esencial. Escuchad bien: todo sufrimiento proviene de un deseo erróneo y el deseo erróneo surge cuando decís: «Ya no puedo soportar la intensidad de este hombre Divino, este Gurú, que está ante mí. Debo escapar.

Ya no puedo aguantar esa presencia».

Amados míos, si en el momento de abandonar el Sendero hubierais conocido la enseñanza de mi Señor Gautama, incluso los fragmentos que escuchasteis esta noche, si hubiera sido vuestra prioridad y si los ángeles de los reinos búdicos os hubieran reprendido para que resistierais esa vibración ahumada del infierno y aceptarais la luz blanca,[20] es posible que vuestro rumbo hubiera tomado otro giro.

Debéis recordar que en ese momento de decisión trascendental tenéis recursos, que no estáis bajo la presión en la que creéis que os encontráis. Sino que la fuerza misma de la muerte y el infierno se esfuerza por *convenceros* de que estáis bajo tal presión que no podéis soportar otro momento cerca del fuego viviente del Gurú vivo. Dado que esto os ha sucedido una y otra vez en vuestro estado de ignorancia y ya que en este estado no deseabais la iluminación, entonces, como veis, es casi como una serpiente que engulle su cola y sus historias de ignorancia se repiten fastidiosamente, dan vueltas y vueltas al contarse una y otra vez.

Entonces vengo. Lo hago porque me habéis llamado. ¡El llamado obliga a la respuesta! Pero la respuesta no está *obligada* a satisfacer la voluntad del que llama. Por eso, es la voluntad de Dios la que responde al llamado y tenéis libre albedrío para recibir o no esa respuesta.

Por tanto, observad, amados. Algunos, en verdad, han sido consentidos por la conciencia humana de sus padres en muchas vidas. Algunos han malcriado a otros en muchas vidas. Y es otra serpiente que engulle su cola, ya que la causa produce el efecto y el efecto nuevamente produce causas.

Esta indulgencia del yo (que no es gracias a padres bien intencionados, sino a padres que simplemente son ignorantes o a la paternidad ignorante de vuestra propia alma), es ignorancia que engendra ignorancia. Como resultado, no hay proporción con el verdadero sendero del discipulado que debe provenir de la relación padre-hijo; de ahí que sois demasiado complacientes o demasiados duros con vosotros mismos. Ambos casos son estados de idolatría.

En primer lugar, hay que entender que como el Gurú es el hombre Divino, el chela es la manifestación Divina. Si no deseáis ser Dios en manifestación, consideraréis que no estáis a la altura de la tarea de ser un chela vivo del Gurú vivo. Tendréis una muy buena excusa pues, «por supuesto», sois «solo» humanos y entonces seguiréis vuestro camino tras dioses humanos, comenzando por vosotros mismos.

«Todo lo puedo en Cristo que me fortalece.[21]

«Todo me es posible en Dios.

«Sí, creo, mi Señor, mi Gurú Sanat Kumara:

«¡Ayúdame con mi incredulidad!».[22]

He venido para ayudaros con vuestra incredulidad

Yo, Maitreya, soy la respuesta a esta plegaria, amados. He venido para ayudaros con vuestra incredulidad. He venido a despojaros de esa duda sobre vosotros mismos que engendra el temor al Gurú. *Despojaos, pues*, de la idolatría al ego, de la indulgencia que vemos en la civilización occidental, que es vuestra ignorancia personal, tanto del chela como del Gurú.

«No debe exigirse a los niños que hagan lo que no desean». Así dicen los seres indulgentes. Pues bien, por supuesto que se les debe exigir. Cuando un niño respeta al padre y a la sabiduría del padre, es el comienzo del sendero de la relación Gurú-chela, por medio de la cual ese niño un día aceptará al Gurú verdadero y vivo; y los padres sabios con alegría renunciarán a los apegos humanos a «su» niño, quien es en verdad el niño de Dios, para que el alma pueda avanzar.

¡En Occidente, no se está educando a los niños para que sean chelas de El *Morya!* Desafortunadamente, eso también es cierto en esta comunidad. Cuando se les consiente, no veis la luz en sus ojos, que siempre es una señal visible del contacto del alma con el Cristo interno. Tampoco veis al Cristo que desciende a sus templos. Se quejarán, llorarán y reclamarán; y esto realmente sucede porque no se les está dando el sendero de amor disciplinado que sus almas anhelan.

Pronto se convierten en tiranos. ¡Pronto, y muy tarde, comprenderéis que habéis permitido que el morador del umbral entre en ese cuerpo en lugar del Cristo! Pues, por vuestra idolatría hacia vosotros mismos, habéis volcado esa idolatría hacia el niño y lo habéis declarado un dios, un rey, un príncipe o un genio antes de que haya tenido la oportunidad de ser un niño y de saber que debe ganarse el sendero de la herencia conjunta[23] con el Cristo vivo.

La llave que abre la manifestación Divina

El traspaso de la maestría Divina del individuo de una vida a otra vida no es automático; y, por tanto, quienes son los instructores y padres de sí mismos, así como de otras personas, deben comprender que no son los latigazos a lo mortal, sino el amor, el consuelo y la corrección al alma los que constituyen la llave que abre la manifestación divina en cada encarnación sucesiva del alma.

¿Cómo podéis hacer esto si no tenéis sabiduría? La sabiduría de los cinco Budas Dhyani es necesaria. Si ni siquiera podéis percibir, mucho menos desear la sabiduría que no tenéis —tan saturados estáis con los cinco venenos— os digo: ¡confiad en el mensaje de Metteyya! Confiad en mi mensaje, amados y tan solo seguidlo.

No conocéis los porqués de cómo aprender a leer por vosotros mismos. Seguís a los profesores. Sois obedientes. Hacéis vuestras tareas y pasáis a la siguiente clase. Que así sea en la escuela espiritual. Esta no es una escuela de aficionados, amados.

Es un lugar en el que los que conocemos las rocas dentadas, los peligrosos precipicios y lo que hay por delante, conducimos; debéis seguirnos si queréis siquiera progresar un poco en esta vida. Con todo, podéis progresar grandemente, pero debéis comenzar por el principio.

La pureza de corazón es el núcleo de fuego blanco del ser. En lugar de autoflagelaros, abríos. ¡Permitidle a Dios que descienda a vuestro templo y observad lo que *Dios* puede hacer! Entonces, conoceréis el sentido de libertad ilimitada en la geometría de la individualidad, cuya luz y energía se rigen a través de las dispensaciones concedidas y los pactos que Dios hizo con las evoluciones de este hogar planetario.

Deshaceos de ese temor al Gurú

No sois gigantes en estatura ni enanos (es decir, según la relatividad de vuestra propia comparación). No seáis enanos ni gigantes en el Sendero, os digo. Sed *mis amigos,* y descubriréis que yo soy *vuestro* amigo y que podemos deshacernos de ese temor al Gurú, que engendra inseguridad y desconocimiento de sí mismo.

La ignorancia es el estado de mayor insulto al Buda, el Buda interno del corazón. Cuando evitáis el autoconocimiento sois como los animales. Cuando evadís el propósito personal y la iluminación, no participáis de la sinfonía del cosmos ni del movimiento continuo de esta comunidad del cosmos. Es una sangha de las esferas.

¡Y *avanzamos!* Y las agendas cambian. Hemos elegido quedarnos para saturar la Tierra con nuestros cuerpos de sabiduría, con nuestra luz áurica, con el fuego blanco y dorado que os traen Jofiel y Esperanza.[24]

Por eso, en equilibrio habéis recibido el núcleo de fuego blanco del ser a través de Esperanza en polaridad con Gabriel. Y habéis recibido el círculo interno de fuego amarillo de Jofiel en polaridad con Cristina. De este modo, los cuatro han venido a vosotros para que podáis comenzar por el principio. Por tanto, el fuego blanco y el amarillo sellan o, como decís, dejan en medio incluso a los cinco rayos secretos.[25]

Por esto, hemos colocado en el planeta Tierra todo el campo electromagnético de la sangha de los Budas y los Bodhisatvas. Veremos, entonces, quién se eleva en vibración para poder formar parte de este vasto núcleo de luz. Y cuando los ciclos cambien, todos y cada uno, como una gran ciudad cósmica de luz, seguirán adelante, avanzarán y dejarán atrás a los que carecen de la valentía, a los que *carecen de valentía,* digo, para estar frente al Uno, incluso al Santo de Dios y al Indescriptible, posicionado en el núcleo de fuego blanco de esta comunidad de Budas, de bodhisatvas y de chelas, quienes son los cálices de la llama de la Madre.

Existe una correspondencia integral en esta hora. Aquellos que sienten nuestra presencia buscan el conocimiento del Bien Absoluto, buscan el conocimiento del Mal Absoluto, buscan el conocimiento de una historia cósmica[26] y de dónde han venido, cómo se desarrolló ese viaje y cómo han de regresar. No hay nada más importante en la mente y en el corazón de los que aspiran a llegar al centro solar de esta comunidad que encontrar las respuestas a estas preguntas y hallar que las respuestas son satisfactorias.

Debido al anhelo de corazones como estos, Dios ha sostenido a Sus Mensajeros siglo tras siglo para proporcionar la señal y la salida cuando cada uno llegue a ese momento de maduración; ese lugar en una encarnación cuando la mente y el corazón estén preparados para ser tomados por el Señor Dios como dulce fruto a ser devorado, de modo que el Mayor pueda asimilar al menor y vuelva a crear a ese menor moldeado ahora a la imagen superior.

Ser asimilado por el Gurú vivo

¿Deseáis ser un fruto en la mesa del Gurú? ¿Deseáis ser asimilados como el Alfa y la Omega? ¿Teméis ser asimilados por Dios y aparecer de nuevo, ahora con el patrón divino de sabiduría impreso en vuestros átomos? No temáis aceptar a Dios, asimilar Su Cuerpo y Su Sangre. Dios no le teme a la pérdida al entrar y ser asimilado por vosotros; Dios sigue siendo Dios. No temáis. No temáis ser asimilados por el Gurú vivo. Habréis de surgir, con el rostro radiante y el alma que refleja el Ser Infinito.

Bébeme mientras te bebo. ¡Bébeme mientras te bebo! Comprended el significado de la entrega. Muchos no pueden seguir mi mensaje. Por eso, muchos dejaron a Jesús cuando entregué mi mensaje a través de él: «Si no coméis la carne del Hijo del hombre, y bebéis su sangre, no tenéis vida en vosotros».[27] Así digo hoy: a menos que lleguéis a ser incluso la carne, incluso la sangre que es asimilada por el Gran Dios, quien es el Gurú, no tendréis vida en vosotros.

Por consiguiente, que la línea de la piel que os separa de la unidad total se redefina. Podéis avanzar hacia el sentido espiritual del yo para ser asimilados, solo para que se os vierta de nuevo en la forma que ha sido transformada por la alquimia, transmutada; y, por tanto, preparada una vez más para recibiros ahora dotada de Dios. ¿No es esto moldear la masa? ¿No es esto el rehacer el pan una y otra vez para la mesa del Señor?

Como veis, amados, aquellos que temen la asimilación por el Gurú, por el Buda, por el Dharma, por la Sangha, no tienen el sentido de identidad Divina en su interior. No comprenden que, al ser Dios, nunca más pueden perder su Divinidad. Entonces, los que no tienen a Dios (que no tienen la llama trina o no la han desarrollado lo suficiente) son los mismos que necesitan liberarse de su egocentrismo para que Dios los pueda asimilar. De ahí que se requiere fe y el salto de fe, como veis; pues solo por fe se puede alcanzar el entendimiento.*

Por lo cual, los Instructores del Mundo vienen a enseñar el Sendero con certeza para que aquellos que no puedan sentirlo, sentir su vibración o respirar el aliento de fuego sagrado de su Dios, den ese salto de fe; y mediante el tránsito del alma a través de los sacramentos de Dios entren antes de que puedan percibir o comprender la necesidad de hacerlo.

La comprensión, amados, como una llama de sabiduría, es el resultado de la fe. No puede venir hasta que seáis un pilar de fe, hasta que entréis a una relación de *confianza*. Por eso, os digo: por libre albedrío, elegid a vuestro Gurú, cualquier Maestro Ascendido, y adheríos a él como pegamento, confiad en él y no intentéis ser vuestro propio mensajero, vuestro propio instructor, vuestro propio doctor, abogado o jefe indio. Benditos, no podéis.

En consecuencia, aquellos a los que no se les permite estar aquí son los que insisten en albergar sus «voces». Y afirman su «seguridad» al creer que son «dueños de sí mismos», cuando en realidad están «poseídos por demonios» y tienen la «garantía» a través de esos demonios de su propia independencia del Gurú real y vivo, incluso cuando salen a pontificar y declarar qué maravillosos mensajes han recibido. Y luego justifican con toda clase de confirmaciones de eventos, sentimientos y visiones que ahora son mensajeros del Gurú, cuando en realidad ni siquiera han comenzado el Sendero, pues no han expulsado a los demonios ni a los desencarnados ni han invocado la llama violeta para sanar los agujeros en el aura ni han dominado el fuego sagrado.

Amados míos, el fuego sagrado descontrolado en los chakras inferiores os engañará día y noche. Os dará fantasías, ilusiones y toda clase de fabulaciones acerca de intercambios con seres celestiales, cuando estos son productos de la imaginación o de

---

*es decir, la comprensión: captar la naturaleza de tu Dios dentro de ti; la capacidad de incluir, de acoger a tu Dios como parte integral de tu propio círculo de identidad y de todo lo que contiene.

visitas, no de ángeles o Budas, sino de desencarnados.

Pues, existe entre muchos, debido a la ignorancia y al desconocimiento de sí, digo, un sentido exagerado del yo, que es orgullo espiritual, el cual se apodera del individuo en el Sendero. El orgullo es como construir una torre cada vez más alta sin cimientos. Algún día se derrumbará con un poderoso estruendo y, entonces, ese individuo, tan poseído de su orgullo espiritual o intelectual, en lugar de que su yo esté poseído por su Dios, se considerará como un inadaptado psicológico, incapaz de mantener una posición en la sociedad y desde luego, incapaz de mantener una relación verdadera y equilibrada con su Ser Crístico. De ahí que ningún Gurú puede aceptarlo como chela en el cielo o en la tierra. Amados, necesita de cierta automaestría incluso para ser considerado un chela vivo de un Maestro Ascendido.

Os he aclarado el hecho de que habéis perdido el equilibrio físico en esta civilización debido a una alimentación equivocada; y que tuve que rechazar a muchos por falta de esa disciplina. Simplemente no puedo mantener a quien no se puede mantener en la luz. Por eso, os he dicho: «nada de azúcar»[28] y lo dije en serio. Debéis estar equilibrados al ingerir ese tipo alimentos que no os proporcione ni el extremo del yin ni el del yang.

Hemos presentado la dieta de los adeptos orientales,[29] que debéis perfeccionar por vosotros mismos; no todo está escrito. En sí misma no está perfeccionada. Pero no dejéis de experimentar con algo que tiene tanta validez y que sí funciona. Pronto descubriréis lo que no funciona para vosotros.

Sed el verdadero amigo del Maestro Ascendido que elegisteis

Nuestras enseñanzas se diseñaron para llevaros al lugar en el que podáis mantener el equilibrio de la Presencia Crística en las emociones, así como en la imaginación. Sabéis que cuando el cuerpo es débil, la mente divaga en focos de negatividad y condenación hacia sí mismo o hacia los demás. Amados, esto muestra que, en lo físico, no sois el maestro en Cristo ni del cuerpo ni de la mente.

Por ello, cuando alcancéis cierto nivel de vuestro propio equilibrio físico y emocional, sabréis realmente cuando podréis ser el verdadero amigo del Maestro Ascendido que elegisteis. La amistad es lealtad. Es fe, es confianza. Contiene todas las cualidades del rayo azul; como las que El Morya ha expresado hacia vosotros manteniéndoos como sus amigos, cuando, debo decirlo, le traicionasteis incluso en su propia cara.

¡Esto no debería haber sucedido! Estáis pagando un precio muy alto por su ausencia. Por tanto, la Ley os enseñará de una forma u otra la gran necesidad de equilibrio, la necesidad de gratitud, de valoración y de cumplir con vuestra parte del trato. Ese es el significado de la relación Gurú-chela, amados. ¡Para vosotros *es* un trato! Y solo se convierte en un trato para el Maestro cuando le devolvéis tal servicio y luz que, debido a vuestra constancia, fiabilidad, confiabilidad y honor, él puede aumentar su servicio al planeta y a los demás.

Por eso digo: si los Maestros han estado dispuestos a arriesgarse por vosotros, aunque exista la posibilidad de fracaso y existe la posibilidad de triunfar, os digo: ¿No os arriesgaréis por Maitreya, con la enseñanza dada y, sobre todo, por vosotros mismos, amados?

El cambio es la orden del día

Demostraos a vosotros mismos que Dios se encuentra donde estáis. Habéis buscado esta enseñanza durante todas vuestras vidas. ¡La encontrasteis! Las llaves del reino se os dan en el OM y en el YO SOY EL QUE YO SOY. ¿Es demasiado simple para vosotros y, por eso olvidáis que tal poder está en el nombre YO SOY?

Benditos, estar cansados del conocimiento que no se pone en práctica y de que Dios se autorrealice es el principio de la sabiduría. Debéis convertiros en aquello que conocéis; de lo contrario perderéis ese conocimiento y tendréis que realizar largos viajes a través de kilómetros del cosmos para encontrarlo de nuevo. En esta era, con la llegada de mi persona, todos sabrán que se les despojará de sus ganancias mal habidas. Todos han de retener el verdadero logro, la verdadera luz y autopercepción Divina, pues ni el cielo ni la tierra se los pueden arrebatar.

Apreciad el dulce sabor de la victoria y buscadlo como seguiríais el aroma del pastel de manzana de vuestra madre hasta que lleguéis a casa.

Ahora, amados, os libero a vosotros y a vuestra alma de tener la atención fija en el momento en que dejasteis la Escuela de Misterios o al Gurú vivo. Ahora, mediante vuestro libre albedrío, podéis escoger ahondar o no, estudiar o no, atravesar el velo de ignorancia o no, entrar en un camino de iluminación o no.

Que Dios esté con vosotros y os transmita de alguna manera la urgencia de la hora. El cambio *es* la orden del día. El cambio se requiere en cada uno de vosotros. Que descubráis los cambios más urgentes para la victoria de vuestra alma y *los llevéis a cabo*.

Yo, Maitreya, me inclino ante la luz que emerge dentro de vosotros.

4 de julio de 1989
Rancho Royal Teton,
Park County, Montana

CAPÍTULO 17

Amada Madre María

La recreación del ser

Un nuevo reino de lo posible

Paz en el corazón del Buda Gautama. Hacia este corazón, amados, dirijo el curso de vuestro sendero. Porque es a través del Señor del Mundo y de su gran corazón de luz que llevaréis a cabo todas las cosas que se requieren de vuestra corriente de vida hasta la hora de vuestra victoria en los brazos de la Madre Divina.

El Señor del Mundo. El cargo significa que es el Gurú preponderante para todas las corrientes de vida, a través de cuyo corazón vienen todas las dispensaciones para la evolución planetaria. Así como muchos de vosotros habéis pasado cierto número de rondas en los retiros de mis hijos, los siete chohanes[1], y os habéis dedicado al sendero del bodhisatva, que es el sendero de la Cristeidad bajo Maitreya y los Instructores del Mundo, Jesús y Kuthumi, así también debéis aceptar el Llamado, tal como habéis aceptado el llamado de ellos, de elevaros al nivel de ser el chela del Señor del Mundo.

Esto, por supuesto, amados, no significa que abandonéis vuestro Primer Amor al Corazón Diamantino de El Morya. Sino que, en consideración a su nombre, al nombre de El Morya, os pongáis a aprender con el Señor Buda de modo que, en algunas áreas de vuestra corriente de vida donde exista realmente un rayo de luz y una aceleración de automaestría, podáis cumplir los requisitos para ser un chela del Buda Gautama en, al menos, una de las líneas del Reloj Cósmico.

Puesto que el Señor del Mundo ha colocado el foco Omega de su retiro encima del Corazón,[2] también debéis asumir que él realmente espera que salgan chelas cualificados de esta Comunidad del Espíritu Santo. Y como la necesidad es la madre de la invención, y os habéis puesto a la altura de la ocasión al proporcionar un manto, un campo de energía, una red de luz,[*] mediante lo cual el amado El Morya pudo ser sacado del banquillo,[3] y en el proceso mismo de este esfuerzo habéis generado un calor espiritual para disolver ciertas energías y conciencias humanas recalcitrantes.

Absortos en el Servicio Divino, por amor a El Morya, (y digo Servicio Divino con *S* y *D* mayúsculas), os encontráis ahora en la posición del mérito a través de actos meritorios. Entonces, podéis escribir al Señor Gautama del siguiente modo:

Solicitud para ser el chela del Señor del Mundo

Mi amado Señor y Gurú de las evoluciones de la Tierra, por favor, considera mi solicitud para ser tu chela en el Sendero por medio de la Escuela de Misterios de Maitreya, para que yo también pueda alcanzar la posición del bodhisatva en mi primera de las doce líneas del Reloj Cósmico donde mi corriente de vida realmente muestre aceleración, aptitud y un cierto logro

Por lo tanto, mi Señor, considera esta mi súplica y la ofrenda de mi corriente de vida para que pueda convertirme en un cáliz, y día a día aumentar mi impulso

---

[*]una red de la conciencia Crística.

acumulado de luz en las líneas de mi Reloj Cósmico de modo que pueda llevar tu llama y, por lo tanto, ser digno de estar a tu lado cuando pidas al Consejo Cósmico dispensaciones para las evoluciones de la Tierra, para los portadores de luz o para otro miembro de la jerarquía.

Presento esta mi solicitud y mi propuesta de que me aceptes como chela bajo tu cargo y en el Corazón del Shambala Occidental, para que al hacerlo pueda aliviar el sufrimiento planetario y proporcionar otra razón por la cual los Señores del Karma y el Consejo Cósmico puedan considerar tus plegarias para la bendición de la humanidad y la recepción de gracias benéficas en beneficio de la gran meta de libertad para la Tierra y la era dorada de Acuario.

De esta forma, amados, exponéis apropiadamente vuestro deseo de ser el chela del Buda Gautama, y las razones de vuestro deseo; y podéis añadirle el compromiso de un firme discipulado, el compromiso de mantener y edificar sobre el nivel de devoción que ahora habéis logrado.

Por lo tanto, vengo esta tarde, amados, en el aniversario de mi ascensión, para aprovechar la oportunidad de deciros que, así como El Morya ha sido sacado del banquillo, así mismo, para vuestra gloria, tenéis incrementos de karma saldado que habéis llevado en vuestra corriente de vida y, al saldarlos, debido a que habéis sido guiados en la ciencia magistral de decretar por vuestros dos Mensajeros, también habéis ganado algo de automaestría en el ejercicio de la Palabra hablada.

Sabed, pues, que al igual que aquellos que se entrenan para las Olimpiadas y alcanzan y superan la marca del año anterior en la carrera de la milla, así, ahora que habéis llegado a este nivel, es realmente importante mantenerlo y no permitiros retroceder a una marca anterior cuando teníais mayor karma. Participar en sacar del banquillo a un Maestro Ascendido, cuando él en su difícil situación no puede hacer nada por sí mismo, excepto lo que los chelas hacen por él, os digo, amados, esto es saldar un karma considerable y colocaros en una posición de oportunidad.

Y, por esto, mientras os miro, veo en la profundidad de vuestra alma que la ascensión tiene un significado, un nuevo significado, porque al haber alcanzado nuevos niveles de auto-conciencia Crística a través de este servicio, sois conscientes de un nuevo reino de lo posible. Un nuevo reino de lo posible se transmite al alma. Un nuevo entendimiento de que la capacidad del alma para contener la luz Crística en el cáliz del ser se mide por el estándar de este logro. Pues, tal como el amado El Morya os ha dicho, él no esperaba salir del banquillo tan pronto.

Por esta razón, amados, es muy esperanzador para vuestro corazón, tal como lo es para el mío, el que pueda haber dispensaciones sucesivas y oportunidades mientras resistáis, puesto que la vida se convierte, entonces, en una prueba de resistencia; pues todos aquellos que quieran recibir la corona de la vida deben resistir hasta el fin,[4] hasta el fin de su creación humana. Por tanto, ahora es muy esencial que os evaluéis a vosotros mismos, las capacidades de vuestros respectivos cuatro cuerpos inferiores, para que procuréis aumentar estas capacidades, pero observando la ley de la onda sinusoidal, del ir hacia adentro, del necesario descanso, de la recreación necesaria de los cuatro cuerpos inferiores y del ritmo propio.

Este ritmo, amados, es muy importante, porque solo en los ciclos del tiempo y el espacio se pueden cumplir todas las cosas. Solo en ciertos días del año, y en ciertos meses y en ciertos años se pueden saldar ciertos karmas. Por eso, es en lo continuo, en lo *continuo*, os digo, al pasar a través de los ciclos, que la meta de la vida se logra. Deseo impartir la comprensión de que debido a que el servicio en el altar alcanza un pico de máxima tensión, existe la necesidad de actividad equilibrada; y no hay mayor equilibrio en cuanto a la actividad que la mismísima actividad física, ya sea en deportes o, en esta temporada, el llevar la propia energía a los campos para la cosecha.

La cosecha, amados, siempre es simbólica de la recogida de buen karma y de las buenas obras. Y cuando desyerbáis, ese es un proceso muy físico de arrancar el mal karma y arrojarlo al fuego sagrado antes de que impida las oportunidades que más adelante llegarán, a través del buen karma.

La cosecha es un momento delicado

Por ello, la cosecha es un momento delicado en el que deben recogerse tanto la cizaña como el buen trigo y a continuación separar el buen trigo. Así, los ángeles vienen para atar la cizaña en manojos y quemarla.[5] Por eso es la cosecha del juicio, no solamente de la semilla del Malvado, sino de las semillas de maldad que la progenie del Malvado ha buscado plantar, y ha tenido éxito en hacerlo en vuestro subconsciente mientras vuestra alma estaba dormida.

Es durante el período en el que el alma duerme y no mantiene la vigilia de medianoche con su Señor que el enemigo entra y siembra la mala semilla. Entonces, al despertar, encuentra en el jardín de la conciencia esas malas hierbas que no están en armonía con las flores de la Mente Superior de la aspiración espiritual. Por tanto, puede ser influenciada o envenenada por los efectos de la mala semilla cuando esta brota y crece.

Si esta mala semilla o karma negativo se va a contrarrestar y arrancar *antes* de la cosecha, la única manera eficaz de hacerlo, amados, es a través de la llama violeta. Porque la llama violeta es selectiva, discriminatoria y solo transmuta lo que no es de la luz. Sin la llama violeta, amados, os veríais como en eras pasadas, llegando al momento en que la cizaña sería tan o más fuerte que la semilla desarrollada del buen trigo. Así pues, la cosecha era mucho más difícil para los chelas en el Sendero antes del advenimiento del regalo y dispensación de la llama violeta, que fue ganada para este planeta por el amado y noble Saint Germain, con el respaldo de la amada Porcia y de toda la jerarquía de luz para este bendito Maestro de Acuario.

Pedid protección mientras el alma se fortalece

Benditos, vemos, entonces, que se ha progresado. Pero también es muy importante para aquellos que progresan, poder hacer un alto para evaluar el progreso y entender cómo lo consiguieron, lo que se ha ganado para la jerarquía, para la comunidad, para sí mismos, para la sociedad; cuál es la automaestría que se ha ganado y qué es lo que queda por hacer. Cuando se avanza en una sola línea del Reloj Cósmico, hay que cuidar que los registros y los obstáculos diagramados en otras líneas que no han sido bien transmutados no hagan retroceder a una condición anterior. Por eso, amados, es tan importante pedir protección, mientras el alma se fortalece, para que no sea tentada a volver al yo antiguo, y, por ello, pierda el terreno ganado.

Por desgracia, esto les ha sucedido a estudiantes que han asistido a Summit University, que han sido elevados hasta una luz, una gloria y una enseñanza; y, sin embargo, no pudieron sostenerla y realmente retrocedieron. Esto es muy trágico, amados, por eso, intentaremos mitigar ese problema.

La solución al problema la ha proporcionado el Señor Maitreya al establecer la Escuela de Misterios.[6] El Señor Maitreya enseña que la Escuela de Misterios es para estudiantes de por vida, estudiantes dedicados e hijos de Dios dedicados. Uno no puede permitirse el lujo de estar fuera de la relación Gurú-chela cuando está en el sendero de la aceleración. Y cuando se quiere saltar más allá de los niveles actuales de automaestría, necesita aún más el refuerzo de la comunidad.

La comunidad toma la mano del discípulo, proporciona el vínculo de amor, el cuidado y el refuerzo. Sin embargo, la comunidad nunca puede ser un sustituto del esfuerzo propio ni del compromiso con la caminata interna con Dios y con la poderosa obra de las eras. Hay que tener la columna vertebral recta, el coraje y la determinación para permanecer en la comunidad y en la Escuela de Misterios y mantener ese esfuerzo diario. El esfuerzo mismo es tensión creativa, y también debe equilibrarse.

Por consiguiente, tened cuidado de equilibrar también vuestros estados de ánimo. Sin duda, no es momento de frivolidad excesiva cuando uno encuentra a su Iglesia en una situación tan difícil como la de hoy. Pero, del mismo modo, amados, cuando os volvéis serios durante períodos de tiempo prolongados, vuestra seriedad ya no es eficaz para sostener la luz de la Trinidad. Por tanto, es importante dedicarse a una cierta alegría y felicidad, que también puede lograrse al tomar un turno para estar con los niños de la comunidad, disfrutar de sus juegos y estudios, del asombro de sus corazones y sus actividades; en efecto, volver a ser un niño con ellos, al estar entre aquellos que los cuidan a ciertas horas.

Hay muchas formas de descubrir esta comunión con la naturaleza y con el Dios de la Naturaleza. Y hay mucha, mucha alegría en el santuario, por supuesto. Una vez que se gana la batalla y se logra la victoria, se produce una estupenda liberación de luz, y, por tanto, de la tensión misma. Y se puede dormir bien, viajar a los retiros y regresar para dedicarse a los siguientes niveles de asignaciones físicas que son parte de la construcción de nuestro Retiro Interno.

Así pues, benditos, es bueno ser tolerante con la manifestación y conciencia físicas que deben proporcionar el recipiente para tan grandiosa manifestación Divina. Aquellos que han venido (y me refiero a *algunos* de los que han venido) y han visto, y luego han rechazado a la Mensajera, han tenido el problema de esperar encontrar a un dios humano como un adorno para su propia autoidolatría; otros han tenido la conciencia de ser o de volverse un ser humano perfecto y esto, también, es perjudicial para el chela. Puede que viváis vuestra vida confinados a una camisa de fuerza si perseguís la perfección al nivel humano; y ser tan desagradable e imposible de convivir con vosotros que nadie quiera seguir vuestros pasos. Sin embargo, esa tendencia idólatra persiste incluso cuando los chelas no son conscientes de que la tienen.

Deshaceos de las cosas que no agradan a vuestro Ser Crístico

Digamos, amados, que la marca del que tiene esta tendencia en su psicología, de manifestar la perfección humana, es la marca del orgullo espiritual. También es la marca del que se condena a sí mismo excesivamente, lo que luego se convierte en condenación de los demás. Como veis, amados, esa expectativa de que uno debería ser un dios humano es la antítesis del sendero de Maitreya. Os pido que consideréis esto para que podáis desprenderos de la piel de serpiente que algunos han traído como herencia de varias naciones del mundo donde esta conciencia es tan frecuente que está muy arraigada, y encontramos que esta gente ni se da cuenta de que esta tendencia ha sido inculcada en ellos por los mismos dioses Nefilín como la cizaña genética sembrada entre el trigo genético.

Entonces, amados, las imperfecciones están siempre con los santos. No es que tengáis que afligiros por ellos, sino que se os recuerda que lo humano siempre tiene la propensión a errar, que el ser humano es un recipiente imperfecto para la perfección del Cristo y que las imperfecciones que persisten en el sendero de la santidad no son tan importantes para los supervisores espirituales del planeta como lo puedan ser para vosotros mismos. Benditos, existe el perfeccionamiento del corazón, del alma y de la mente que a menudo es olvidado por aquellos que tienen vanidad y orgullo espiritual y esperan continuamente que la persona humana de carne y hueso sea un modelo perfecto y un modelo de conducta del *chela*.

Al decir esto no pretendo exculpar a nadie de la complacencia en la conciencia humana que es peligrosa para ellos mismos y constituye un mal ejemplo, especialmente para los niños y los nuevos estudiantes.

Digo, amados, que deberíais esforzaros diligentemente para extirpar aquellas cosas que suponéis que no son gratas a vuestro Ser Crístico. Pero al evaluarse uno mismo en el Sendero, hay que mirarse la propia capacidad del corazón de amar al prójimo, de ser compasivo y misericordioso, de ser profundamente comprensivo acerca de las cargas de los demás, de ser capaz de dar amor en el sentido más puro que supone el mantener tan firmemente el concepto inmaculado, que la gente es sanada por la mirada misma, por el flujo mismo de la luz que pasa desde vuestra Presencia hacia aquel por quien guardáis la llama del Amor Divino.

Benditos corazones, muchos de los que vienen a esta Comunidad son quizá "diamantes en bruto" que no han tenido la instrucción perfecta del alma o la preparación en todo lo referente a costumbres y conducta adecuadas. Algunos han tenido [un] desarrollo fragmentado de la psique en la infancia y tienen dificultades para tratar con algo que está en el subconsciente y que no comprenden en absoluto. Algunos ni siquiera reconocen cuando necesitan asesoría o cuando necesitan terapia.

Por lo tanto, aquellos que tienen el corazón amoroso y el corazón sabio deben estar alerta a esta [necesidad], para que aquellos que requieren asistencia no dejen el Sendero antes de que hayan tenido la oportunidad de tener éxito en el mismo a través de la comprensión de consejeros sabios que les mostrarán cómo desenredar las diversas experiencias del pasado, y cómo desenrollar de la espiral del ser aquellos hábitos que han resultado de situaciones fragmentadas, especialmente en el ámbito emocional, desde la tierna infancia en adelante.

Por supuesto, amados, que no hay sustituto para la llama violeta en esta área. Y aquellos que tienen tales problemas deben guardarse de la propia indulgencia extrema y del orgullo espiritual y de la opinión que dice: "Puedo hacerlo solo. Puedo hacerlo por mí mismo. No necesito la ayuda de nadie". Este es el estado mental más peligroso, amados, porque nuestro Padre ha creado la vida de manera que todas sus partes sean interdependientes. Es la misma ley de la armonía, de la química, del cosmos. Ninguna manifestación individual de Dios en este nivel de evolución del alma y de esta octava, puede contener todos los elementos necesarios para la plena integración de ese Dios en la personalidad.

Por lo tanto, la Comunidad es la solución. Y cada uno en la Comunidad proporciona verdaderamente una bendición, un foco de santidad, para que todos los demás puedan beber de esta cierta fuente y saber que cuando ponen su pajita en esta fuente, una cierta vibración, un cierto sabor llegará. Y que esta vibración especial puede suponer en cualquier momento el elemento de curación que ellos requieren.

Vuestra forma de vivir puede ser una inspiración para los demás

¿No os dais cuenta, amados, que, por vuestra presencia, vuestra sonrisa, vuestro apoyo, vuestro servicio y vuestro arduo trabajo habéis significado para alguien o [para] cientos de miles la inspiración, la presencia, el apoyo gigantesco que ese alguien necesitaba y que los muchos necesitaban en determinados momentos? Muchos de vosotros ni siquiera os dais cuenta de lo que vuestra vida puede significar para otros y de que la manera en que vivís puede ser una inspiración para otros.

Así, como veis, amados, cuando tenéis maravillosas cualidades de Luz que sobresalen, pero tenéis un área de vuestra vida rezagada, tal como un problema repetitivo con el alcohol o cualquier otra manifestación, o quizás decir falsedades, o tal vez el mal uso de los fondos de otras personas, etc., a la gente se le hace difícil comprenderlo. Esto supone un dilema. ¿Cómo puede alguien ser un estudiante en el sendero espiritual y aún participar de esos hábitos?

Si vosotros mismos sois víctimas de esos hábitos, si vosotros, en otras palabras, os implicáis en ellos y os encontráis atrapados en ellos repetidamente una y otra vez, y ahora llegáis a verlo como un patrón de vuestra corriente de vida y de toda una vida, debéis comprender que estas situaciones ya no deben considerarse como problemas espirituales, sino que deben considerarse como problemas psicológicos. Y la diferencia es la siguiente, amados, un problema psicológico normalmente no puede resolverse hasta que el individuo pueda desarmar los componentes que conforman el problema y, en el proceso, desmantelar realmente y volver a poner juntos los elementos del alma y del desarrollo de la personalidad del alma de esta vida y a veces de vidas anteriores.

Para que el individuo supere estos problemas repetitivos, o adicciones, debe ser capaz de estudiar cómo han llegado a su corriente de vida en esta vida y luego debe abordarlos a través de llamados para atar a su morador del umbral, a través de hacer el decreto 10.14 a Astrea de doce a treinta y seis veces diariamente, a través de nombrar las entidades y los desencarnados causantes de esa conducta, a través del ajuste y equilibrio de la dieta física y del estilo de vida, a través de protegerse a sí mismo de las influencias negativas de otros reforzándose a sí mismo con relaciones correctas; relación con individuos que tienen fortaleza, que tienen integridad o semiintegridad en su psicología y fortaleza espiritual como guerreros del espíritu en el Sendero.

Por tanto, al asociaros con aquellos de predilecciones y adicciones similares a las vuestras, os podéis encontrar fácilmente atrapados de nuevo en aquellas circunstancias porque ellos pueden representar el punto más débil de vuestra personalidad, donde existe, no solo un problema de desarrollo en vuestra psicología, sino también una rasgadura espiritual correspondiente en la vestidura etérica, mental o astral o incluso rasgaduras en los chakras correspondientes.

Comprended, amados, que a menudo no podéis transmutar con la llama violeta o Astreas aquellos elementos que faltan en la personalidad debido a que esto requiere que vosotros, conscientemente, derribéis y construyáis de nuevo esa personalidad en esa línea particular del Reloj Cósmico y en esa área particular de vuestra vida. Simplemente no podéis suprimirlos, ignorarlos, pretender que no existen, o estar enfadados con los demás cuando gentilmente os hagan ver que existe tal o cual problema.

Un problema psicológico que debe resolverse

Si tenéis un problema repetitivo con la ira o el mal genio o exabruptos con los compañeros de trabajo, debéis entender que esto es ante todo un problema psicológico[7] que debe abordarse. Por supuesto, también es un problema espiritual porque demuestra la capacidad repetitiva de permitir que hordas de demonios rompan la armonía del campo energético del individuo, que vienen precipitadamente a través del plexo solar, manifestándose en la Palabra hablada (ya que el plexo solar está vinculado al chakra de la garganta); demuestra la capacidad repetitiva de permitir que los demonios que se precipitan a tomar la luz, la usen mal al volcar energía pesada sobre otros, y drenar la energía del individuo y dejarlo, por así decirlo, psicológicamente violado.

Por ello, ya veis, amados, cuando esto ocurre repetidamente debéis saber que esto es y puede ser comparado a una enfermedad de la psique. No es necesariamente algo a lo que conscientemente podáis decir no. Es algo que debe tratarse desmontando y juntando de nuevo todos los componentes del problema. Y esto es lo que queremos decir cuando hablamos de la recreación de uno mismo; es ir ante los Elohim y declarar: "¡Deseo comprometerme en la poderosa obra de las eras, la recreación de mí mismo a través de Dios Todopoderoso, a través de los Elohim!".

Cuando veis y comprendéis que hay elementos en vuestro ser que ahora son parte permanente de vosotros mismos como creación vuestra y no de Dios y cuando os decís: "Esto no es mi Ser Real y ya no quiero manifestar ese patrón", es cuando clamáis a los creadores de los cuatro cuerpos inferiores y del alma, a los constructores de la forma, los Elohim, y decís: "¡Oh Dios, ayúdame en este proceso alquímico mediante el Espíritu Santo a recrearme en la Imagen Divina de mi Santo Ser Crístico, que me está sonriendo!". La recreación de uno mismo es un proceso diario.

Conoced el significado de la unión de los engranajes

Amados, algunos de vosotros aun no conocéis el significado de ensamblar los engranajes. Se trata de una serie de engranajes. Algunos están enlazados con vuestro Ser Crístico y algunos deben articularse y acoplarse a los engranajes del cinturón electrónico. Algunos de vosotros no comprendéis lo que es ese gemir y los dolores de parto en el espíritu para vencer los problemas más profundamente arraigados alojados en niveles del ser que aún no son parte de la Divinidad y que por falta de resolución permanecen apartados de la existencia verdadera.

Algunos prefieren vivir en la superficie del ser y, por lo tanto, evitar la entrada a la profundidad del corazón.* Esto se debe a que cuando llegáis a esta profundidad, os arrodilláis ante el Buda que está sentado en el trono en la isla del mar de Gobi[8] y se os da una iniciación verdadera y difícil. Y vosotros estáis acosados por el deseo occidental de no comprometerse en esta gran obra de la recreación del ser.

Benditos, no conocéis el gemir y los dolores de parto en el espíritu por los que ha pasado, por ejemplo, esta Mensajera, en esta vida, para luchar con cada aspecto del ser en el presente y

---

*en el chakra del octavo rayo, la cámara secreta del corazón.

hasta la primera encarnación, yendo tras los registros y la astrología de todo tipo de hábitos, para presentar este templo como un receptáculo vivo para que el Señor pueda descender a él a cualquier hora del día o de la noche para usarla en su servicio.

Es un proceso de ganar la automaestría [del alma] así como de los cuadrantes físico, mental, etérico y emocional, y no solo de uno mismo, sino de las circunstancias de uno en]el cuerpo planetario y finalmente del propio cuerpo planetario.

Participad en el proceso de recreación del Ser

Así que, os digo, *comprometeos*. Y este es verdaderamente el tópico de mi discurso con vosotros esta tarde; el permitirse uno mismo comprometerse en el proceso de la recreación del ser, no dar la espalda cuando se ve al morador, no tomar la decisión de aceptar a ese morador y dejarlo como está, sino perseguirlo con la fiereza de una leona.

Benditos, este es el único camino. ¡Debéis ganar vuestra victoria! Como trabajo espiritual, esta lucha debe ir acompañada de un verdadero examen de los componentes de la psique, por tanto, de la psicología. Cuando os conocéis a vosotros mismos y sabéis exactamente el por qué tenéis los patrones de conducta que tenéis, sé que iréis sistemáticamente tras ellos. Seréis un observador desde el centro del chakra del Octavo Rayo del corazón. Os vigilaréis a vosotros mismos, a vuestras emociones y a vuestras conversaciones. Os escucharéis a vosotros mismos hablando y reaccionando. Y estaréis en el corazón del Instructor.

Y el Santo Ser Crístico y el Buda no necesitan instruiros, porque vosotros mismos seréis vuestro instructor y os diréis:

"Ya no me permito este tipo de expresión. Voy al núcleo de su causa. Voy al núcleo de la condición. Voy al corazón de Astrea y al corazón de Dios. Permanezco firme, decidido, en paz, y en la alegría suprema de la victoria que reclamo. Y soy coherente. ¡Y me arrodillo ante el Señor Jesucristo y desde lo profundo de mi ser pido su intercesión para que me libere de este hábito, que el día de hoy declaro roto por la espada del Arcángel Miguel, por la mano derecha y el cetro de Hércules!".

Diariamente pedid el refuerzo de los Maestros Ascendidos y repetid el llamado en el altar una y otra vez, hasta que, por los decretos, por la llama violeta, por resolución, por autocorrección, por estar centrados en Dios, se produzca el desenredo final de este hábito arraigado[9] enrollado en la espiral del ser. Maitreya os ha enseñado que la llama violeta puede consumir la espiral,[10] y así es. Pero para aseguraros de que no sea recreada debéis ir al fondo de la cuestión, debéis ir a la causa y al núcleo de esa condición.

Así, amados, cada vez que ganéis una nueva comprensión de vuestro ser, traedla al altar en el servicio del viernes por la noche: podéis dar un paso de victoria si no dais "Nunca un paso atrás".[11] Podéis ganar terreno y mantenerlo. Ese es el lema de los iniciados en la Escuela de Misterios de Maitreya: establecer nuevas "marcas" para sí mismos, ganar terreno y luego mantenerlo. Por eso debéis recordar: "Mantened con firmeza lo que habéis recibido".[12] Esta es la marca del verdadero progreso y del verdadero chela.

Benditos, el chela que da tres pasos hacia adelante y cinco hacia atrás no es feliz. Este chela puede desanimarse hasta el punto de volverse malhumorado. Nadie puede vivir de esa manera. Y si os permitís hacerlo repetidamente, cuando os veáis haciéndolo y lo reconocéis, pedid ayuda.

Necesitáis ayuda de un consejero sabio. Necesitáis ayuda de los Maestros Ascendidos. Al quedaros en esa condición de caer reiteradamente en el mismo agujero, como veis, os estáis involucrando en un cierto nivel de derrotismo, de desesperanza, e incluso de orgullo espiritual que dice que a pesar de que todo indique lo contrario, estáis determinados a pasar por esto solos y a no aceptar ni al ayudante divino ni al encarnado.

El admitir que uno tiene necesidades es importante. Es un primer paso. Decidir si estas son las verdaderas necesidades del alma también es importante. Decidir si estas son las necesidades de un niño malacostumbrado o consentido, o del cuerpo emocional, es relevante. Pero, sea cual sea la condición, amados, llega un momento en el que debéis decidir que es una locura ser el propio doctor. Es una locura ser el propio gurú antes de haber matado al morador. Es una locura rechazar la mano que se extiende, como la de aquel ayudante.

Por lo tanto, no es necesario negar ni suprimir todo lo que se experimenta. Es importante permitirse escuchar cuáles son los gritos del alma, cuáles pueden ser las exigencias de un cuerpo mental consentido o indolente, vigilar y decidir, como alguien aparte de uno mismo, lo que uno se permitirá enfrentar y lo que arrojará al fuego sagrado.

Hora de la introspección: organizarse para la próxima batalla

Hay un tiempo para la introspección que llega a la conclusión de una batalla y de una victoria, cuando reagrupáis vuestras fuerzas para la siguiente batalla y la próxima victoria. Desgraciadamente, no podéis contar sino instantes u horas entre la victoria de El Morya y el siguiente desafío que está sobre esta Iglesia en la próxima semana. Pero, a pesar de todo, hay momentos, y esos momentos deben ser asimilados, de modo que no avancéis con la misma debilidad psicológica o espiritual que teníais en la batalla anterior, sino que tratéis con ella directa y rotundamente y no os sintáis avergonzados porque tenéis un problema, como si tener un problema fuera en sí mismo el estigma.

El estigma no es el problema, amados. Cada uno en este

mundo tiene este u otro problema. El estigma con el que debéis tratar es vuestra propia negativa a lidiar con el problema, enfrentarlo y, luego, habiéndolo analizado y comprendido claramente de qué se trata, levantarse, desafiarlo y conquistarlo y saber que alguna vez ese problema pudo haber sido parte integrante de vuestra personalidad, pero que desde hoy en adelante tenéis la fortaleza y la individualidad para esquivarlo y apartaros del problema y verlo como algo que podéis haber sacado de una cómoda, incluso como vuestra sombra. Podéis sostenerlo y decir: "Una vez pensé que esto era mi ser. Ahora me doy cuenta de que fue meramente una vestidura que me puse por ignorancia, sin pensarlo, bajo alguna influencia".

Por ello, amados, resolver problemas es la orden del día en la Escuela de Misterios de Maitreya, no ignorar problemas, suprimir problemas o descuidar problemas. Esto no quiere decir que aquellos que tienden a la autoindulgencia deban ahora tener tanta autopreocupación que la misma autopreocupación eclipse la radiante, resplandeciente Presencia del YO SOY EL QUE YO SOY, que verdaderamente entra para sanar.

Este es el gran milagro del servicio mismo, que en el curso del servicio muchos problemas se resuelven simplemente porque cuando otra persona tiene una urgencia extrema, uno puede ver sus propios problemas en perspectiva y saber que realmente hay problemas mucho más grandes que los propios.

La mayoría de las personas, aunque puede que lleven una pesada carga de karma, generalmente llegan a la conclusión, después de haber pasado algún tiempo en nuestro retiro etérico en Fátima, que en el análisis final prefieren llevar su propio karma antes que el de otros. Prefieren llevar las cargas de su propia psicología antes que las de otros. Y esto es así porque en el centro mismo del alma existe el deseo profundo de deshacer lo que debe deshacerse, llegar a una resolución y obtener la victoria sobre la bestia* de uno mismo y lograr la propia automaestría y, en el proceso, tener ese sentido de integridad y honor personal, y ese respeto por sí mismo que conduce a la automaestría y a la Presencia del Cristo que ordena la paz.[13]

Confío, mis amados, que estas palabras que os dirijo sean recibidas equilibradamente, y que veáis que realmente [es necesario] que haya un equilibrio en [vuestra] aproximación a la vida. Fui yo, amados, quien una mañana temprano mientras la Mensajera estaba caminando hacia el trabajo en Boston, la subí a lo alto de la atmósfera para que observara desde una altura considerable su propio ser caminando hacia el trabajo. Le permití esta experiencia para que ella pudiera apartarse y así yo pudiera sellar en su corazón, para esta vida, el sentido de equilibrio de ser uno con la Presencia YO SOY y de ser capaz de tratar con todos los problemas de la vida desde ese nivel, así que ella pudo saber que uno no es este cuerpo, o este fardo de karma, o esta serie de desafíos presentados en la astrología, sino que uno *es* el YO SOY EL QUE YO SOY, uno *es* el Santo Ser Crístico y está usando este recipiente para un propósito, el propósito de Dios cada día.

Ser capaz de apartarse es de lo más importante, amados; y sin embargo darse cuenta de que uno debe volver a entrar en este vehículo es también muy importante. Porque uno no puede ser la persona del YO SOY EL QUE YO SOY o del Santo Ser Crístico en la Tierra hasta que realmente prepare el recipiente.

Sed la morada apropiada para Dios

Cuando digo ensamblar, amados, se trata de ensamblar los dientes de los engranajes [de vuestros cuatro cuerpos inferiores con los engranajes de la Mente del Cristo en vosotros. Y es para este fin] que este recipiente puede ser la morada adecuada de nuestro Dios[14] y que, por lo tanto, cuando los Maestros Ascendidos atraviesen el velo en el planeta Tierra, cuando el etérico

*la mente carnal, el morador del umbral.

se vuelva más tangible, cuando termine la Noche Oscura del Espíritu del planeta, vosotros, también, seréis capaces de ser la encarnación de vuestra Cristeidad y caminar con estos Maestros Ascendidos como sus estudiantes, y no solo [como sus] estudiantes sino como sus amigos.

El recipiente no es meramente el cuerpo físico saludable. Es el cuerpo emocional saludable, el cuerpo emocional *fuerte*. Es el cuerpo mental saludable que ha lidiado con las ecuaciones de la razón de ser, con las revelaciones cósmicas, con la ciencia, con la música, y la sintonía del corazón y del oído interno con los sonidos de la vida de mundos lejanos.

Oh, expandid la capacidad de estos vehículos inferiores y recordad el llamado de Lanello para este año de limpiar el cuerpo etérico.[15]

Cuando presentáis este cuerpo purificado y reforzado, una reserva de fuego sagrado, los otros tres cuerpos bajo vuestra autodisciplina amorosa se alinean con el diseño original interno.

Habéis tenido muchos éxitos. Que podáis regocijaros en ellos, pero que no se os tome desprevenidos. El Tentador está siempre esperando atraparos desprevenidos al día siguiente cuando vosotros, al haber peleado la buena batalla, al haber ganado y pasado vuestras pruebas, él cree que aún podéis ser difamados y que puede todavía causar que vuestras victorias se arruinen y que tengáis que pasar por una iniciación parecida otra vez. Así que sed modestos, incluso en vuestro propio corazón en lo que se refiere a vuestras victorias, y siempre cuidadosos de mantenerlas para la gloria de Dios en Cristo Jesús, mi Hijo.

Sacar del banquillo a nuestro querido Morya

Yo soy siempre vuestra Madre y estoy siempre agradecida de que hayáis apelado a mi corazón para que intercediera para que nuestro querido Morya saliera del banquillo. Y hablo también por la amada Kuan Yin, cuya gratitud no tiene fin, y que también hayáis apelado a su corazón para el mismo propósito. Que así sea, entonces, que ahora todo el impulso acumulado de vuestras plegarias y decretos pueda utilizarse para la libertad Divina permanente de esta Iglesia y de esta Comunidad, para la llama violeta que derriba todas las barreras.

¡Que se revierta la marea! ¡Que se reclame la victoria!

YO SOY quien está siempre en mi Presencia Electrónica en esta corte y YO SOY quien está con vosotros cuando recitáis un Ave María al ir de un lado a otro.

Muchos refuerzos están con vosotros

En la alegría de los antiguos monasterios de Oriente y Occidente y de los devotos que han dado su corazón a la Madre Divina, yo, María, os digo que existen aquellos de las octavas etéricas que ahora pueden caminar por esta propiedad debido a la presencia de la octava etérica reforzada aquí. Por ello, os encontraréis a muchos que caminan llevando su rosario y recitando sus plegarias y mantras, mientras su caminata por estas colinas y estas áreas refuerza la Luz que vosotros mismos habéis invocado. En verdad, hay muchos refuerzos con vosotros y es por eso por lo que hay tal sentido de Comunidad.

Amados, vosotros percibís la fuerte llama de Saint Germain, y ahora, la misma, la misma presencia cercana de El Morya. Os pido, amados, que cuando vayáis a cualquier parte que no sea la propiedad del rancho o de Glastonbury, toméis nota de que, aunque haya menos presión de oposición a la Luz que portáis, también podéis notar que no hay ocupación de esa área por estos Maestros Ascendidos. Y si la conciencia mundana no se percibe aquí, no es meramente debido a la gran altitud o a vuestros mantras. Es debido al aura del Buda Gautama, de Saint Germain, de El Morya, de Maitreya, de Lanello, de Nada, y de muchos otros que ocupan esta propiedad, este territorio.

Tomad nota de ello, amados. Id a vuestro corazón mientras tengáis que viajar aquí y allá y sentid cuál es el significado de la extraordinaria Presencia Electrónica de estos Maestros que ocupan el espacio aquí y ocupan el tiempo, y de vosotros mismos caminando a través de sus auras, envueltos y sellados en esa Luz.

A veces sois como niños, que dais por sentado tan extraordinario significado de la Presencia de Dios, y a veces estáis en tal sintonía con ella como para tener un temor reverencial ante las maravillas de nuestro Dios. Os digo que estoy perpetuamente admirada de las maravillas de Dios y nunca doy por garantizado cada bendito milagro.

Desde el corazón de nuestro retiro en Fátima muchas almas de Luz os envían saludos. Os abrazan en el compañerismo del amor del Cristo y os saludan en vuestra victoria.

Que ahora las bendiciones estén sobre aquellos que van a Spokane y sobre la Mensajera. Amados, la Mensajera es la Iglesia y la Iglesia es la Mensajera. De modo que cada chela es la piedra blanca[16] en este edificio. Recordad que cada uno de vosotros es la Iglesia viva y que allí donde vayáis, *allí* va esta Iglesia.

14 de agosto de 1989
Rancho Royal Teton,
Park County, Montana

CAPÍTULO 18

Amado Señor Maitreya

La compasión intrépida
y la eterna llama de la esperanza

Mis amados corazones de luz, os abrazo a cada uno y coloco en vuestra frente el beso de la paz del Cristo Cósmico. Que encontréis el alivio de todas las turbulencias externas en mi Presencia Electrónica, que con alegría coloco sobre vosotros, oh mis amados.

Vengo con un corazón exultante y con un corazón de lamentación. Llevo a todo el mundo en mi ojo derecho; y en mi mano derecha el fuego de la transmutación carga el fuego violeta, el púrpura, el blanco, los colores de los rayos secretos y el rubí del Buda del Rayo Rubí.

Que la Tierra, por tanto, pase a través de la mano derecha del Cristo Cósmico que YO SOY. Que todo átomo del cuerpo planetario conozca la promesa de luz que consume la oscuridad, que la trasciende y que es la llama eterna de la esperanza, esperanza de que la oportunidad perdida pueda recuperarse, la eterna esperanza como el lirio de la llama de la ascensión de la Bendita Madre María,[1] la esperanza en la única sandalia adherida al cayado de Bodhidharma, que fue visto en el camino a India luego de su transición; y la esperanza en la otra sandalia que fue lo único que encontraron cuando cavaron la tumba donde sus discípulos habían colocado el cuerpo.[2]

Bodhidharma reencarnó una y otra vez e hizo su ascensión en este siglo, amados. Por tanto, hay muchos aspectos del Zen, muchas caras. En sucesivas encarnaciones antes de su ascensión, Bodhidharma sembró las semillas de las enseñanzas del Cristo Cósmico, que ahora estudiáis sobre el Reloj Cósmico, que equilibra su mensaje original.

Amados, la esperanza brota eterna del corazón del chela. Por eso hablo de esperanza y no de arrepentimiento. Así mi Mensajera ha pasado la antorcha a mi personal para que complete los volúmenes de las *Perlas de Sabiduría* del año 1984, que contienen muchos de los dictados y gran parte de mi enseñanza entregada a través de los Maestros Ascendidos en el sendero de Cristeidad personal y que desciende a través de las tradiciones del budismo.

Benditos corazones, deposito mi esperanza en el Dharma eterno, en la enseñanza misma, que sigue viviendo como una hebra que la Madre Divina toma y cose, como si usara aguja e hilo a través de la prenda de cada bodhisatva. Ese hilo, por lo tanto, que entra y sale establece la hebra de contacto, como un poderoso *antahkarana* entre los bodhisatvas, los Budas y los seres Crísticos. Todos se inclinan ante la luz del Krishna eterno de vuestro corazón.

Por tanto, no vayáis aquí o allá; porque el reino de Dios está entre vosotros.[3] No temáis descubrirlo, estar frente a él y convertiros en él. Porque hay un temor, amados, que hace que las personas en el cuerpo planetario busquen a Dios fuera de sí mismos e incluso dejen de regar el árbol de la vida en el interior. No hay temor en el perfecto amor de la unidad interna del alma en Cristo.

De esta manera, amados, coloco estos libros en el altar de

vuestro corazón. Ruego que estén en el altar de la estupa[4] del Buda que erigís, cuyo nombre se ha dado a vuestros refugios en la Tierra.

¡Oh, qué reconfortantes son la Madre Tierra y los Budas en el corazón de la Tierra! ¡Cuán aliviados se sienten los bodhisatvas en el corazón mismo de Virgo y Pelleur! Por eso, amados, con profunda gratitud por esta enseñanza deseo encender mediante mi propia Palabra* la lectura de un fragmento que os hago en este momento de la introducción al Libro II.

Cada una de estas introducciones a los libros I y II tiene alrededor de setenta y cinco páginas. Cada línea y cada palabra es una gran enseñanza y muchas publicaciones nuevas de El Morya, guiadas desde nuestro corazón, os darán detalles que hasta ahora no se entregaron ni en dictados hablados ni escritos. Estas enseñanzas que os doy, amados, como una llama de esperanza, son tan ardientes, tangibles, físicas y espirituales como la vela que sostenéis durante esta vigilia de medianoche que mantenéis con el Señor del Mundo†. Estas obras que surgieron de mi corazón en ese año [1984] y en muchos años anteriores, encarnan el Dharma, encarnan la esencia de la llama original de Sanat Kumara.

Por eso oro para que las recibáis, así como yo en mi corazón, en el nombre del Señor Buda Gautama, mi hermano Manjushri, mis amados Jesucristo y Kuthumi, dedico estos volúmenes a la llama eterna de Sanat Kumara. Pues su llama de iluminación se encenderá en vosotros, despertará y vivificará en vosotros vuestro eterno entendimiento del Buda interno, la Sangha y el Dharma internos.

(Amados corazones, los aspectos prácticos de nuestro programa de publicación y nuestros horarios de impresión están sobre

---

*Es decir, mediante la Palabra encarnada dentro de mí.
†Los miembros de la congregación portaban velas mientras participaban en este servicio del encendido de velas.

nosotros. Si, por lo tanto, indicáis a nuestro personal si elegís tener estos libros en la octava física, podremos decidir la cantidad que deben imprimirse y publicarse. Esto es muy necesario para que podamos cumplir con nuestra agenda).

Ahora, amados, como un interludio en este dictado, os leo desde este regalo de mi corazón, como un presente de la Mensajera y los chelas quienes han ayudado con tanto amor en su preparación. Os leo, amados, en el corazón del Ser Enjoyado.

Bondad, compasión intrépida y Virya

Maitreya ejemplifica las virtudes del bodhisatva de bondad, compasión intrépida y *virya* o vigor. Como recordaréis, el nombre *Maitreya* deriva de la palabra sánscrita *maitri*, que significa «bondad» o «amor». Algunos comentaristas también encuentran el origen de la palabra *maitri* en *mitra*, que significa «amigo» y *matr*, que quiere decir «madre».

Maitri es uno de los cuatro *brahma-viharas*, o estados sublimes de la mente, literalmente como «moradas semejantes a Brahma, santificadas o divinas». Las otras tres *brahma-viharas* son *karuna* (compasión), *mudita* (alegría ilimitada) y *upeksha* (ecuanimidad).

Har Dayal, en su compendio acerca de *The Bodhisattva Doctrine in Buddhist Sanskrit Literature* (La doctrina del Bodhisatva en la literatura budista sánscrita) señala que, en las obras budistas, la cualidad de *maitri* se considera como la que es contraria a la malicia:

> *Maitri* se caracteriza por el deseo de hacer el bien a los demás y de proporcionarles lo que es útil. . . .
> *Maitri* se considera como un gran poder en el universo. Impulsa al bodhisatva a esperar, a orar y a anhelar el bienestar de los demás, sin pasión ni expectativa de recompensa. Puede domesticar a las bestias salvajes y a

las serpientes venenosas. Evita y alivia el dolor y el mal físico y mental. Establece la paz y la concordia entre los hombres...

Los Budas perfectos pueden emitir *rayos de maitri* de sus cuerpos, que se propagan por todo el mundo y promueven la paz y la alegría en todas partes.[5]

Los rayos difusos de maitri pueden visualizarse mientras vienen desde el chakra del corazón y de la llama trina, que se sella en el chakra del octavo rayo, la cámara secreta del corazón. Llamad a vuestro Santo Ser Crístico y a vuestra poderosa Presencia YO SOY para que envíen poderosos rayos en forma de agujas de amor y sabiduría divina que alcancen a toda la vida sensible. La verdadera bondad amorosa es ciertamente el perfecto equilibrio de amor y la sabiduría coronados con el poder y expresados como el cuidado amoroso hacia las evoluciones de Dios.

En el texto budista denominado el *Milindapanha* (o *Las preguntas de Milinda*), el rey Milinda pregunta al monje erudito Nagasena acerca de la cualidad de *maitri,* que se traduce aquí como «bondad amorosa»:

> Venerado Nagasena, esto también dijo el Señor: «Si la libertad de la mente que es bondad amorosa se practica, se desarrolla, se le da mucha importancia, se convierte en un vehículo, en una base, se persiste, se hace familiar y se establece bien, se pueden esperar once ventajas: se duerme cómodamente, se despierta tranquilo, no tiene pesadillas, es querido por los seres humanos y por los seres que no son humanos, los devatas lo protegen; los venenos y las armas no lo afectan, su mente se concentra con facilidad, la expresión de su rostro es serena, su tiempo (kármico) no es confuso y si no penetra más alto (que el logro de la bondad amorosa a la cualidad

de arhat), él alcanza el mundo de Brahma* (al dejar esta vida)». Pero por otra parte decís:

—El joven Sama, un morador de la bondad amorosa, deambulaba por el bosque rodeado por una manada de ciervos, cuando lo atravesó una flecha envenenada que disparó el rey Piliyakkha y cayó desmayado en ese mismo lugar...

—¿Cuál fue la razón de eso? —Nagasena responde. Estas (ventajas resultantes del desarrollo de la bondad amorosa), señor, no son las cualidades especiales de un hombre; estas son cualidades especiales que se deben al desarrollo de la bondad amorosa. En el momento en que el joven Sama, señor, estaba levantando su cántaro de agua, se descuidó en manifestar la bondad amorosa. Ahora, señor, cuando un hombre está lleno de bondad amorosa, ni el fuego ni el veneno ni las armas lo afectan, y cuando los que desean su aflicción se acercan a él, no lo ven, no tienen ninguna posibilidad sobre él...

—Es maravilloso, venerado Nagasena, es maravilloso, venerado Nagasena, cómo el desarrollo de la bondad amorosa es una protección contra todo mal.

—El desarrollo de la bondad amorosa, señor, brinda todas las cualidades especiales de las habilidades, tanto para aquellos (que desean) bienestar como para aquellos (que desean) aflicción. El desarrollo de la bondad amorosa es muy beneficioso y debe comunicarse a todos aquellos seres que están ligados a la conciencia.[6]

Sangharakshita, un monje y erudito budista, explica que además de la sabiduría y la compasión, el ideal del bodhisatva abarca la cualidad de *virya*.

---

*Sánscrito *Brahma-loka:* el más elevado de los siete mundos superiores; el reino en el que habita Brahma.

Pese al énfasis en la compasión, el Bodhisatva no es solo sentimental ni tampoco, a pesar de toda su ternura, es un debilucho afeminado. Él es el Gran Héroe, la encarnación de no solo sabiduría y compasión, sino también de *virya* o vigor, una palabra que al igual que su equivalente desde el punto de vista etimológico «virilidad», representa tanto la energía como la potencia masculina. Este aspecto de la personalidad del Bodhisatva se destaca en la famosa imagen Ahicchatra de Maitreya, con su torso poderoso y sus miembros macizos, pero elegantes. La mano derecha está levantada con la palma hacia afuera y los dedos ligeramente curvados en el gesto simbólico de otorgar valentía *(abhaya-mudra).*[7]

Aprendemos de estas enseñanzas que la compasión y la bondad amorosa, los símbolos del bodhisatva, de manera inevitable encarnan la intrepidez. Saint Germain nos dio su definición de compasión intrépida en su dictado del 16 de abril de 1988:

> Mi énfasis mientras instruyo a vuestras almas está en el desarrollo del corazón como un ardiente horno, un vórtice de transmutación, un lugar donde se equilibra la llama trina, desde la cual podéis extender los bordes del ser y el amor para envolver a tantos que sufren.
>
> Pensad en estas palabras de la promesa del bodhisatva: *¡compasión intrépida!* ¡Ah, qué estado mental en el cual se pueda vivir eternamente! La valentía de dar de la fuente del propio ser, de extender la compasión en lugar de la crítica y la murmuración, de entregar tales mareas crecientes de amor como para llenar los resquicios y las grietas de las carencias de los demás.
>
> La compasión intrépida significa que uno ya no teme perderse o entregarse para convertirse en una rejilla

donde la luz pueda pasar, de modo que el Ser Infinito nunca deja de ser el Ser Compasivo a través de vosotros.[8]

Kuan Yin describió la compasión intrépida como la personificación del amor del bodhisatva en su dictado del 1 de julio de 1988:

> Os diré lo que nos ha impulsado a ir más allá de nuestra capacidad y os hablo de todas las huestes ascendidas. Es que vimos una necesidad tan grande y tuvimos tanta compasión por quien estaba en esa situación. Vimos que nadie más estaba junto a él para ayudarlo, que ningún otro vendría si no le extendíamos la mano. En ese momento, amados, el Amor mismo suministró la intensidad, el fuego sagrado por el que podíamos rescatar a alguien que estaba en apuros o entrar en algún curso de estudio para que pudiéramos llegar a ser competentes en el conocimiento que se requería.
>
> Este proceso, entonces, este amor que podía abstraerse de sí mismo y saltar para salvar una vida, esto, amados, fue para que se produjera la rendija y permitiera que el gran fuego del Espíritu Santo entrara en el corazón, disolviera la obstinación que había allí, fundiera las barreras hacia esos doce pétalos [del chakra del corazón] y su vibración única, quitara de nosotros la dureza del corazón, las incrustaciones físicas, la enfermedad, el miedo, la duda y los registros de muerte. Todo esto podía desvanecerse en el ardor del servicio.[9]

El *ardor* es, en esencia, otra palabra para *virya*. En las enseñanzas budistas, *virya* es uno de las diez *paramitas* (perfectas virtudes o perfecciones superiores) que se deben practicar y perfeccionar como un prerrequisito para el logro de la cualidad de Bodhisatva. *Virya* se ha traducido como fuerza, energía, tenacidad, virilidad, fervor, valentía, poder, diligencia o vigor. Har Dayal escribe:

> El *Dhamma-sangani* lo define de este modo: «El esmero y el esfuerzo continuo; el trabajo excesivo y el empeño; el celo y el ardor; el vigor y la fortaleza; la condición del esfuerzo inquebrantable, el estado del deseo sostenido, de la aceptación del yugo y la carga; y el sólido entendimiento de estos, la energía, la iniciativa correcta, todo esto es *virya*...
>
> Los escritores Mahayanistas a menudo alaban a *Virya e indican su importancia* fundamental en términos inequívocos. La iluminación depende totalmente de *virya;* donde está *virya hay bodhi. Virya* es la causa principal y suprema de todos los principios propicios que contribuyen a la Iluminación. Promueve el bienestar material y espiritual del *bodhisatva.* Es mucho mejor vivir solo un día con pleno *virya* que vegetar sin energía durante cien años.[10]

Helena Roerich, quien en la década de 1920 comenzó a publicar las enseñanzas de El Morya a través de los libros de Agni Yoga escribió acerca de Maitreya y del sendero del bodhisatva. En su libro *Foundations of Buddishm* (Fundamentos del budismo), presenta un perfil del bodhisatva y nombra a la energía entre sus principales cualidades:

> ¿Qué cualidades debe poseer un bodhisatva? En la enseñanza del Buda Gotama y de bodhisatva Maitreya, que entregó a Asanga, de acuerdo con la tradición del siglo IV (Mahayana-Sutralan-kara), se subrayó en primer lugar el máximo desarrollo de energía, valentía, paciencia, constancia en el esfuerzo e intrepidez. La energía es la base de todo, pues sola contiene todas las posibilidades.

Los budas están en acción eternamente; desconocen lo que es ser inamovible; como el movimiento eterno en el espacio, las acciones de los Hijos de los Conquistadores se manifiestan en los mundos.

Poderoso, valiente, firme en el paso, sin rechazar la carga de un logro por el Bien General.

Existen tres alegrías de bodhisatvas: la alegría de dar, la alegría de ayudar y la alegría de la percepción eterna. La paciencia siempre, en todo y en todas partes. Los hijos de los Budas, los hijos de los Conquistadores, los bodhisatvas en su compasión activa son las madres de toda existencia.[11]

Esta «compasión activa» del bodhisatva abarca tanto la intrepidez como el *virya,* encuentra su máxima expresión como el perdón. Es imposible extender la compasión a alguien, si en primer lugar no lo habéis perdonado por sus transgresiones. Con el fin de ser benévolo o misericordioso, necesitáis *virya.* Si no tenéis fortaleza, no podéis dar nada, ni siquiera tenéis la energía para perdonar. Necesitáis de fuerza para satisfacer vuestras propias necesidades y luego tener algo adicional para dárselo a los demás.

En el budismo, la cualidad del perdón es un aspecto de la *paramita* conocida como *ksanti,* que se traduce como «paciencia» «contención» o «resiliencia». Se registra en el *Majjhima-Nikaya* que el Buda Gautama instruyó a sus monjes a que se entrenaran en esta virtud:

Cuando los hombres hablen mal de vosotros, así debéis formaros: "Nuestro corazón será inquebrantable, no enviaremos ninguna palabra malvada, sino que permaneceremos compasivos por el bienestar de los demás, con un corazón bondadoso y sin resentimiento; y para ese hombre que habla de este modo, lo cubriremos de pensamientos acompañados de amor y así continuaremos; y haremos que ese sea nuestro punto de vista, inundaremos al mundo entero con pensamientos amorosos, de gran alcance, de amplia difusión, ilimitados, libres de odio y de mala voluntad; y así seguiremos". Por eso, hermanos, debéis formaros.[12]

Haar Dayal, en su resumen acerca de la perfección de *ksanti,* dice:

> Un *bodhisatva* sabe que los Budas son "un océano de paciencia"; la dulce tolerancia es su vestimenta espiritual. Él cultiva esta virtud en toda su perfección. Perdona a los demás por toda clase de perjuicio, insulto, contratiempo, abuso y censura. Los perdona por doquier, en secreto y en público. Los perdona en todo momento, en la mañana, al mediodía, por la tarde, de día y de noche. Los perdona por lo que hicieron en el pasado, por lo que hacen en el presente y por lo que harán en el futuro. Los perdona sin excepción: a sus amigos, a sus enemigos y a los que no son parte de estas categorías.[13]

Para los que desean abrazar el sendero del Bodhisatva, Saint Germain dio una profunda enseñanza acerca del ritual del perdón y del peligro de albergar resentimiento en su discurso del 4 de julio de 1968:

> En verdad, cuando los hombres comprendan el ritual del perdón y el ritual del honor, entenderán que cuando expanden su corazón, para envolver a alguien con quien se encuentran, con un amor verdadero e imparcial, fluye desde su corazón hacia esa persona una energía de elevación que al entrar en contacto con el

corazón receptivo, se eleva de manera exponencial a dimensiones superiores hasta que, por el poder de la raíz cuadrada, el cubo cósmico brilla desde esa energía y la intensifica mediante el amor. Esta, cargada positivamente regresa luego al emisor asegurándole que las bendiciones que cosechará por la alegría que ha liberado hacia otro será una parte permanente de su mundo . . .

Instamos, pues, a que todos comprendan el ritual del corazón. Cuando un individuo os hace algún daño, preciados, ya sea de manera maliciosa o intencional, vosotros que sois sabios aprovecharéis la oportunidad para perdonarlo de inmediato.

Porque cuando la esencia del perdón se da desde vuestro corazón, no solo crea una pasión por la libertad en el que comete el error, sino que intensifica el remordimiento en su corazón y lo lleva así a los pies de su propia divinidad. De este modo, es capaz una vez más de reírse del viento, de las olas, de las estaciones del año y los golpes de la vida. Así comprende que todo es una lección para desarrollar la realidad de su alma.

Entonces, ¿veis, preciados, que la amabilidad como una expresión de perdón y cariño entre los corazones es una actividad espiritual que produce una gran expansión del alma, que está destinada a llevar a todos los hombres de un estado de servidumbre a otro de señorío en el que asume la maestría de su mundo? Sin embargo, a veces miramos con recelo, incluso desde nuestra octava, a aquellos individuos que han estado durante mucho tiempo bajo nuestra tutela y nuestra radiación, quienes al recibir alguna ofensa trivial comienzan de inmediato a enviar una vibración de gran resentimiento contra quien realiza esta acción contra su corriente de vida.

Con bastante frecuencia, se produce una acumulación de intenso remordimiento reaccionario; esto crea un gran karma para el estudiante de la ley del Maestro Ascendido, que debería tener mucho más conocimiento.

Y a través de la ruptura que se crea en el cuerpo emocional, hay una presión de la fuerza siniestra de vibraciones perturbadoras que no solo fluyen a través del aura y la corriente de vida de quien se ha ofendido, sino también ha perforado la paz y la armonía del supuesto infractor.

¿No veis, entonces, en contraste, lo benévolo que puede ser el ritual del perdón? ¡Qué maravilloso sería si nuestros estudiantes realmente pudieran entender de verdad la ley del perdón! Es un dulce regalo del corazón de Dios que la gente debe acoger en su mundo, de manera que puedan dárselo a los demás sin reservas, así como ellos lo recibieron.

Cada vez que alguien haga algo que no es de vuestro agrado, queridos míos, esta es vuestra gran oportunidad. Esta es vuestra oportunidad para decir: «¡Usaré la energía y el amor de Dios para borrar un infortunio más en el universo! Me ocuparé de que la pizarra de la vida se convierta en una resplandeciente pantalla de perfección blanca y manifestaré los patrones de mi perfección. Pues estos patrones son del Padre, yo soy el Hijo que representa al Padre y debo proclamar la Luz y no la Oscuridad».

¿No os parece un poco extraño, amados, que de vez en cuando la gente insista en hacer todo lo contrario? Con la boca intentan acercarse a Dios mientras hablan y parlotean de amor fraternal; pero cuando llega el momento de la prueba, son los primeros en levantarse y decir: «¡La venganza es mía!». ¡Qué burla para la «religión pura y sin mácula ante Dios y el Padre»!¹⁴

No busquemos, entonces, la lujuria o el brillo, sino el perfeccionamiento de la vida, que está en vosotros. Es bastante natural extraer luz desde vuestro corazón y enviarla al mundo. Esta es la virtud que crea la vestidura sin costuras.

¿Os dais cuenta de que vuestro tubo de luz es el vestido sin costuras del Cristo? ¿Os dais cuenta de que cuando invocáis de Dios que la perfección del resplandor de su luz os rodee, estáis tejiendo el vestido sin costuras alrededor de vosotros mismos?

Preciados, deseo que todos comprendáis esta noche que en el instante en que albergáis resentimiento en vuestro mundo de pensamientos y sentimientos contra cualquier persona o grupo de individuos en la Tierra, de inmediato estáis enviando a través de la cualificación de la energía la sustancia que ha de crear un búmeran que traerá a vuestra puerta una gran cantidad de infelicidad.

No deseáis cosechar el fruto de infelicidad, ¿verdad? Entonces, estoy seguro de que comprenderéis que, aunque no siempre queráis perdonar, la discreción es la mejor parte, de hecho, la mejor, del valor.

En su dictado del 21 de noviembre de 1976, el Señor Maitreya nos habló acerca del modo en que el desafío para encarnar la virtud de la bondad amorosa lo motivó en el Sendero:

Vengo a iniciar la línea de bodhisatvas de la nueva era. Vengo a preguntar: ¿Hay alguno entre vosotros, que se preocupe lo suficiente por Terra para vivir y amar, para vivir y servir hasta que este pueblo sostenido en la mano de Dios entre al centro del Uno? . . .

Aquí YO ESTOY y, por sorprendente que pueda

parecer, siempre he estado con vosotros, incluso en las horas más oscuras de vuestra soledad, incluso en la hora en que rechazasteis mi presencia, cuando clamasteis: «¿A dónde huiré de tu presencia?». Porque habéis sabido en vuestra alma que, aunque subiere a los cielos, al cielo o estuviere en las profundidades del inframundo,[15] encontrareis al Buda Maitreya, quien responde al llamado del Buda Gautama y de Sanat Kumara. Durante mucho tiempo, hice mi promesa:

¡No te dejaré, oh, mi Dios!
¡No te dejaré, oh, mi Dios!

Y vi a mi Dios aprisionado en la carne. Vi al Verbo aprisionado en los corazones de piedra. Vi a mi Dios enterrado en las almas atadas a los modos de los impíos. Y dije de nuevo:
¡Yo no te dejaré, oh, mi Dios!
Cuidaré ese fuego.
Adoraré esa llama.
Y poco a poco, algunos aspirarán a estar conmigo,
Para ser Maitreya.
Y un día me senté con la cabeza en mi mano y pensé profundamente. El señor Gautama me dijo:
—¿Qué piensas, hijo mío?
Y yo dije:
—Padre mío, ¿podremos ganarlos con bondad y con amor? ¿Responderán al amor?
Y mi Padre me dijo:
—Si mantienes dentro de tu corazón, hijo mío, la plena orquestación del amor, las 144 000 tonalidades del Amor, si tú mismo llegas a conocer el Amor, entonces, sí, los ganarás con Amor.

Mi corazón saltó de alegría. Mi Padre me había dado el desafío de conocer el amor, de ser amor, no en aras del mero amor y de amor al amor, no en aras de la mera dicha de la comunión con el amor, sino para la salvación de almas, para llegar hasta mi Dios en la humanidad.

[Fin de la lectura].

Amadísimos, os pido que consideréis estas enseñanzas como componentes del loto de mil pétalos de mi corona y de la rosa de luz de mi corazón. Os pido que las toméis como si las arrancarais de mi chakra de la coronilla y del chakra del corazón esta noche y las llevéis a vuestros propios chakras de sabiduría y amor.

Tomadlas, amados, antes de que el año termine. Tomadlas, amados y tenedlas como el amigo que encontréis en el camino de la vida. Los mensajeros del cielo son amigos. Los mensajeros del infierno son amigos. Porque todos traen lecciones y oportunidades para *virya*, para la liberación del fuego sagrado, el amor divino, la transmutación y el perdón.

Perdón

Queridísimos corazones, os pido que entréis este año con la plena majestuosidad de esa compasión intrépida, cuya definición se reduce al punto del perdón. El perdón es lo que borrará el registro inapropiado, suavizará la obstinación de la dureza del corazón, de la artritis y las enfermedades óseas, incluso de la calcificación del cerebro.

Comprended que el perdón es imprescindible; es necesario que surja de la fuente de vuestra alma en esta hora con tal concentración del rayo de la misericordia que pueda contactar y alcanzar a todos los que os han hecho daño en el camino. Benditos corazones, el Señor del Amor, el Señor de la Misericordia y la Compasión puede, entonces, recibiros el primer día del año para traeros ese perdón por vuestros errores que tanto necesitáis, pero que la Gran Ley os niega porque habéis negado el perdón a aquellos que os han hecho daño. Benditos, esta imposibilidad es incluso como un registro en el inconsciente, como un componente del morador del umbral, como un registro en el cinturón electrónico y el subconsciente.

Por lo tanto, mientras meditáis en la *Oda a la alegría* de Beethoven, os pido que oréis con fervor y atraigáis desde vuestra Presencia YO SOY, desde el Santo Ser Crístico y vuestra llama trina todo el perdón que podáis atraer. Enviadlo a todos, amados, a *todos*, digo, a los que os han hecho daño alguna vez. Enviadlo también a todos a quienes habéis agraviado. Por lo tanto, en el amanecer de la última década de los siglos, que las balanzas se equilibren mejor, tanto como la Ley lo permita. Que se haga ahora mientras oráis suavemente y la música está sonando.

[Música de meditación *Oda a la alegría,* de la novena sinfonía de Beethoven, se coloca mientras la congregación ora en voz baja].

YO SOY con vosotros

En el sonido interno de la Palabra, YO SOY Maitreya, YO SOY Buda, YO SOY Madre. Estoy entre el tiempo y el espacio, como el maestro de ambos. Sin embargo, no habito en ninguno de los dos, ya que moro en el corazón del chela y en la estupa del Buda.

Vengo desde el Cielo Tushita, donde he estado conversando esta noche con los bodhisatvas, quienes han alcanzado ese nivel de automaestría Divina e iluminación que se exige a quienes habitan en este reino. Cuando logréis ese nivel, amados, también podréis ir allí; pues este es un plano celestial reservado para los que poseen el logro del bodhisatva o uno mayor. Por ello, en muchas formas artísticas veréis la imagen del Buda rodeado de muchos bodhisatvas que moran en este Cielo Tushita. Estos benditos seres no ascendidos esperan el día de mi llegada a la Tierra, cuando ellos puedan reencarnar conmigo para ser los mensajeros del dharma de la nueva era. Están *lleno de asombro* de que los indicios de este dharma y sus copas colmadas se den mediante los dictados de los Maestros Ascendidos a través de los Mensajeros, para que, aquellos que estén encarnados y también estén en el sendero del bodhisatva, sean los precursores y ciertamente anclen la nueva era de Acuario para nuestra venida.

Estoy aquí, amados, en la plenitud del Buda venidero, quien en verdad ha venido. Pero tal vez algún día pueda venir con mis bodhisatvas a cierto nivel de encarnación si ha de haber una era dorada en la Tierra. Por tanto, muchos rostros dulces y sonrientes de estos seres benditos os consideran como su punto de esperanza para el cumplimiento del sueño largamente esperado. Su dharma es el de encarnar, amados, ya sea que yo lo haga o no, pues deben cumplir con su sendero de ascensión y en el proceso, poder convertirse en instructores del dharma.

Por eso, reflexionan que, en una noche como esta, cuando los ciclos giren con la intensidad de la nueva década sobre nosotros, tal vez ellos sean vuestros nietos, bisnietos o tataranietos; y así vosotros, como Maestros Ascendidos o maestros no ascendidos, podáis algún día sonreírles desde el Cielo Tushita, mientras esperáis una vez más vuestro turno para terminar vuestro trabajo en la Tierra en una era avanzada de iluminación.

Por lo tanto, amados, existe una bendita oportunidad disponible; y yo, por mi parte, percibo que mi oportunidad está tan cerca de la octava física como la Gran Ley lo permite. Así, desciendo al nivel etérico. Entro y salgo de ese nivel y podéis verme si preparáis las vasijas físicas y espirituales para esa percepción interna. No me ocultaré de vosotros, sino que vuestra visión debe ser capaz de penetrar la octava etérica. Recordad que vuestras respuestas a la luz vienen con muchas formas de percepción: la sensación del corazón, la vibración tangible, la sensación de la cercanía de nuestras huestes; la captura de nuestra mirada en el copo de nieve, en la flor, la brizna de hierba o Venus, que os sonríe cada noche. Vengo, por tanto, para confirmaros que estoy con vosotros. Os aseguro que, ante mi solicitud, el Jefe del Consejo de Darjeeling de la Gran Hermandad Blanca, quien me representa de tantas formas clave como Gurú ante esta comunidad, formuló una recomendación muy seria de que vuestra preparación se complete en este día y fecha. Por eso, a través de la Mensajera, ha enviado un mensaje a los miembros de nuestro personal y les solicitó que informen a la Mensajera y a los estudiantes de la comunidad exterior cuánto han progresado en la preparación.

Esto se ha vuelto necesario porque muchos no han prestado atención a la orden emitida de estar completamente preparados para esta fecha. Os garantizo que si pudierais ver a El Morya en este momento lo veríais, en constante movimiento por esta comunidad con su propio portafolios y libreta tomando notas aquí, allá y en todas partes, muy preocupado de que los chelas no hayan entendido ni la prueba de este sendero de discipulado ni la ecuación en cuestión. Por lo tanto, el Jefe está muy complacido de que la conferencia *Actions Speak Louder than Words* (Las acciones hablan más que las palabras) esté ahora disponible para que la estudiéis y multipliquéis como el Ojo Omnividente de Dios sobre los problemas de nuestro tiempo.

Benditos, no cometáis errores; el Gurú El Morya, quien me representa ante vosotros en esta comunidad, mediante su patrocinio adicional, os ha dado una verdadera misión de discipulado. Debéis mirarla como la tarea que encargó Marpa a Milarepa[17] y terminarla. Debéis considerar vuestra preparación como una iniciación en el sendero de vuestra propia condición de bodhisatva y dejar de demoraros y de confundiros en cuanto a las razones por las que, según vuestro propio análisis privado de la situación mundial, las profecías se cumplirán o no.

Llega un momento en la vida de un chela en el que su deseo de automaestría y su amor por el Gurú El Morya deben superar su sentido de superioridad en materia de juicio; y cuando el que es sincero en el Sendero debe simplemente asumir el trabajo del Gurú y decir: «Me es necesario hacer las obras del que me envió».[18]

Ahora bien, amados, si a estas alturas no sabéis quién os envió, siento compasión por vosotros y os digo: Dios se apiade de vosotros. Porque en esta hora es precisamente El Morya quien se ha puesto en riesgo para acortar la distancia entre los chelas del Cristo Cósmico y mi corazón. Por lo tanto, siempre estaré en deuda con El Morya y lo apoyo en este esfuerzo, al igual que lo hacen todos los miembros del Consejo de Darjeeling. El amado El Morya, por lo tanto, os hablará el primer día del año y junto con él estará Serapis Bey en la mañana. Que podáis escuchar a estos grandes adeptos, cada uno de los cuales tiene un enorme cuerpo causal y un logro interno mucho más allá de lo que se requeriría para que ocupéis la posición de Gurú. En otras palabras, amados, vuestra condición de chelas puede no merecer a estos dos grandes adeptos; sin embargo, vienen con su gran luz. Pues tienen el corazón compasivo y la compasión intrépida, que es *maitri*, que es perdón.

Por tanto, confío en que aquellos de vosotros que habéis recibido a los representantes de Morya, enviados a instancias suya y de la Mensajera, no os hayáis ofendido, sino que les hayáis dado la bienvenida en los cargos a los cuales se enviaron. Pues también dijimos: «Si el mensajero es una hormiga, prestadle atención». No lo despreciéis, alegraos. Porque ha llegado la hora en que los constructores y los ocupantes deben conocer los ciclos y todos deben esforzarse juntos como un equipo de luz para completar esta tarea. Lo hemos dicho muchas veces, una palabra al sabio es suficiente. O la palabra no ha sido suficiente para los sabios y si no, los que han recibido nuestra palabra no son los sabios.

Benditos corazones, confío en que sois los sabios o que llegaréis a serlo rápidamente. Por consiguiente, comprended la profundidad de nuestro amor, de nuestra razón de ser, del nirvana mismo, del cual hemos venido y al cual regresamos una y otra vez, ya sea para servir al mundo cercano, ya sea para retirarnos a esos planos internos y sostener el equilibrio por vosotros, amados o tal vez por nuestras llamas gemelas o por chelas de hace mucho tiempo, quienes aún están intentando saldar su potencial kármico, para que los podamos aceptar una vez más.

Misericordia

Por lo tanto, ahora los familiarizo con el loto de mil pétalos del perdón. Que comprendáis que el estudio de la misericordia es profundo. Para conocer la misericordia, se debe conocer a Dios. Para conocer la encarnación de la misericordia de Dios id a Avalokiteshvara Kuan Yin. Mirad la intensidad de su misericordia. Mirad cómo esta se convierte, al entrar en contacto con el aura del individuo, precisamente en su cualidad de misericordia, ya sea que haya falta o abundancia de esa llama.

La misericordia se refleja. Es la gran maestra que le enseña a las personas lo poco que se gana siendo tacaños con la misericordia. La misericordia es la inmensidad de un cosmos en el que toda la creación ha surgido para dar al Hijo Varón la oportunidad misericordiosa de convertirse en Dios.

Hay ciclos en los que se manifiesta como oportunidad y hay ciclos en los que esa oportunidad misericordiosa regresa al corazón de Dios, ya que Dios toma la misericordia para sí mismo y es misericordioso consigo mismo. Entonces, amados, el Gran Aliento de misericordia da como resultado la neutralización de los despiadados, la negación implacable de la misericordia Divina. Que reflexionéis sobre estas cosas. Que aquietéis la mente en plena actividad del trabajo, de manera que podáis contemplar al Ser Infinito en otro camino.

YO SOY Maitreya, fiel a mi promesa de estar en la Tierra en la Escuela de Misterios, no he de dejar este lugar en tanto haya un solo bodhisatva que sea un cáliz adecuado para mi venida. El corazón de esta Mensajera es ciertamente el corazón del bodhisatva.

De modo que, podéis convertiros en vuestro propio bodhisatva, para aseguraros que la copa de fuego esté siempre encendida en Terra. Que la cadena de la misericordia jamás termine. Así, siempre habrá un bodhisatva encarnado.

Ahora me inclino ante el Señor del mundo, Gautama, quien se acerca para dirigirse a vosotros.

31 de diciembre de 1989
Rancho Royal Teton,
Park County, Montana

CAPÍTULO 19

Amado Kuthumi

«El cáliz de la bondad»

Soy impulsado a este lugar por la luz de mi corazón, así como la luz de vuestro corazón se encuentra con mi rayo. Es bueno ver a los chelas de Occidente que pueden elevar una llama y guardarla, que conocen la ciencia y que, si pudieran, elevarían una llama aún más grande.

En este momento de nuestra comunión, os atraigo a mi retiro etérico y a mi retiro en Cachemira. Es el lugar donde Jesús a menudo se queda. Desde ese punto enviamos el llamado para que todas las almas de luz que hayan tenido un logro en la Tierra, que hayan conocido la unión con el Cristo vivo (así como lo hicieron los que habitaban la Atlántida gobernada por Jesucristo durante la era de oro) puedan tener actualmente la oportunidad de cumplir su misión, a menos que, esa misión les requiera que regresen a la Tierra. No debemos, como se ha dicho, quitar toda la crema en una dispensación.

Por eso, buscamos con la mente de Dios a todas las almas que están destinadas a obtener la victoria en esta hora. Comenzamos con este salón y con anillos concéntricos de almas sobre almas que forman parte de esta actividad hasta tal punto en que han logrado aumentar la luz y mantenerla en esta vida.

Benditos, venimos con un cierto millón de almas que pudieran estar listas y hacer su ascensión al final de esta vida. Esto sería una gran bendición para el planeta y establecería la energía acumulada para ese sendero. La gran bendición, por supuesto, sería también que estuvieran en la Tierra y dieran el ejemplo y se convirtieran junto con nosotros en Instructores del Mundo.

Por la gracia de Dios y de nuestros Señores Maitreya y Manjushri, comparto el cargo de Instructor del Mundo con nuestro amado Jesucristo. Nosotros, pues, os hemos llamado para que os convirtáis en Instructores del Mundo, para que toméis la capacitación que impartimos en la Escuela de Misterios de Maitreya en Montana, para que conozcáis las disciplinas del sendero, para que os alineéis con ese Santo Ser Crístico y para que seáis verdaderamente la presencia amorosa de las huestes celestiales con todos con quienes os encontréis.

¡Que deseéis aumentar la presencia del Espíritu Santo! Que podáis conocer esa aura de amor.

Un don del Espíritu Santo

Se os ha llamado a Pentecostés y a que os preparéis para ello este año. Os pido que os reunáis en nuestros grupos para que recitéis los poderosos mantras del espíritu de la resurrección y de la llama de la resurrección para que aumentéis, aumentéis, aumentéis la luz al formar un imán en el aura para atraer a vosotros lo más grande que la que la Gran Ley os pueda permitir de esa dispensación del Espíritu Santo: ¡es el amor del Espíritu de Dios elevado en vosotros, que penetra todos los poros de vuestro ser y que irradia la alegría a toda la vida!

Esta es la capacidad de la conversión. Así como la veis en vuestro instructor aquí, que vosotros también os podáis convertir. Ciertamente, amados, será para vosotros, como la luz de Helios y Vesta.

Visualizad los anillos del aura que os rodean, aumentando y aumentando ahora. Visualizad esos anillos de color rosa y de fuego rubí, de color amarillo dorado y de rayo rosa dorado. Estad en esta presencia y que el poder de esa presencia aquiete a los demonios.

¿Desearías conocer el poder, la sabiduría y el amor de la conversión a través de vuestro corazón, amados?

¿No es este un don del Espíritu Santo por el que darías casi cualquier cosa, cualquier cosa que sea legítima para que Dios la dé?

Yo digo: ¡rezad y dad vuestros mantras por ello! Este don es accesible para vosotros. ¡Podéis tenerlo, amados!

Buscad en el interior, que la energía se acumule

Pensad en lo que haríais en un ciclo de veinticuatro horas. Pensad en esas cosas intrascendentes que atraen vuestra energía de un lado a otro. Pensad en atraer esa energía hacia vosotros mismos, llevándola al centro del sol de vuestro ser. Pensad en almacenar esa energía en el corazón, ahorrándola para que se convierta en un imán del Sol Central.

Pensad en lo que habéis logrado o adquirido en la vida, ya sean conocimientos o bienes de este mundo, amistades o lo que hayan sido vuestros deseos. Pensad que cuando habéis cumplido vuestros deseos, de alguna manera habéis neutralizado al mismo deseo. Por lo que llega un momento en el que ya no necesitáis esa persona o situación para que os dé felicidad o sensación de plenitud. Hecho está. Ahora tenéis la misma energía para que sigáis buscando, para que cumpláis el deseo de Dios dentro de vosotros.

Lo sé, pues he entrenado a novatos, neófitos y a quienes están bien avanzados en el sendero, que es una ley no escrita que cada uno consigue lo que quiere en la vida. Pues la carencia es la sensación de ausencia de algo que se convierte en el deseo de tenerlo.

Ahora bien, ¿no podéis ver cuántos logros os ha traído la vida para satisfacer todas las necesidades de vuestro corazón y de vuestra mente?

¿Deseáis sentir, entonces, la totalidad de Dios dentro de vosotros, aunque no os sintáis completos?

Que podáis apoyaros en esa plenitud, amad esa plenitud que es Dios y sed parte de ella. Que concluyáis esta serie de conferencias y dictados reexaminando vuestras metas y el enfoque de vuestro corazón.

¡Valiosa es la luz de la mente! ¡Invalorable es la luz del ojo y del tercer ojo! No la desperdiciéis con la atención puesta en las cosas externas y en la televisión y en todo lo que pasa durante el día.

¡Buscad en el interior! Que la energía se acumule. Que la luz de la Madre Divina ascienda por el altar de vuestro ser. Sed un centro concentrado de luz y convertíos en un representante de la Gran Hermandad Blanca allí donde estáis. Sed el representante de Dios donde trabajáis, servís y vivís, pero no se lo digáis a nadie. Solo sedlo.

La cualidad de la bondad

Que conozcáis la gran única cualidad que buscamos y que proviene de los anillos áuricos de Maitreya y de sus verdaderos Bodhisatvas. Es la cualidad de la bondad, que casi se pasa por alto en este mundo tan apresurado y se percibe como innecesaria.

Sin embargo, ¿qué es lo que más recordáis de alguien? Una amabilidad, un gesto, una inquietud sincera, una ayuda práctica, la percepción de vuestra necesidad antes de que vosotros mismos lo supierais.

La bondad, amados, es un aura de fortaleza. Hasta que os encontréis a alguien que tenga esa llama completamente desarrollada que ciertamente se relaciona con Maitreya, tal vez ni siquiera sepáis lo que pueda ser la totalidad del cáliz de la bondad.

Hablo de esto, porque es bueno que el estudiante en el Sendero seleccione una virtud y, después de seleccionar la virtud que hará suya, su sello y su marca en la vida, estudie los cursos de Maitreya y de los Budas y Bodisatvas en cuanto a lo que ellos consideran el elemento más esencial por el que se puede hacer el bendito vínculo desde su corazón con los que sufren, sufren por sus conceptos erróneos, sufren por muchas cosas que les han contado los falsos maestros, una enmarañada red de engaños que se debe desenmarañar* y arrojar al fuego.

Sí, amados, entended que la bondad del Buda es un aura que todo lo abarca, que todo lo envuelve. Que anheléis tenerla porque deseáis, en el espíritu del Señor Ling, llevar la llama de la felicidad Divina a todos.

Muchas, muchas personas no son felices, amados. Seguramente son miserables en sus almas y ni siquiera pueden articular qué dolor experimentan en la soledad. Personas que están rodeadas por mucha gente, y, sin embargo, no se sienten amadas porque no se aman a sí mismas como Dios: tienen necesidades.

Os pido que comencéis a regocijaros en la entrega de vosotros mismos, que satisfaga la necesidad específica de cualquiera o todos los que estén cerca de vosotros. Esta es la marca y el signo de un verdadero instructor. No tenéis que ser perfectos en la oratoria o en la entrega de la Palabra, pero debéis ser eficaces en la apertura del corazón y en la liberación de esa bondad, que todos sentirán por muy limitadas que sean vuestras destrezas de comunicación o vuestro vocabulario.

Cuando estuve encarnado como san Francisco no siempre tuve el poder de la Palabra. Fue creciendo progresivamente en mí. Al entrar en comunión con todos los niveles de la vida: el reino animal, los pájaros y las flores, comencé a conocer el lenguaje

*y de lo cual deben separarse.

del amor. Y en la transmisión del amor y en las multifacéticas vibraciones del amor, sintonizaba la nota particular, la longitud de onda que convocaba las fuerzas de la vida elemental y veía el aura y el regocijo.

Sin embargo, yo mismo tuve momentos de gran carga y tristeza mientras avanzaba por la vida y buscaba perfeccionar la orden. Al final, amados, pensé que había fracasado, que no había logrado convencer a mis hermanos que el voto de pobreza y la misma Madre Pobreza le darían la mayor virtud y fundamento a la Iglesia.

Por eso, amados, así ocurre incluso en la vida de uno que podría considerarse un santo, que el karma desciende y la noche oscura del alma llega en su momento y toca. La Noche Oscura del Espíritu es la noche más negra de todas.

«Yo la Nada, Tú el Todo»

A veces se necesitan vidas para atravesar la densidad del karma y las iniciaciones que le permiten al alma entrar finalmente a los brazos del Cristo amado, el Novio. Cuanto más os acerquéis a ese Cristo vivo, más os daréis cuenta de la insuficiencia del ser humano y de su ausencia de capacidad para albergar tal luz. En contraste con la Palabra viva en la que entraréis, os sentiréis desnudos y sin nada de valor.

Sin embargo, esta es una experiencia positiva, amados del concepto «Yo la Nada, Tú el Todo».[1] Esto no es autocondenación o una ausencia de autoestima. Es un momento muy preciado cuando el alma, despojada de todo menos de su amor por Dios, puede entrar y al hacerlo, ser transformada. Nace un Cristo y se gana la fusión y el alma deja de percibirse como alma.

¿Alguna vez habéis oído hablar del alma de Saint Germain o del alma de El Morya?

No, lo habéis hecho, amados, porque desde el momento del

matrimonio alquímico del alma con el Santo Ser Crístico hasta la ascensión en la luz, esa alma se convierte en la individualidad integrada en Dios. El alma ya no existe, sino que la totalidad del ser es la manifestación Divina. El alma está fundida con su Señor y su Señor ahora es su nombre, su conciencia viva.

Por tanto, veis, amados, el potencial se ha convertido en la plena manifestación y ya no se puede encontrar. Por lo tanto, lo que ha de ser, y entonces ser absorbido y reemplazado por el Gran Ser, debe en ese momento, en ese momento de la transición, sentir incluso el yo como inadecuado e instantáneamente saber que el Ser Verdadero es la suficiencia en Dios.

Volver a conectar el alma a Dios

Sí, amados, el Espíritu Santo quiere y ordena que os hablemos desde las octavas superiores de luz a través de nuestra Mensajera. Sois dignos, merecéis esa luz; y ¡qué es lo digno en vosotros, sino esa luz?

¡Venid a la luz!

Sabed, pues, que habéis sido testigos de individuos agobiados por demonios que temen y tiemblan iracundos porque la Palabra de Dios se transmite, no se puede detener y se publica. Pensad qué profanación a Jesucristo es que uno que se llama así mismo cristiano, niegue la comunión del alma con su Señor, que hable con él, y que niegue la respuesta del Señor.

Pero lo más maravilloso de todo esto es que el alma, el individuo que se llama cristiano, no puede percibir la mentira del demonio ni separarse del lazo del demonio que da voz a la condenación del proceso de la transmisión de la Palabra de Dios a través de la Mensajera.

Darse cuenta de que este supuesto adorador en el Sendero no puede distinguir entre la voz de Dios y la del Espíritu Santo y la voz de los espíritus inmundos que hablan a través de sí mismos, quienes niegan la razón de la religión, que es volver a conectar el alma con Dios,* esto por sí mismo es una maravilla. ¿Cómo puede ocurrir esta unión del alma con Dios en una sucesión lógica si no hay comunicación entre el alma y Dios?

«En el principio era el Verbo, y el Verbo era con Dios, y el Verbo era Dios, todas las cosas por él fueron hechas, y sin él nada de lo que ha sido hecho fue»[2] Si el Verbo está en el principio, amados, os aseguro que está en el final. Os aseguro que hay lobos vestidos de ovejas y falsos pastores y la semilla del Malvado† de las más altas órdenes de los caídos que han entrado en los mercados de la religión, al comercializar con las almas y el Sendero mismo.

Pensad entonces, por supuesto que la pobreza absoluta no es práctica. Pero cuando se hace el voto de pobreza, amados, entonces se acaba fácilmente con los que han venido por el dinero. Porque ellos no permanecerán bajo un voto de pobreza, pues las cosas de este mundo son todavía un atractivo para ellos, una parte de sus deseos. Las entidades del materialismo los rodean y ponen en su mente deseos de esto y aquello, y no recuerdan que la energía de Dios es ilimitada.

Si dirigís toda la energía que Dios os ha dado en una dirección, para ser el cáliz del Espíritu Santo y el cáliz de la bondad, os digo: ¡Lo lograréis! ¡Lo lograréis! Y si no lo hacéis en una noche o en un año, en doce meses, sabréis algo cierto que tuvisteis otros deseos más grandes que ser el amor del Espíritu Santo.

Apoyad vuestro corazón en la bondad y adquirid muchas otras virtudes en el proceso

El dolor es un proceso de separación. Hemos permitido que nuestra Mensajera y los chelas conozcan el dolor y las profundidades del dolor, la pérdida y la persecución, etc., pero solo

---

*La palabra religión se deriva del latín religio "lazo entre el hombre y los dioses" o religar "volver a unir".

†*El Malvado,* el mismo Lucifer, cuyos ángeles caídos y sus razas modificadas genéticamente vagan por la Tierra para destruir a los hijos de la luz.

porque nuestra Mensajera y ciertos chelas les han dado la bienvenida a cualquier disciplina o iniciación. Porque como sabéis,
solo el chela puede crear el Gurú y al hacerlo obtendrá la plena
ministración del Gurú.

Algunos dirán: «¡No me digas eso, Kuthumi! No quiero ese
tipo de sendero. Dame uno de paz y placer, sin que se intensifique, sin que acelere la ansiedad, la tensión o la frustración».

Bien, amados, nos inclinamos ante el libre albedrío de cada
individuo. Vosotros establecéis los límites o la naturaleza ilimitada de vuestro sendero.

Si reconocéis algo, algún amor o dulzura de la luz en vuestra Mensajera, ¡entonces acogedlo! ¡acogedlo vosotros mismos,
amados, pues todas las cosas de Dios pueden ser vuestras si sois
perseverantes!

Si vuestro corazón se apoya en la bondad, os garantizo que
adquirirás muchas otras virtudes en el proceso.

Para ser bondadosos, debéis ser prácticos, reflexivos, debéis
ocuparos de los asuntos de vuestro Dios Padre-Madre. No debéis
desperdiciar el tiempo ni la energía. No debéis ser autoindulgen-
tes o estar sujetos a altibajos.

Estad siempre listos con la copa de bondad del elixir de la
vida eterna, debéis mantener una vibración que sea capaz de
sostenerla y nunca estar sin ella. La bondad debe venir acompañada de la sabiduría, para que la gente no se aproveche de
vuestra bondad y que no la reciba como un regalo que es santo,
que se debe atesorar.

Sin poder, ¿cómo impulsaréis la bondad en la Tierra? Por
eso, para lograr la gema de la bondad debéis conseguir, con todo
vuestro empeño, el poder de Dios.

Bien, ¿cómo conseguiréis el poder, amados, si no sujetáis
vuestro libre albedrío a la voluntad de Dios?

De modo, que ahora percibís, que para encarnar la bondad
del Buda debéis conocer, por supuesto, la voluntad de Dios,

adorarla y encarnarla. Esto es la bondad hacia Dios y hacia vosotros mismos con un motivo. Al igual que con la honda, el acto de activarla es lo que generará la energía para la liberación de la bondad y la curación de un alma.

La bondad debe desarrollar en vosotros la memoria o un sistema de memorias para que os acordéis de rezar por muchas personas que necesitan esa bondad y rezar por ellos por su nombre.

Amados míos, percibid pues, las facetas del copo de nieve y de la joya. Ved la bondad en el corazón y ved todas las extensiones de esa partícula en formación geométrica que forman un patrón de encaje para que por el poder del hexágono podáis irradiar la bondad en todas direcciones.

Por eso, el Sendero es para aquellos que están dando forma a sus deseos, que aman los deseos de Dios en su corazón, que cantan:

«Jesús, alegría de los deseos del hombre...» y conocen verdaderamente la plenitud de esa alegría. ¡Oh, ministrad la vida, amados, y más! Emprended ahora vuestra verdadera misión de ser Instructores del Mundo. Si deseáis poneros bajo nuestra tutela, venid al Rancho si queréis. Si no podéis, estudiad donde estáis. Pero tened la seguridad de que cuando os presentéis ante nosotros, comenzaremos ese curso y os dirigiremos por los caminos de la capacitación que necesitáis. Si nos llamáis, nos encargaremos de que os encontréis con cada individuo en la Tierra con el que vuestro karma requiera que os pongáis en contacto y les deis el don de la comprensión.

¿No es el regalo de la comprensión el regalo de la bondad? Sí, lo es. Seguramente lo es. ¿No hay mayor maldad que dejar a alguien en la ignorancia? Yo creo que no. Más duro que los azotes, es ser tan insensible a las súplicas de un alma atada por la mente carnal ignorante, como para dejarla sin la comprensión por la cual el alma podría escapar de la prisión de esa mente carnal.

La resolución de vuestra psicología

Soy Kuthumi. Esta Mensajera ha sido mi discípula durante siglos en los Himalayas entre encarnaciones,

El vínculo es muy estrecho, amados. Podéis confiar en este corazón como una puerta abierta a mi corazón.

Como algunos de vosotros tal vez no lo sepáis, vengo específicamente con la misión de ayudaros en la resolución de vuestra psicología,[3] vuestras relaciones y vuestros lazos con el Padre, la Madre, el Hijo y el Espíritu Santo. Siempre vendré a vosotros cuando me llaméis.

Sí, formaré parte de vuestra «alianza de mentes maestras»[4] cuando forméis alianzas estrechas con amigos de confianza, devotos del Sendero con los que compartís una visión cristalina de un mundo venidero, con los que tengáis planes para un proyecto específico.

Si utilizáis el decreto «YO SOY Luz»[5] con todas sus visualizaciones y fuerza mántrica, si tomáis las enseñanzas que la Mensajera ha dado y dais los llamados a la Presencia YO SOY y al Santo Ser Crístico para que entren en el supraconsciente, el consciente, el subconsciente y la mente inconsciente, os encontraréis día a día más en control de estos cuatro cuerpos inferiores, que son vuestros siervos, cada uno un recipiente para el cumplimiento de vuestra misión.

Vengo con una profunda compasión.

¿Verdad, que la compasión es una forma de bondad?

Vengo con ella, amados, porque sé que el toque de compasión mientras toco vuestro corazón, acaricio vuestras mejillas y suavizo la frente os hace conscientes de que uno os ama, que soy yo, que entiendo, que estoy con vosotros.

Tomad el decreto «YO SOY Luz» como un mantra. Dadlo nueve o treinta y tres veces durante nueve o treinta y tres días. Observad cómo puedo ayudaros en vuestra circunstancia.

La circunstancia no es más que una red de conciencia que consiste en vuestro karma y vuestra psicología. Si cambiáis esto, cambiaréis vuestra circunstancia. Os mostraré cómo, pero no es lícito que yo proporcione la energía. Al dar el mantra, vosotros me dais la energía.

Entonces, amados, estudiad los libros de psicología recomendados por la Mensajera y sabed que la llama violeta sanará y transmutará. La forma de pensamiento curativa y la Matriz Esmeralda sellarán el patrón de perfección, provocarán un cambio para mejorar, sanarán y restaurarán la integridad.

Algunos de vosotros comprendéis el proceso de una crisis de sanación cuando buscáis ayunar, orar y purgar el cuerpo. Sabed, entonces, que también hay una crisis de curación espiritual. Si enviáis mucha llama violeta al templo, mucha sustancia saldrá a la superficie. Si no sois consciente de esto, puede que no sepáis que ese es el momento preciso para aumentar la llama violeta y los llamados a Astrea y buscar asesoramiento para obtener la resolución del alma. Porque muchas cosas salen de la psique a la vez y ahí están ante vosotros. Irán a la llama o volverán al subconsciente, dependiendo de vuestra comprensión de cómo tratar esas condiciones.

Esta es la razón por la que tenemos ministros y consejeros en esta Iglesia y por la que vosotros también debéis aprender a desempeñar esas funciones. Qué mejor manera de aprender que paséis por el proceso vosotros mismos. Por lo tanto, estudiad para que podáis dar sugerencias positivas, apoyo y elevar a aquellos que lo necesitan y para que podáis ser muy conscientes cuando se requiere uno de mayor cualificación profesional para ayudar a alguien a salir de ciertos patrones de la psique o del laberinto de ese inconsciente. Los sabios y ancianos de esta Iglesia tienen mucha experiencia que ofreceros.

¡Vosotros sois las piedras vivas, la Iglesia viva!

Que conozcáis la alegría de la renovación al venir al retiro del Señor Maitreya en el Rancho Royal Teton este verano. Ya sea para la Conferencia o para una estancia más larga, es bueno retirarse por una temporada, para recargarse en la luz y tomar vuestra posición como sois, uno a uno, la Iglesia Universal y Triunfante.

¡Sois las piedras vivas[6] y la Iglesia viva! Se necesita una piedra de bondad en los cimientos. Que vosotros y muchos de vosotros seáis esa piedra. Así se fortalecerán los cimientos para la gran superestructura que vendrá.

Desde los cimientos hasta el más alto campanario, que sepáis que vuestro templo es la Iglesia viva y el altar de vuestro corazón el lugar donde la llama arde. Caminad en la integridad del Santo de Dios y sabed que, ciertamente, ha llegado vuestra hora del logro.

Hablo a todos los presentes, grandes o pequeños, con problemas menores o mayores. Hablo a todos en la Tierra que son parte del millón de almas que queremos elevar, para que puedan elevar a otros. Os digo: ¡podéis hacerlo! ¡Podéis lograrlo! Podéis llegar hasta Dios y podéis empezar ahora mismo.

Yo estoy con vosotros siempre en el Sagrado Corazón de Jesús. Soy vuestro san Francisco, vuestro Kuthumi, vuestro hermano en el camino de vuestra vida para siempre, si me aceptáis.

5 de mayo de 1991
Seattle, Washington

CAPÍTULO 20

Amado Señor Maitreya

¡Restableced la Cristeidad de América!

Regresad al único Dios

YO SOY Maitreya. ¡Y vengo para restablecer la Cristeidad de América! [ovación de pie durante 33 segundos. La congregación realiza la salutación]:

¡Salve, Maitreya! ¡Salve, Maitreya! ¡Salve, Maitreya! ¡Salve, Maitreya! ¡Salve, Maitreya! ¡Salve, Maitreya!

YO SOY Maitreya en el corazón de la Diosa de la Libertad, en el corazón de los seres cósmicos, los devotos y los portadores de luz de todas las octavas.

YO SOY ese Maitreya. YO SOY ese Cristo Cósmico. Vengo ante todo a restableceros, vosotros portadores de luz de América y del mundo, a ese legado Divino de vuestra Filiación individual. ¡Oh, escuchadme, amados y venid conmigo a ese lugar de vuestra Cristeidad! [ovación de pie durante 14 segundos] Por favor, tomad asiento, amados.

Ahora visualizad la cámara secreta de vuestro corazón, un hermoso altar que vuestro Santo Ser Crístico y sumo sacerdote estableció. Es un altar magnifico y se erige de acuerdo con el estilo, diseño y preferencia que surge de vuestro propio Cuerpo Causal de luz. Si pudierais ver este altar con vuestros ojos externos o internos, amados, diríais: *«¡Esto es justo lo que quería!»*. Por tanto, amados, *«os faltaba»*.* hasta que lo visteis. Ahora, ya no carecéis de él, pues veis que en verdad es vuestro altar, el que vuestro propio sumo sacerdote cuida.

Amados, os digo: ¡Elevaos al estándar del Cristo en vosotros! (permaneced sentados, pero que vuestra alma se levante) Elevaos al nivel de la persona auténtica que sois, a la verdadera dignidad y honor que la vida os ha otorgado. ¡Oh, qué poderosa concesión!

Caminad, entonces, en la dignidad de vuestro Ser Crístico y usad el mantra de Padma Sambhava. ¡Usad ese mantra, amados, y que resuene en vuestra alma y en vuestro corazón! Este mantra es apropiado para que podáis ser obedientes al Señor Gautama todos los días. Dadlo treinta y tres veces y celebrad el ascenso del alma cada día a la cámara secreta de vuestro corazón, al altar del ser.

La vida está vacía cuando no hacéis esto. También, cuando no lo hacéis, amados, ni siquiera sabéis cuán vacía está vuestra vida o cuán llena puede estar como si entrarais en la práctica de vuestra cita con Maitreya, con Buda Gautama y con los bodhisatvas. Dadlo treinta y tres veces, amados:

¡OM Ah Hum Vajra Guru Padma Siddhi Hum!

En la Victoria de la llama Divina, convertíos en quienes sois y ya no caminéis por la Tierra al permitiros que cualquier conciencia humana, mente carnal o individuo quieran subyugaros, bien sea a vuestra alma, vuestro cuerpo, vuestra riqueza, vuestra esposa o hijos, etcétera, que ninguno os domine. Amados, juzgad, entonces, mediante el juicio de vuestra Cristeidad: ¿Por

---

*Want (en español querer) se utiliza aquí en el sentido de carencia. *Want* [del nórdico antiguo vanta, similar al inglés antiguo wan "deficiente": estar necesitado o destituido; tener o sentir necesidad; carecer].

qué las personas se acercan a vosotros? Si lo hacen por el motivo correcto, entonces, dadles de la vida y de las aguas vivientes de vuestra Cristeidad.

A diario, digo, *a diario* uníos y homenajead a vuestro Santo Ser Crístico y a vuestra llama trina. Las canciones al Santo Ser Crístico son, en verdad, himnos internos del corazón. Son hermosos. ¡Cantadlos! Dad los mantras de la llama trina, en especial «¡Mantén mi llama ardiendo![1]». ¡Oh, si solo supierais cuán a menudo estáis en peligro de que esa llama trina se extinga, cantaríais ese mantra todos los días!

Consideraos como anclas de Dios en la Tierra

Amados, si la vida no es permanente aquí, entonces la falta de permanencia y ese estado debe haceros pensar y preocuparos seriamente. Si estáis en un lugar equivocado en la conciencia, debéis comprender por qué tenéis ansiedad, o de lo contrario, ¡por qué deberíais tenerla! Pues, yo mismo estaría ansioso si no hubiera forjado y obtenido ese vínculo que es el lazo con mi Gurú, si no hubiera hecho las paces con Dios, si no hubiera confesado mis pecados y escrito mi carta de confesión pidiendo recibir una penitencia.

Amados, es necesario que es os veáis alineados como anclas de Dios en la Tierra, la poderosa ancla que muestra la cruz de Cristo, que sostiene el poder de Dios. Porque esa ancla, amados, es el poder Divino en vosotros por medio del cual camináis bien por el sendero correcto, vais directo y eleváis el Cristo en vosotros.[2]

Todos los que desean a ese Cristo, todos los que tienen la capacidad de ver a ese Cristo os amarán y vendrán a vosotros, pues los habéis elevado. Luego, nuevamente, amados, debido a que los habéis elevado, todos los que tienen enemistad con Cristo, todos los que odian a ese Cristo, os injuriarán:

os perseguirán y lo harán una y otra vez.

Y yo, Maitreya, os digo: *¡Y qué!* [Aplauso durante 10 segundos].

¡Sed fuertes! ¡Sed estudiantes tenaces de Maitreya y comprended que esto continuará hasta que esa Cristeidad se vuelva tan temible como *¡vajra! ¡vajra! ¡vajra! ¡vajra!*

Por tanto, amados, ¡cuando os convirtáis en esa Presencia Crística, la mayor parte de vuestros acosadores huirán! Huirán en vez de perseguiros, pues han sido prevenidos por esa poderosa aura de vuestra Presencia Crística, que se extiende cada vez más.

Amados corazones, esta clase de dolor no debe evitarse. Debe resolverse directamente mediante el fuego del corazón, el amor de Dios, mediante la llama violeta y los Budas y Bodhisatvas* de la llama violeta. Después de todo, amados, no hay nadie hoy en esta congregación que no tenga un karma personal.

Por lo tanto, reconoced que muchos vienen para que podáis acelerar el equilibrio de vuestro karma. ¡Hacedlo ahora! Tengo un plan para cada uno de vosotros. Tenéis un destino que yo os ayudaré a cumplir. ¡Sigamos con él! ¡Veamos esa aceleración!

Si no podéis encontrar ningún karma que descienda hoy sobre vuestra cabeza, entonces dad la llama violeta y que la llama violeta salga y encuentre el karma de mañana, del próximo día, del próximo año y despeje el camino, hasta que toda la circunferencia de vuestro universo se limpie de ese karma y estéis libres para actuar de manera pura como el bodhisatva.

En la entrega de vuestro corazón, en su expansión y en su protección para los pequeños que os necesitan, para los portadores de luz que os llamen, amados, no desechéis ni un ergio de la energía de Maitreya, de la energía de vuestro Santo Ser Crístico para esos individuos, que son un abismo sin fondo, que la devorarán, que beberán una y otra vez de vuestra fuente,

---

*Bodhisatva (con B mayúscula) se refiere a un discípulo avanzado o a un iniciado; bodhisatva (con b minúscula) se refiere a un discípulo. El día que decida entrar al Sendero, soportar, enfrentar y lidiar con su karma, él se convierte en un bodhisatva.

hasta que estén llenos y vosotros secos.

Ahora bien, ¿qué clase de circunstancia es esta, digo?

No es buena.

Por ello, se os otorga luz para que aumentéis vuestra fortaleza. Recibís luz para el día en el que encontréis al adversario personalmente, al Anticristo encarnado. Por tanto, que haya concentración de luz para que estéis *preparados*, *listos* para sanar, para reprender, para amar, para ser quien sois cuando Dios os diga:

«¡Este día, mi hijo, este día, mi hija, caminad hacia ese estrado en ese escenario y proclamad al mundo la palabra de vuestra propia Cristeidad!».

Elevaos al Corazón Inmaculado por la divina resolución para todas las naciones

¡Oh, América, yo, Maitreya, te llamo hoy! Llamo a las almas del pueblo bueno, del pueblo de Dios. *¡Elevaos* al nivel del Sagrado Corazón de vuestro Jesucristo! *¡Elevaos* al Corazón Inmaculado de vuestra muy amada Madre María! *¡Elevaos* al Corazón Inmaculado! *¡Elevaos* al Corazón Inmaculado! *Elevaos* a su corazón y amadla, pues ella contiene en ese corazón la resolución divina para esta y todas las naciones bajo Dios.

Cuando digo que restableceré la Cristeidad en América, estoy hablando de América como la raza YO SOY y estoy hablando de la raza YO SOY encarnada en todas las naciones, todas las razas y en todas las áreas del planeta.* Vengo a restaurar esa Cristeidad en vosotros, quienes habéis dejado que descienda. Y algunos de vosotros habéis permitido que baje hasta el mismo suelo y habéis perdido esa luz.

---

*La palabra *América* se compone de siete letras, que forman las palabras *I AM Race* (en español raza YO SOY) Este término se refiere colectivamente a un grupo de almas provenientes de todas las naciones quienes tienen un rasgo en común: todos tienen una Presencia YO SOY y una llama trina.

YO SOY Maitreya. Vengo en el nombre de Vishnú. Vengo en el nombre de Krishna. Vengo en el nombre de *Maitreya, Maitreya, Maitreya. ¡Pues* YO SOY EL QUE YO SOY Maitreya! Y YO ESYOY en el corazón de todos los Budas. Por lo tanto, todos los Budas se regocijan mientras ocupan sus posiciones alrededor de la Tierra ¡y se forma tal antahkarana de Budas y bodhisatvas hoy que rodean la Tierra, amados! De tal modo, veríais, si pudierais ver, que las naves espaciales desaparecen con temor absoluto. ¡Han volado! Benditos, comprended esto: ellos no se acercan a los Budas.

Sois el Buda. La progenie del Buda está en vosotros. ¡Regadla, elevadla, convertíos en ella! *No os demoréis.*

¡Vuestro mayor problema como estudiantes de los Maestros Ascendidos es la postergación de vuestra Divinidad, que es aquí y ahora una realidad cósmica!

Ahora, permitidme que os diga: Observaos hoy y mañana. Mirad cuáles son vuestras acciones y cuáles no. Moldeadlas según las acciones del gran avatar, según lo que conocéis muy bien acerca de lo que harían Jesús, Krishna y el Señor Gautama. Observaos y mirad, mediante la vibración del amor de vuestro corazón, cuánto os podéis acercar a vuestra idea de cuál es esa verdadera manifestación Crística de vosotros mismos.

Bondad y compasión

Ante todo, *sed amables.* Solo sed amables. Sed amables al hablar. Sedes amables en vuestra generosa entrega. Sed amables cuando pensáis acerca de los demás sin criticar. Sed amables en vuestros sentimientos. Sed amables en vuestro comportamiento. Y pensad acerca de cosas buenas y útiles que podéis hacer. Estáis en un giro positivo cuando hacéis de la bondad, la cualidad de los Budas, vuestro primer y principal impulso por el cual os encontráis, conocéis y habláis con la gente.

Que la bondad, entonces, se convierta en compasión. Que la compasión cumpla con la ley de los bodhisatvas. Que la compasión sea para los portadores de luz y que la conmiseración no descienda para que esté de acuerdo con el morador del umbral o la mente carnal de nadie. Si la estrategia es errónea, *es errónea.* Decidlo y acabad con ella, y no juguéis para comprometer la Ley. Si algo es correcto *y es correcto*, entonces defendedlo. Y aseguraos de saber cuál es cuál.

La música y el sonido correcto

Amados, el primer punto del restablecimiento de la Cristeidad de América, el lugar donde se reúne la Raza YO SOY del mundo, digo es la restauración de la música y del sonido correcto. La música y el sonido pueden llevar al corazón y al alma a las octavas de su fuente. La gran música ha salido de las octavas superiores en todos los siglos. Y muy buena música ha surgido de estos planos, que es la música del Maestro Ascendido que usáis.

Amados, no se trata de negar la música rock y el rap. ¡Se trata de desplazarla, *desplazarla*, digo! [aplausos durante 17 segundos]. Escuchar música rock, rap y cualquier otra clase de disonancia proveniente del infierno, os digo, es una adicción, una adicción muy profunda. Y se convierte en una adicción de la Kundalini que se impulsa hacia abajo, en lugar de hacia arriba.

¿Cómo liberáis al alma de esa adicción?

Bueno, amados, os contaré la misma historia que os relaté antes y lo haré una y otra vez: Existe una falsa jerarquía que ha traído esta disonancia de la muerte y el infierno y la ha distribuido a los niños que están entre ellos.[3] Y se puede atar y tomar a esa falsa jerarquía mediante el llamado para arrojar el morador del umbral, el llamado a los Budas Dhyani y al Buda del Rayo Rubí y mediante llamados del rayo rubí. Sí, amados, la falacia es pensar que la situación es insuperable.

Un Dios, absolutamente omnipotente

¡Regresad al único Dios!

¿Cuántos dioses hay en esta habitación?

[¡Uno!]

Un Dios, absolutamente omnipotente. Por eso, veis que ese único Dios, como en la persona de Elías,[4] puede consumir a todos los falsos dioses, todos sus intentos de negar al Dios vivo y al Dios verdadero. Un Dios es todo. Un Dios es poderoso.

Las muchas voces que provienen de vuestro Santo Ser Crístico pueden ahora desbordar esa fuente e ir directamente hacia el núcleo de la progenie del maligno y toda su falsa jerarquía de la muerte y el infierno. Y creedme, los personajes de la muerte y el infierno que descienden hasta el nivel treinta y tres, me están escuchando ahora, están escuchando a esta Mensajera y están temblando ante vuestra presencia, ¡porque saben que tenéis la clave para destruir el dominio que tienen sobre la juventud del mundo! [ovación de pie durante 32 segundos].

Ya se están asesorando para tomar medidas contra vosotros y crear un antídoto contra el mismo poder de Dios en vosotros. Escuchad mientras os digo cuál es.

Amados, es simple olvido, olvido de que Dios está en vosotros, olvido del poder de la Palabra, de que sois uno con la Mensajera, quien os abraza con todo su corazón, alma y mente. Por lo tanto, no podéis estar separados de Dios; el olvido de que los decretos funcionan, de que sois parte de un cuerpo mundial que se llama la Gran Hermandad Blanca, de que sois uno, mientras sois un Guardián de la Llama y mantenéis la llama, con todos los Maestros Ascendidos, los arcángeles, los seres cósmicos, los Budas, bodhisatvas, Elohim, elementales; y el ángel más diminuto, vuestro propio elemental del cuerpo, y de que sois uno con todos los demás a través del chakra del corazón. ¡Sois uno, amados! [aplausos durante 10 segundos]

Este, pues, es el complot: permitir que creáis en la mentira de la separación, de la soledad, del distanciamiento. «El problema es tan grande, ¿qué puedo hacer al respecto? Es mejor que no decrete. El problema es demasiado grande para mí».

Bueno, en verdad, es demasiado grande para el ser inferior. Pero con Dios, ¡con Dios [La congregación se une al Señor Maitreya:] *todas las cosas son posibles! ¡Con Dios todas las cosas son posibles! ¡Con Dios todas las cosas son posibles!*

Recordad a Ígor

Recordad a Ígor, el santo desconocido quien mantuvo la vigilia con la bendita Madre de Jesús durante la Revolución bolchevique. Benditos, ese único santo aislado que guardó la llama y mantuvo la unión con la bendita Madre evitó que murieran incontables millones de personas, que hubieran estado involucradas en el derramamiento de sangre y, de hecho, hubieran perecido.

Pensad qué podéis hacer cuando el aura de Dios se fusiona con la vuestra, pues estáis bien con Dios, bien con vuestra alma y los maestros, bien con la Mensajera, bien con el amor y, a través del mantra, a través del decreto, sois congruentes con vuestra poderosa Presencia. YO SOY.

No importa lo que cueste, no importa a qué debáis dar la espalda, no importa a cuál hábito debáis renunciar, digo que este año sea vuestro trabajo y el de todo Guardián de la Llama que os ocupéis de cortar todos los lazos que os unen a *cualquier cosa* que os vincule a la muerte y el infierno, ¡*incluido todo ese azúcar!* [aplauso durante 12 segundos]

Olvido, separación, soledad, «los decretos no funcionan», estos pensamientos se martillan en el cerebro y en el alma. Inutilidad. «Debería ser normal. Debería estar haciendo otras cosas que las demás personas hacen. Debería tener una vida equilibrada».

Bueno, os digo, amados, las almas están muriendo todos los días, los cuerpos están muriendo todos los días. La Madre del Mundo está rogando a diario por esas almas que están en el plano astral. Estáis orando y la Mensajera también. Pero, amados corazones, muchos mueren porque entraron al camino de la espiral descendente de esta música de la muerte y el infierno. Por lo tanto, fueron empujados hacia toda clase de drogas, de adicciones, incluso de adicción sexual.

Amados, considerad a la juventud del mundo: cuando tengan veinte o veintidós años, ya están consumidos y parece que tuvieran cuarenta. ¿A dónde está llegando este mundo?

Digo que está llegando a la muerte y el infierno. Digo: *Dios en vosotros es el poder para revertir esta espiral.*

Cuando consigáis atrapar a ese morador del umbral de esta música falsa, comenzaréis a revertir todo lo demás.

Amados, no hay ninguna excepción aquí. Habéis venido a la Escuela de Misterios de Maitreya. Habéis venido al Corazón del Retiro Interno. Os he dado una instrucción. *Os lo ruego, no hagáis karma por no invocar todos los días la atadura del morador del umbral y de toda la falsa jerarquía de la muerte y el infierno, de la música rock, la música rap y todo lo demás, incluida la cultura de las drogas* [aplauso durante 10 segundos].

Que el Hijo de Dios se convierta en el hombre Divino

Ahora, amados, considerad el significado de la escritura del Señor Cristo: «Para los hombres, esto es imposible, mas para Dios todo es posible».[6]

Comprended, si no estáis en la manifestación divina y en la vibración divina, no estáis «con Dios». Las cosas van mal, no funcionan. Los horarios no se cumplen. Estáis aquí cuando deberíais estar allí y enfrentáis toda clase de oposición para hacer lo que estáis intentando alcanzar. El teléfono suena continuamente. Una persona quiere esto, otra desea otra cosa. Sí, amados, esto sucede pues no os habéis tomado el tiempo en la mañana, quienes se han negado a los llamados matutinos durante muchos años.

Benditos, con el hombre nada es imposible. Que el hijo de Dios rechace lo humano y se convierte en el hombre Divino desde el momento en que despierta hasta que va a dormir. Entonces, todo será posible para él.

Escribid vuestro mapa. Haced una lista de lo que decidís que acontezca en vuestra vida. Verted vuestra energía en esos recipientes específicos. Nutrid la llama, repetid el llamado, mirad el arquetipo, esperad milagros y mediante un trabajo duro *¡haced descender* la sustancia para lograr que suceda!

Conocéis la enseñanza acerca de la precipitación de la provisión, de los proyectos y de todo lo que necesitáis para hacer vuestra ascensión. *¡Aplicad la enseñanza!* No podemos hacerlo por vosotros, pero podemos responder a través de vosotros, todos los llamados que realicéis.

Por tanto, amados, ya no más olvidos del yo, de quién sois o quiénes son los que están en el sendero de la izquierda. No cometáis errores. Probad los espíritus[7] de la gente encarnada. Probad los espíritus que os susurran al oído para confundiros.

Sí, amados, *vosotros* sois capaces de darle un vuelco al mundo. La única pregunta es: *¿Lo haréis?* [¡Sí!]

[pausa de 21 segundos]

[La congregación se une al señor Maitreya en el sonido del OM:]

Ommmmmmmmmmmmmmmmmmmmmm
Ommmmmmmmmmmmmmmmmmmmmm

¡Sed este cuerpo de luz!
Preparaos para ser las novias de Cristo

Sí, el juicio ha descendido. El cuarto[8] ay se está incorporando a la gente y la gente está enojada.[9]

Sí, ¡limpiad lo que se presenta ante los ojos de toda la gente a través de la industria del cine y de la televisión! ¡Limpiadlo con Hércules y Amazonia! Ayudad con el poder de Dios a derribar a estos caídos que recrean la Atlántida caída, Sodoma y Gomorra y peor aún; y lo exponen ante los ojos de los niños y de la gente. Esto es la caída de la Diosa Kundalini. Ocasiona depravación, locura, perversión y la muerte del alma.

Mediante el mismo razonamiento de los Logos Solares, por el mismo poder de estar unidos a Dios, ¡sed este cuerpo de luz! Oh, amados, preparaos para ser las novias de Cristo, para ser comulgantes de la Iglesia Universal y Triunfante. Es un nivel de compromiso que no es muy difícil para ninguno de vosotros. Sin embargo, ese compromiso sólido os permite tener mayor fuerza y la fuerza de un cáliz superior, el cáliz de los bodhisatvas y los Budas, del que llegáis a ser parte al sostener la luz descendente de la Iglesia del cielo manifestada en la Iglesia en la Tierra.

YO SOY una parte del cuerpo místico de Dios

¿Quién y qué es la Iglesia?

Sois la Iglesia viva, cada uno de vosotros el templo de Dios. Esa es la única verdadera Iglesia en la Tierra. Cuando muchas almas de luz tienen la conciencia del templo del Dios vivo y deciden unirse y convertirse en los cubos blancos de ese templo, luego el edificio comienza a levantarse en la octava etérica, lo que está ocurriendo. Pero para algunos de vosotros, falta la piedra blanca;[10] pues pensáis que perderéis algo en lugar de ganar si entonces declaráis ese nivel.

Amados, ese nivel de declaración no es para una iglesia humana, sino que está diciendo: «Soy una parte del cuerpo místico de Dios del Cristo vivo y del Buda vivo del planeta Tierra. Deseo anclar esa presencia, ese cuerpo y esa luz de manera tangible y física. Este es un compromiso que deseo hacer en esta octava mientras me declaro comulgante de la Iglesia Universal y Triunfante». Mirad, entonces, cómo los verdaderos *siddhis*[11] espirituales vienen a vosotros, cuando os alineáis cada vez más con vuestro Dios día tras día.

El aborto, el factor crucial en todas las naciones

Amados, con seguridad ya es hora y ha pasado la hora de que concentréis ciertos servicios para atar el morador del umbral y la falsa jerarquía de la muerte y el infierno que se manifiestan a través del aborto, los abortistas y las leyes de aborto. El aborto es asesinato en primer grado de Dios en el vientre de la Madre. Os pido que rescatéis a las madres, a los padres y a los niños de la gran mentira de que el aborto equivale a derechos, derechos constitucionales. Amados, esto invierte todo el propósito de Dios desde el principio.

Como se os ha dicho, amados, es cierto que el aborto es el factor crucial en esta y en todas las naciones, pues crea un karma tal, que dondequiera que se practique hace vulnerable a esa nación. Que podáis liberar a la Tierra rápidamente de esta noción falsa y mentira diabólica de que lo que está mal es correcto, que está bien matar al niño en el vientre. No está bien: es un asesinato, amados. Entonces, el karma de tal acción es el karma del asesinato.

¡Que la iluminación salga! ¡Que la iluminación salga! ¡Que salga la llama de la victoria! Que no veamos en el plano astral campos y más campos con marcadores blancos, que señalan el lugar donde se negó la vida a las almas. ¡Que veamos estos registros limpios! Veamos que todas las almas que han sido abortadas en este siglo tengan su día y su oportunidad de entrar a la vida, de conocer a Dios, de cumplir con su razón de ser y de lidiar con su karma.

YO SOY Maitreya. Os sello en mi corazón. YO SOY el

guerrero hoy y salgo con legiones de bodhisatvas, con Karttike-ya.[12] Salgo a rescatar a toda la vida y digo: ¡Amados, ayudadme! ¡*Ayudadme* y tengamos esta Victoria! ¡*Debemos* tenerla!

[ovación de pie durante 29 segundos]

4 de julio de 1992
Rancho Royal Teton
Park County, Montana

CAPÍTULO 21

Amado Señor Maitreya

La bondad es la clave

La risa de Dios consume todas las irrealidades

¡Atención! ¡Atención! ¡Atención! Ahora, las Tres Joyas[1] aparecen en el corazón. Miradlas, pues, y sabed que el corazón de nuestro señor Buda Gautama contiene un universo, universos y toda la comunidad de Budas y bodhisatvas en todas las octavas.

Refugiaos, entonces en el corazón del Buda

Refugiaos en el Dharma.

Refugiaos en la Sangha.

YO SOY el que viene y moldea todo acorde con la bondad. Deseo hablar de la vara de la bondad, porque la bondad comienza en el hogar: bondad hacia vosotros mismos, en el sentido de que sois dignos de tener la mente de Dios, en el sentido de que sois dignos de las Tres Joyas, que sois dignos de entrar a la corte del Señor con acción de gracias y alabanzas, dignos de que cuidéis todos los elementos de vuestro ser en Dios, pues deseáis manifestar el ideal de bodhisatva.

El ideal de la bondad iluminada por la sabiduría y a la inversa, la sabiduría convertida en compasión mediante la bondad es la razón por la que nosotros dos, Manjushri y yo actuamos juntos en el equilibrio de estos rayos de luz de vuestro sendero.[2]

Cuando la oscuridad aumenta en la Tierra, es el momento de seguir ese sendero dorado. Es el momento de comprender que todo lo que es real es la unidad del alma con el Instructor vivo. Encontradlo en cualquiera o en todas las huestes celestiales. Hallad a ese Instructor vivo en vuestro propio Ser Crístico o en el Ser Búdico.

Que los seres brillantes sean la lámpara y que la lámpara incremente sus lúmenes. Y que los componentes de muchas de ellas se unan como seres resplandecientes reunidos en todas las octavas para celebrar el despliegue de la Realidad.

Enfrentad los desafíos de la Tierra

Entonces, venimos en esta nuestra presentación, para considerar los pasos muy necesarios que debemos tomar juntos para enfrentar los desafíos de la Tierra. Es bueno hacer frente a las realidades concretas de la vida al finalizar el siglo veinte. Pueden no ser reales en el sentido fundamental, pero con seguridad, son «actuales», ya que involucran la amalgama de las acciones de todos.

En muchos casos, desafían una resolución debido a los hábitos arraigados en la conciencia humana habitual. Sin embargo, una vez que os confrontáis con las realidades de la mente humana, debéis lidiar con ellas; de lo contrario, aparecerán una y otra vez.

Sin duda, la salida que escogió Santo Tomás Moro no tiene que ser la vuestra. Él fue decapitado. Otros contemporáneos a vosotros este mismo año, también han perdido la vida a manos del ego tirano del morador del umbral de individuos, sociedades, organismos del gobierno y de las naciones.

Sí, amados, la muerte fue la resolución para muchos, aunque no haya sido el decreto de Dios Todopoderoso.

Invocad la luz de la protección y de sus huestes

Entonces, conoced cuán poderosa es la espada del Buda y del Arcángel Miguel. El Arcángel Miguel empuña su espada en defensa del Buda, del Dharma y de la Sangha. Tomad, pues, esa espada que él ha puesto a vuestra disposición como un precioso regalo, porque atraviesa las octavas, penetra al plano astral y representa a las huestes del Señor.

Se dice que los milagros son para los creyentes;[3] y así es. Algunos milagros parecen tan comunes que ni siquiera se los llama milagros. Y vosotros, los bodhisatvas que os acercáis a los Budas en el Sendero a través de esta comunidad, a veces dais por sentado y, en verdad deberíais hacerlo: la protección de la luz. Pero no deberíais dar por hecho y luego saltear el paso indispensable de invocar esa luz y a sus huestes o llamar al Arcángel Miguel y a sus legiones para que establezcan las coordenadas de protección.

Las Tres Joyas son las coordenadas de vuestra protección, las tres como la llama trina que se convierte en los cinco Budas Dhyani, los cinco que se transforman en los siete chakras y en los siete chohanes y en los Elohim y en los siete que llegan a ser el octavo rayo que representa la cámara secreta del corazón, la morada del Buda Gautama, quien abre el camino a la presencia de los Budas.

Usad los mandalas, las imágenes y formas de pensamiento para ayudar a la visualización

Podéis crear un mandala de cualquier tamaño. Podéis tejerlo en una alfombra. Podéis trazar las líneas de los complejos mandalas búdicos que muestran la apariencia, el linaje y las jerarquías del descenso de muchos Budas.

Cuando diseñáis y ejecutáis estas formas de pensamiento y las colocáis en las paredes, con seguridad estáis creando un núcleo, por el cual el ojo que contempla el mandala lo traslada y lo graba en el ser interior y en cada átomo, molécula, célula, órgano y chakra. Pues ese mandala se llena con la ley del Ojo Omnividente de Dios, debido a vuestra precisa focalización a través del tercer ojo.

Por eso, a través del ojo, el ojo interno y los ojos externos, vuestra visualización y lo que realmente veis deja una impresión en el cuerpo. Ahora, pensad por un instante acerca de los muchos glifos* y jeroglíficos, magníficas obras de arte que se exhiben junto a obscenidades, todo a lo que estáis expuestos en un período de veinticuatro horas, mientras asimiláis millones de impresiones como «instantáneas».

De modo que cada noche, cuando os preparáis para vuestro viaje en el servicio a la luz mientras el cuerpo descansa, es ciertamente importante que meditéis en un mandala de luz para que os ayude a alcanzar al destino deseado en el plano etérico. Podéis también usar una foto o el afiche de uno de los lugares consagrados en la Tierra para la reunión a niveles internos de los que trabajan con los arcángeles en defensa de la vida.

Una imagen del Gran Teton es en sí misma un mandala, pero no dejéis a un lado a los mandalas de la antigua geometría que los budistas han estado usando durante siglos en sus tankas. Podéis utilizar estos mandalas budistas junto con buenas representaciones de los focos geográficos diseñados para que os ayuden en la visualización.[4]

Podéis establecer la geometría de un foco espiritual en la Tierra, al colocar imágenes de Budas de manera simétrica en ciertos puntos de la fotografía de un lugar o monumento sagrado. Luego, podéis tomar fotos de vosotros mismos, de vuestros seres queridos, de grupos de discípulos que trabajan juntos en un proyecto y colocar alrededor las imágenes de los Budas. Al hacerlo, estáis pidiendo que un Buda de las octavas superiores

---

*glifos: figura o carácter simbólico generalmente inciso o tallado en relieve; marca o símbolo esculpido.

del Cielo Tushita pueda ser vuestro instructor y patrocinador. Y mientras fijéis vuestra mirada en ese ser, podéis reflejar porciones y luego todo su logro.

Esta es una lección sobre las correspondencias. Vuestro punto de origen está en el Principio con Dios; vuestro punto de manifestación ahora está en el mundo imperfecto. Pero podéis, mediante el ojo interior y la meditación concentrada permitir y dirigir la migración del alma a planos superiores de vuestro ser.

Luego, podéis solicitar y recibir refuerzos de hermanos y hermanas de luz, de ángeles y de seres cósmicos.

Liberaos de obstáculos y que la mente trascienda

Por tanto, tened cuidado, amados. Es preferible que apreciéis una pared en blanco para meditar que alguna obra de arte imperfecta o que no tenga ningún propósito. Pues recordad, todas las cosas en vuestra casa pueden ser distracciones del ojo de la mente, que os atrape en este o aquel mandala que no sea científico o santo, sino simplemente el diseño de algún artista que pintó algo que podría atraer vuestra imaginación, pero que no tiene la matriz para cargar el alma y elevar el ser interior.

Comprended, entonces que vuestro entorno es una extensión de vuestro cuerpo y vuestra aura. Que el templo se libere de obstáculos y que haya espacio para que la mente atraviese las paredes y mucho más, entre en contacto con las estrellas y otros dominios del ser, del que sois parte.

De vez en cuando, algunos de vosotros habéis vislumbrado a las huestes celestiales en innumerables cantidades, cuando vuestra visión interna se abrió mediante la dirección de uno de vuestros Maestros Ascendidos mentores. Entonces, habéis visto una multitud de huestes ascendidas, de ángeles y de los que son vuestros hermanos y hermanas que habéis reconocido, pero solo durante unos breves instantes de esa experiencia, que sois una parte del cuerpo mayor de la comunión de portadores de luz, que se denomina el cuerpo místico de Dios.

Asumid y convertíos en vuestro Yo Real

Ahora entonces, amados, técnicas muy simples de meditación en la geometría de la naturaleza puede acercaros a la Fuente interna. Así como estáis creados a imagen y semejanza de Dios, de igual manera esa imagen y semejanza también se graba en el cuerpo etérico. Vuestro Ser Superior la sostiene para vosotros.

Pensad en el alma como un estanque reflectante. Cuando está quieto y vosotros os rehusáis a que las circunstancias externas os muevan, veréis que en el estanque se refleja la imagen de vuestro Cristo interno, en cuyo modelo fuisteis creados en el Principio con Dios.

Día tras día, a medida que mantengáis ese estante en calma, que os centréis en la meditación, sigáis el Camino Medio sin deambular en los extremos de calor y frío, descubriréis que la paz en vosotros permite que el espejo intensifique el reflejo de la imagen y semejanza de Dios, hasta que este o aquel reconocerá en vosotros el perfil singular de vuestra propia Cristeidad.

Observad, pues, cómo se os dan los ojos para que trasladéis vuestro arquetipo interno a todos los niveles de vuestro ser y para que trasladéis ese arquetipo a vuestra mente externa y enfrentéis los desafíos cotidianos, de tal modo que podáis lograr la tarea que encontréis en vuestro escritorio, la tarea que es vuestra labor sagrada o el mandato de vuestro karma.

El orden de vuestros proyectos es muy necesario para el éxito de vuestro día y de vuestra vida. Cuando delineáis los pasos de vuestro trabajo y lo hacéis de manera metódica, elegís una forma de pensamiento para un proyecto o una misión, estáis comenzando a traer desde las esferas de luz de vuestro cuerpo causal rayos cósmicos e impulsos acumulados para los propósitos regenerativos de vuestro dharma.

Descubriréis que el genio que se manifiesta a través de vosotros es en verdad vuestro Ser Real. Descubriréis que asumís y os convertís en vuestro Ser Real y que esa Realidad divina vale más para vosotros que tener siempre la razón, la razón, la razón en el sentido humano de la palabra. Vale más para vosotros que vuestro sentido de injusticia, vuestro sentimiento de que os hicieron daño, y esta y aquella distracción de vuestro ego (y del ego de los demás), que están solo ahí para desviaros del punto central de la llama viva en el interior.

Conoceos como una parte de toda vida

Bondad para vosotros mismos, pues, es hacer uso de muchas herramientas espirituales y prácticas, y luego comenzar a practicar el uso de visualizaciones, mandalas, técnicas de meditación con vuestro propio ingenio y poder así ver cuánto podéis desarrollar de la conciencia Divina en la mente mediante las formas de pensamiento que están disponibles a vosotros de manera fácil en la naturaleza, desde el centro de la Tierra hasta la extensiones más lejanas de la Vía Láctea que el ojo pueda contemplar.

¿Os dais cuenta de que cuando miráis una estrella y fijáis la mirada en ella, estáis recibiendo rayos cósmicos, tanto perjudiciales como benignos, rayos beneficiosos espiritualmente, que brillan desde el nivel del cuerpo causal de esa estrella? Todos los soles, sistemas estelares y los planetas del universo emiten rayos positivos (yang) y negativos (yin), que son necesarios y juegan un papel en el desarrollo y sustento del alma y de vuestros cuatro cuerpos inferiores.

La observación de los astros es una especie de deporte y muy divertido cuando miráis las estrellas y sus constelaciones y luego consideráis con vuestros hijos: «¿Dónde está la estrella de mi cuerpo causal? ¿Cómo se ajusta dentro de la configuración del vasto cosmos desconocido para mi mente exterior, en el que, sin embargo, me siento muy cómodo, porque mi ser interno no solo es uno con este cuerpo terrestre, sino también con todo lo que puedo ver y con todo lo que no puedo ver?».

Y luego entráis a meditar con la gran afirmación: «*¡He aquí, YO SOY en todas partes en la conciencia de Dios!¡*», y el corolario de esta: «*¡He aquí, la conciencia de Dios está en todas partes en mí!*».*

Pues amados, cuando os apartáis por períodos de comunión interna, llegáis a conoceros no como separados de cualquier parte de la vida, sino como una parte de toda la vida que es Dios. Y os preparáis para elevar a esa parte de la vida que se ha separado del Ser en el Altísimo.

Usad este dictado como una meditación guiada

Meditad ahora en las grandes esferas de vuestro cuerpo causal. Visualizad a cada una alrededor de vosotros como si vuestro gran Dharmakaya hubiera descendido alrededor de vosotros y estuvierais ahora ocupando estas esferas sucesivas que son templos, la morada del YO SOY EL QUE YO SOY.

Entonces, tomad este dictado como una meditación guiada para que sepáis cuán rápido podéis atraer hacia vosotros mismos la fuerza, la energía, el prana, la luz estelar y los rayos del centro solar, así como la luz espiritual misma, todo para el equilibrio y el refuerzo de vuestra alma y cuatro cuerpos inferiores de modo que podáis asumir nuevamente la tarea de lidiar con los hechos cotidianos, que no son realidades, pero que parecen serlo, cuando se vive en este nivel. Debido a que parecen tan reales, debéis ocuparos de ellos con todos los recursos a vuestro alcance.

Debéis involucraros en la resolución de problemas. Si el problema está en el ojo del espectador de esta Iglesia y esta comunidad, entonces corregid la imagen en el ojo del espectador y mostrad la imagen de la Realidad y la Verdad, lo que es real y lo que no lo es.

---

*También puedes afirmar: "¡He aquí, que la conciencia de Dios está dondequiera que YO SOY!".

Proteged la propiedad pura que está en esta octava física

Cada uno de vosotros dondequiera que estéis podéis convertiros en un representante de la misión de los bodhisatvas en todas las octavas. Debéis proteger la propiedad pura[5] que está en esta octava física. ¡Atesoradla! ¡Cuidadla! Santificadla, como ya lo habéis hecho, y mantenedla santa.

Pues, amados, ¿por cuánto tiempo existirán lugares como este Rancho Royal Teton, disponible para quienes desean formar una comunidad bajo el patrocinio de la Gran Hermandad Blanca, lugares que están en un estado prístino y que la jerarquía de luz pueda usar para aumentar las vibraciones de luz en la Tierra, para que la Tierra pueda conocer un equilibrio y al hacerlo a través de la luz del mantra que desciende, entonces saber que se producirá la sanación?

Compartir un propósito común: la sanación del planeta

Sabed, entonces que la sanación es, en verdad, un asunto de equilibrio, que cuando atraéis la luz y estudiáis las técnicas de curación basadas en el principio del yang y del yin, estáis proporcionando el equilibrio de curación a todos los demás que están trabajando en niveles muy diferentes para la sanación de la Tierra. Los estáis apoyando mientras intensificáis su energía y permitís que vuestra energía sea accesible para ellos mientras entregáis lo que tenéis de manera abundante.

Por lo tanto, en muchos niveles de la Tierra, ministráis a personas de variadas creencias, quienes sostienen diferentes soluciones, aunque todas son parte del colectivo de quienes se ven en la vanguardia de los que restablecen a la Tierra a su naturaleza prístina.

Al compartir un propósito común, que es nada menos que renovar la Tierra con sus recursos naturales y espirituales, ellos son uno, aun cuando funcionan desde niveles muy diferentes.

Comprended, amados, se necesitan muchas clases de individuos encarnados para lograr la curación de un cuerpo planetario, cuyas enfermedades son tan complejas.

Sed amables siempre que penséis en lo que es apropiado que hagáis

Confío, entonces, que cuando penséis en Maitreya, siempre seréis amables en lo que es apropiado que hagáis. La bondad que es un regalo para una persona puede regresar a ella como una llama de alegría, que toca mil millones de corazones.

El corazón de la bondad no deja de poner las cosas en su sitio cuando se malinterpreta a un amigo o a un enemigo. La bondad es la precisión de pensamiento y palabra que tiene también la firmeza y la valentía para decir al amigo o al enemigo cuando se desvía del camino. La bondad es la disposición a ser impopular si es necesario para que algún rincón del mundo se corrija, aunque sea el rincón de vuestra cocina. Sabed, amados, que la bondad es una serie de acciones que surgen de vuestros pensamientos y sentimientos amorosos. Los círculos de vuestra bondad nunca cesan, así como los anillos que se forman cuando arrojáis una piedra al estanque llegan a los mismos bordes de un cosmos. Amados, la bondad es la clave.

Sanemos los corazones agobiados, agobiados tan profundamente debido a la carga de la economía y sus temores al no saber: ¿Tendrán o no tendrán trabajo?

Orad por muchos. Orad por todos. No se requiere un mayor poder o logro para orar por cinco mil quinientos millones de almas que para orar por una sola. Aprended a incluir el todo en uno.

Engrandeced al Señor con bondad y sabed que no me puedo separar de vosotros cuando estáis involucrados en la bondad. Es la Ley, amados. Lo semejante atrae lo semejante y el Buda debe estar con el bodhisatva quien ha abrazado su sendero, su vocación y su llama.

Estoy en esa llama de la bondad y ruego que saltéis en la llama conmigo. Que, pues, salgamos de dos en dos por mil millones. Salgamos para establecer puntos de luz en las vastas extensiones del espacio exterior y conozcamos que en realidad el tiempo y el espacio no existen y que somos uno en la mente infinita de Dios.

Sujetadme a vuestro corazón

En el primer plano de la mente de Dios y del Ojo de Dios en vosotros, miradme, conocedme y sujetadme a vuestro corazón. Cada vez que toméis esa pequeña tarjeta de mi imagen[6] y la presionéis en el tercer ojo, tendréis la marca de mi Presencia Electrónica en cada célula y átomo de vuestro ser. Es tan fácil como silbar una melodía alegre.

¡La bondad es siempre alegre! ¡Yo estoy siempre alegre! Cuando envío bondad y se enfrenta a la crueldad y la falta de bondad me la devuelve, recibo lo que regresa, ya transmutado en la puerta de los anillos más externos de mi aura como bondad nuevamente.

No seáis perturbados. Sed los Budas risueños y sabed que la risa de Dios consume todas las irrealidades.

En el modo invencible, YO SOY Maitreya.

[ovación de pie durante 33 segundos]

3 de julio de 1993
Rancho Royal Teton
Park County, Montana

CAPÍTULO 22

Amado Lanello

La Escuela de Misterios de Maitreya: una aventura audaz

Vengo a vosotros del Oriente del Shambala oriental, «el gran Shambala de la eternidad», construido con un estilo majestuoso en una isla del entonces Mar de Gobi, por devotos como vosotros, que estuvisteis ante Sanat Kumara de Venus. Ellos vinieron para el establecimiento de su retiro y su reino en la Tierra, por medio del cual él deseaba elevar a la humanidad de la Tierra a una condición restaurada a través de la llama trina.

He estado en el retiro en las octavas superiores del Shambala oriental.[1] Allí permanecí, para que mi aura pudiera grabar las formas de pensamiento, el idioma del Espíritu y la geometría de la mente de Dios, que es inagotable. Coloco ahora en esta fecha[*] y sobre este retiro en las Rocosas del norte la matriz acelerada para la Escuela de Misterios de Maitreya.

Así como El Morya me patrocinó a mí y a mi amada, de igual manera entonces, sois patrocinados. Este retiro fue una audaz aventura que Maitreya[2] asumió luego de evaluar a las corrientes de vida que se convirtieron en parte de este, incluso antes de que llegaran y se los condujera aquí, y luego de que evaluó las

[*]6 de marzo de 1994, 5:06 p.m. (Hora de la montaña).

corrientes de vida que vendrían desde los cuatro rincones de la Tierra, con jovialidad y alegría a seguir su dharma y equilibrar su karma, como lo estáis haciendo también vosotros.

Muchos senderos conducen a este Summit y las huellas de aquellos que están en su camino están tallando muchos senderos más. Por lo tanto, que *vuestros* senderos sean rectos,[3] recuerda tu Primer Amor y recuerda que la unión verdadera con El Morya es la clave para toda alma que se sujeta a sí misma y a su estrella a la carroza del señor Morya El. Él es nuestro patrocinador. ¡Cómo ha extraído de su cuerpo causal los dones del Espíritu ganados y los tesoros de luz para lograr que avancéis una y otra vez!

Esta Escuela de Misterios bajo el Señor Maitreya está destinada a reunir las tradiciones religiosas superiores de Oriente y Occidente, incluso aquellas que llegaron a vosotros a través de la comprensión que os hemos traído en nuestros dictados, tradiciones que tuvieron continuidad incluso en las pasadas eras doradas que no se registraron.

Adoptad el camino medio

El camino medio es la respuesta del Señor Buda Gautama. Hay un camino medio en todas las cosas. Los extremos hacia la derecha o hacia la izquierda causan una carga para toda la comunidad. Hablo de la comunidad mundial, pues todos los que son parte de la Iglesia Universal y Triunfante experimentan la Sangha donde están. En sus acciones experimentan el Dharma, la Gran Ley que traslada a ellos la vocación de su vida, su deber (dharma) y su razón de ser.[4] Y, por supuesto, el Señor Buda Gautama anima la Tierra con su poderosa aura y refuerza la llama trina en vuestro corazón.

Preciados, la vida está siempre en un punto de inflexión y, por lo tanto, decir que esta comunidad está en un momento clave es decir solo lo conocido, pues a menos que haya movimiento, no hay crecimiento ni vida, sino muerte por estancamiento.

La pregunta entonces es: ¿Cuál es la dirección para la comunidad de *sannyasins* que viven aquí? ¿Y dónde están los que practican la Ley para que se los considere también sannyasins?

La comprensión solo se puede hallar en el amor verdadero y puro. Los Budas nos han enseñado, todos y cada uno, acerca de los cuatro caminos que llevan al centro del corazón de Dios: el sendero del sacrificio, la entrega, la abnegación y el servicio. Cada uno de los cuatro os trae a la maestría de los cuatro cuadrantes del ser, vuestros cuatro cuerpos inferiores, para que podáis equilibrar los cuatro lados de vuestra pirámide de la vida.

Sacrificio, entrega, abnegación y servicio son las joyas que vienen bajo las Tres Joyas del Buda, el Dharma y la Sangha. Acercad estas joyas a vuestro corazón. En verdad son rubíes.

Algunos de vosotros habéis recibido, ya sea que residáis aquí en los lejanos confines de la Tierra, rubíes desde el corazón de este gran Buda o de ese gran Buda. Los lleváis en una funda en la cámara secreta de vuestro corazón.

Algunos de vosotros ganasteis otras piedras de luz por mérito, por medio del cual vuestro corazón magnifica la llama de Dios, no solo mediante la llama trina, sino a través de estas preciosas joyas que contienen una luz extraordinaria, como veis, más luz de la que podéis llevar en vuestros chakras.

Vuestro sendero kármico

Ahora entonces, venimos al escenario del karma, que los chelas están equilibrando aquí y alrededor del mundo. En los pasos y etapas de la vida, algunos han obtenido el regalo del matrimonio y el regalo de la familia, que son aspectos necesarios de vuestro sendero kármico.

El karma yoga es el mejor karma de todos.[5] Se debe decir algo acerca de cada uno de los yogas. Pero seguís el sendero de Saint Germain y de su Porcia y de los Señores del Karma; y, por lo tanto, conocéis que la ecuación es tanta cantidad de karma, por un lado, y tanto tiempo restante de esta encarnación, por el otro. Entonces, vuestra meta es que os esforcéis para que alcancéis la marca del 51 por ciento, que sostengáis la línea de esa marca y luego que la superéis.

Cuando tenéis una vocación y una oportunidad tan grandes como esta, cuando servís directamente bajo los Maestros Ascendidos, podéis atravesar años luz, por decirlo así, de circunstancias kármicas. Vosotros que exploráis vuestras psiques con seriedad y buscáis la resolución de todas las situaciones internas y externas en las relaciones kármicas, vosotros que tenéis el regalo de la llama violeta, la comunidad y el Gurú patrocinador, ¡tenéis una gran oportunidad como no lo hubierais podido concebir en siglos pasados!

Durante siglos y más *siglos,* habéis esperado el momento en el que podríais liberaros para seguir un sendero espiritual, para restablecer esa conexión cósmica que no pudiera romperse, excepto por vosotros mismos, por vuestro libre albedrío y, al mismo tiempo, ser capaces de satisfacer los deseos legítimos que surgen en las etapas de la vida, como se describen en la tradición hindú.[6]

Entonces, amados, el experimento del Señor Maitreya ha traído mucho bien. Sin embargo, por otro lado, hay algunos que han perdido la visión de la Escuela de Misterios. «Donde no hay visión, la gente perece. Pero el que guarda la ley del YO SOY EL QUE SOY, feliz es».[7]

Por lo tanto, digo, si no dais vuestros llamados a Ciclopea, por lo menos todas las semanas, podéis perder elementos muy importantes de vuestro sendero, que solo pueden descubrirse mediante vuestra visión interna. Si estáis demasiado involucrados en el mundo, participáis de una visión doble y podéis equivocaros en muchas cosas.

El camino medio para la comunidad, entonces, es el sendero del amor y de la comprensión, que habéis escuchado recién en las lecturas del Gita acerca del diálogo entre el Señor Krishna y Arjuna. Participar en el sendero sagrado del karma yoga es el sellado y la garantía de que mientras atendéis a las circunstancias kármicas, a la familia, a la crianza de los hijos, no estáis comprometiendo vuestro recorrido personal y privado hacia el Gran Sol Central. De este modo, cumplís con vuestro dharma y no con el de otra persona.

Equilibrio de todas las áreas de la vida

Lo que el Señor Maitreya desea ver aquí es a una comunidad exitosa, en la cual aquellos que disfrutan del regalo y del privilegio del matrimonio no pierdan la visión del Sendero, sino que valoren el fuego sagrado y lo conserven para las necesidades del momento. Y por supuesto, la necesidad crucial de la hora es la iluminación, la apertura del chakra de la coronilla.

Todo lo que hacéis es legítimo, cuando es para la gloria de Dios, cuando lo hacéis a través del sacrificio, la entrega, la abnegación y el servicio. Pero llega un momento en el que, si no tenéis un instructor, si no podéis sopesar los pros y los contras de los asuntos cotidianos y equilibrar los problemas de vuestra vida, podéis, sin siquiera daros cuenta, desviaros del propósito central de vuestra vida: por qué estáis aquí, cuál es la llama de vuestra vocación y qué estáis tratando de demostrar de acuerdo con la fórmula de Maitreya.

Maitreya desea ver una comunidad de los que siguen el Sendero, ya sea como *sannyasins* en un camino célibe sin contraer matrimonio o como devotos que se casan y tienen hijos. Él desea ver el equilibrio en todas las áreas de la vida y en cada una de las castas que se establecen de acuerdo con la tradición hindú.[8]

Entonces, amados, no le fallemos al Señor Maitreya. Veamos el éxito del experimento, en el que los devotos de Occidente y de Oriente y de todo el mundo, que provienen de diversas tradiciones, puedan estar en el Hogar y sigan un sendero que sea lo suficientemente severo como para mantener a todos en su

trayecto hacia el Sol Central. Sin embargo, que sea lo suficientemente libre como para permitir que todos tomen decisiones que
estén de acuerdo con el estándar del amor divino, que satisface la
necesidad humana. Benditos, debido a que os estáis elevando y a
que esta comunidad está a punto de ser conocida a nivel mundial
y de recibir a muchos, muchos peregrinos de diferentes lugares,
vosotros os encontráis luchando con el morador del umbral de
todas las fuerzas contrarias a las cuatro joyas rubí que recibís,
una por una por el mérito a la acción victoriosa en el sendero
del rayo rubí.

Por tanto, es el momento en el que debéis reconocer de
inmediato cuando la guerra en vuestros miembros se sale de
control hacia esta o aquella dirección.

Estar centrados en Dios

La garantía más segura y maravillosa que tenéis de estar centrados en Dios es este altar del Santo Grial y sus extensiones, que
habéis creado en vuestros centros y hogares en todo el mundo.
Venir a este altar a diario, incluso si tenéis una carga pesada de
trabajo, entrar aquí para arrodillaros durante quince minutos
en medio de una apretada agenda, os reconecta con la llama del
arca de la alianza que arde brillantemente en el altar a nivel etérico.[9] Esa llama refuerza vuestra llama trina, refuerza el dominio
Divino de vuestra Cristeidad en vosotros y os protege de alejaros
demasiado del centro de la vida, con lo cual os encontraríais
frustrados en la periferia. Esa frustración os conduce al fastidio,
que desea llevaros a la ira y luego a un estado descontrolado de
la conciencia.

Hay muchos niveles de corrientes de vida aquí. Por la gracia
de Saint Germain y la maravillosa llama violeta, por la presencia
de Omri-Tas, vosotros, amados tenéis la capacidad de preservar
un sentido de igualdad entre vosotros. Pues la llama violeta en
vuestra aura es un factor de compensación.

Aunque algunos tienen mucho más karma que otros, aquellos con el karma más pesado pueden entablar amistad, estar en comunión, identificarse y alegrarse con aquellos que tienen menos karma. Ese factor compensador no se encuentra en ningún otro lugar, excepto en las comunidades donde la llama violeta es conocida, invocada, ensalzada y amada.

Por qué, amados, podéis ver lo absurdo que sería para vosotros volver a los días en que podríais haber estado en una comunidad o en alguna organización donde los miembros encarnaban muchos principios nobles, pero no tenían el regalo de la llama violeta o su transmutación y no había ningún Maestro Ascendido patrocinador que trabajara directamente a través del líder.

Pues, veis, amados, incluso aquellos que todavía están agobiados por la crudeza de esta vida o vidas pasadas pueden asegurar la purificación del espíritu, del alma, de la mente, de su manera de hablar y de su sustento en una comunidad que es patrocinada por la Gran Hermandad Blanca, *en especial esta comunidad.*

Esa varilla vivificante, la vara del rayo rubí

Ahora entonces, amados, la llama violeta entrelazada con el rayo rubí es una vara, y esta vara se convierte en una varilla vivificante. Por tanto, cuando alcanzáis un nivel, donde todo está en paz, vuestra vida está en orden, tenéis el control, tenéis cierto grado de felicidad, disfrutáis de vuestro trabajo y no existen demasiados problemas, excepto los que la mente ociosa pueda concebir y crear de la nada; aparece vuestro Santo Ser Crístico y aviva los fuegos y las cenizas en la chimenea.

Por ello, es que a vuestro cinturón electrónico llega esa varilla vivificante, la vara del rayo rubí para revolver las hojas húmedas que arden desde debajo de la pila.

Vuestro Santo Ser Crístico dice: «Es tiempo de que os animéis, pues percibo que necesitáis un nuevo fuego y una nueva leña».

De pronto, en este mundo pacífico del que os habéis asegurado, a veces con candado y llave (sin deseos de ceder otro centímetro o de subir otro metro a la montaña Himalaya), o el ser sabio, vuestro Santo Ser Crístico, vuestro Instructor y vuestro Iniciador, viene a deciros que no os permitirá descansar en una paz ilusoria, que es relativa y superficial. Por el contrario, os mostrará que debajo de esa paz, aún existe la guerra en vuestros miembros. Esta agitación de las cenizas del karma en la chimenea del cinturón electrónico se exterioriza, entonces, en circunstancias, en relaciones, en las situaciones muy difíciles que nunca imaginasteis que os ocurrirían: alguna tragedia, alguna enfermedad, algún giro repentino en el camino de la vida que llamáis destino. Sin advertencia, parece que todo en vuestra vida se derrumba y debéis comenzar de nuevo, como Milarepa, a construir desde abajo sobre una base más sólida. Algunas veces, vuestro Santo Ser Crístico os exigirá que construyáis desde cero una y otra vez, si sois receptivos a él y no os rebeláis contra su meta establecida para vosotros: elevaros más.

No podéis permanecer en el mismo lugar en que estáis, en una condición estática, de autosatisfacción y ser una vasija de luz de Maitreya en su Escuela de Misterios. No temáis el desafío, sino recordad las palabras de Krishna: Debéis cumplir con *vuestro* dharma y no el de otra persona.

Si fuerais un pianista y este fuera vuestro dharma, ¿os conformaría ejecutar la misma pieza una y otra vez durante todo el día? Confío en que no, amados, aunque fuera una pieza compleja que hubierais dominado. La novedad de la vida es el desafío cotidiano. Y os digo, amados, algunos de vosotros no distinguís aún entre vuestro propio morador del umbral, vuestro ego y la realidad de quiénes sois en vuestra Cristeidad. A menos que seáis capaces de separar la irrealidad de vuestro ego tirano del morador de vuestra realidad en Cristo, os pondréis en defensa de ese morador y pensaréis que esa es vuestra identidad. Y os justificaréis, ya sea a través del orgullo, la discusión, la ira o el sentimiento de que alguien os ha insultado.

Os justificaréis a vosotros o a vuestras acciones porque creéis: «A mí fue a quien amenazaron e insultaron». Pero, amados ¡es vuestro morador del umbral el que está insultando a vuestro Yo real! ¡Y sois vosotros quienes insultáis a Maitreya por no atar a ese morador!

La prueba nunca es demasiado difícil de pasar

¿Que os dirán los Señores del Karma y los Santos Kumaras cuando estéis ante ellos al concluir esta vida y veáis sobre la mesa de conferencias todas las herramientas que necesitabais para superar todas las condiciones adversas que os sobrevinieron para poner a prueba vuestro temple? Los Señores del Karma, uno tras otro, os dirán: «Bueno, podríais haber usado esta o aquella herramienta», hasta que al final tendréis que admitir con tristeza que, sí, teníais todo lo que necesitabais para vencer todas las pruebas en esta vida, de pasar todas las iniciaciones con alegría, con victoria, con determinación, con la perspicacia de la mente, con la oración interna, con gemidos y llamados al Espíritu Santo en vuestro corazón.

Sí, puede haber gemidos del alma, amados, aunque sepáis que la prueba nunca es demasiado difícil de pasar y que podéis pasarla porque tenéis muchas herramientas a vuestra disposición.

Como escribió Pablo: «No os ha sobrevenido ninguna tentación que no sea humana; pero fiel es Dios, que no os dejará ser tentados más de lo que podéis resistir, sino que dará también juntamente con la tentación la salida, para que podáis soportar».[10]

Por tanto, deseamos traer aquí a muchas almas de luz quienes se han disciplinado en muchas otras tradiciones, tales como los que tienen maestría en la meditación o el servicio, como las hermanas que sirven con la Madre Teresa de Calcuta.

Sí, amados, esa mujer pequeña tuvo la valentía de pararse

frente al presidente, que está a favor del aborto y de desafiar a todos aquellos que niegan la vida a través del aborto y de defender el derecho a la vida del nonato.[11] ¡Esto es algo notorio, amados! Tal valor denota a alguien que es un emisario, por derecho propio, de la Hermandad, alguien que es valiente al presentarse ante el líder de la nación más poderosa del mundo y hacer que este se sienta incómodo. ¡Y de repente la conciencia del mundo entero cambia porque han escuchado a la Madre de Calcuta!

Esto, amados, muestra el poder del fuego sagrado y del fóhat que es posible que acumuléis en todos los chakras, que es posible que liberéis, incluso con palabras tranquilas, pero firmes. Todos vosotros sois madres y padres, aunque sea de vuestro propio niño interno. Sin embargo, en el sentido más amplio, sois padres y madres del mundo.

Sostened la luz y la Presencia unida a nuestras huestes

Vosotros, los miembros individuales, debéis representar a esta comunidad dondequiera que viváis en la Tierra, encarnar los grandes principios del Sendero Óctuple que nos enseñó el Señor Buda Gautama.[12] Tenéis mucho que ofrecer con la ciencia de la Palabra hablada a aquellos que pertenecen a la tradición oriental. Padma Sambhava profetizó que enviaría en los siglos futuros a quienes él pudiera confiar la Palabra y la enseñanza, que sería nueva en esa época.[13] Entonces, entregó a vuestra amada Madre las enseñanzas para este tiempo.

Hay una gran comunión entre Saint Germain y Padma Sambhava. Pues en la ciencia del mantra, que practicáis en la ciencia de la Palabra hablada al dar vuestros decretos dinámicos, habéis recibido la antigua tradición que enseñó Padma Sambhava para este momento.

Por eso, una nueva enseñanza que está diseñada para la nueva dispensación de Acuario está a vuestra disposición. Esta tradición debe pasarse como una antorcha a aquellos que son practicantes de las principales religiones del mundo. En tanto que os familiaricéis con sus costumbres y tradiciones, hallaréis el modo perfecto para presentar esta nueva enseñanza. Por tanto, Padma Sambhava ha enviado a sus representantes en todos los siglos.

Pero os digo, todo el Espíritu de la Gran Hermandad Blanca se ha unido detrás de esta enseñanza y esta causa. Hemos otorgado un enorme valor a las prácticas de este Sendero y al modo en que nuestros Mensajeros las han enseñado en este siglo. Si quisierais practicar estas enseñanzas, pero no podéis hacerlo por horas, al menos hacedlo con regularidad a diario. Quince minutos en la Corte tres veces al día tienen mucho más valor que nada en absoluto. Necesitáis entrar al santuario y hacer girar vuestros chakras. Ya sea que estéis ante el altar que habéis colocado en vuestro hogar o en el altar que establecisteis en vuestro santuario, la Gráfica del Ser Divino y los focos de los Maestros Ascendidos os unen, sin tiempo ni espacio, como lo hacen los grandes rituales del Áshram que Morya me entregó.

Estos rituales, amados también unen a todos los portadores de luz de todo el cosmos, algo que la mente humana casi no puede llegar a comprender. Y le *resulta* incomprensible porque la mente simplemente no se atreve a tanto. Pero vuestra mente Crística, vuestra mente Divina puede mostraros la infinitud de la red de luz que conecta a todos los portadores de luz que mantienen ciertos estándares en sus oraciones y rituales.

Benditos, ese es el punto crucial de mi mensaje. Cuando caéis por debajo de cierto estándar, entonces literalmente, abandonáis la red de luz, el antahkarana, que es vuestro vínculo cósmico con la comunidad de la Gran Hermandad Blanca, mundos sin fin. Hay una luz y una presencia sustentadora que os mantiene unidos a nuestras huestes. Aquí abajo, vosotros debéis sostener esa luz y esa presencia.

¿Quién más puede sostenerla? Dios no ganará la victoria

por vosotros para convertiros de este modo en un eterno robot. No, debéis sostener ese nivel de contacto con vuestro Santo Ser Crístico y esa luz que es necesaria y suficiente para apoyar el restablecimiento de vuestra alma a la unidad con ese Cristo. Esta es una parte de vuestro trabajo, el trabajo que es vuestro dharma.

Ocupad el asiento del conductor

Entonces, en el dharma está el concepto del deber, el deber de comprender que ningún padre o madre humanos, ningún Maestro Ascendido padre o madre, pueden hacer vuestro trabajo o vuestro dharma por vosotros. Si esto os resulta difícil de aceptar, porque otros han realizado por vosotros en vuestra vida lo que deberían haberos permitido hacerlo por vosotros mismos, ¡entonces *debéis curaros* de haber sido consentidos! Pues el cielo no os malcriará ni lo hará El Morya. Él os dará una nalgada. Y estaréis felices por ello, ¡ya que sus azotes son estimulantes! Luego, debéis deciros: «¿Para qué me despertó El Morya?». Os ha despertado a la percepción de que algunos de vosotros os habéis permitido aceptar la institucionalización precisamente en el contexto de la comunidad u os habéis vuelto adictos a un sistema socialista. Podéis haber venido de un país socialista donde el Gobierno o alguien más os protegió de los desafíos de vuestra vida, de vuestro karma, de vuestras cargas o estuvisteis protegidos por esta o aquella póliza de seguro o compensación laboral, etc.[14] ¡Pero ahora debéis ocupar el asiento del conductor, donde es importante que asumáis la responsabilidad por cada medida que toméis en vuestra vida!

Amados, desde el comienzo de esta dispensación, no pocos se destacaron en un principio y luego se superaron en la práctica de la enseñanza y en el servicio a El Morya. Pero luego, se cansaron de hacerlo bien y se desviaron del camino. No estaban bien arraigados y no lucharon para revestir sus cuerpos, alma y mentes de luz y desplazar así la oscuridad.[15]

Recientemente entregué a la Mensajera al nivel de su Mente Superior una descripción general del estado de quienes están en la comunidad aquí y en todo el mundo. Y mientras estaba dando esta reseña, El Morya se adelantó y tachó cuatro nombres en la lista de chelas de la sede central. La Mensajera observó y vio que el maestro trazó la línea a través de estos cuatro nombres, aunque ella no estaba autorizada a ver los nombres con su mente externa. Se dio cuenta de que cuatro miembros de esta comunidad habían entrado a un estado de conciencia, en el cual estaban apartados del centro de la Presencia Divina; se habían permitido moverse a la extrema derecha o a la izquierda y se habían olvidado de las primeras cosas y los primeros principios. Estos individuos tienen que averiguar quiénes son mediante una reflexión en su corazón y tomar medidas para regresar al sendero del Camino Medio; de lo contrario, no permanecerán como candidatos a la ascensión en esta vida, aunque podrían ser perfectamente capaces de lograrlo. Hasta ahora, entonces, sus nombres se han eliminado de la lista de candidatos en esta comunidad.

Mostramos esto a la Mensajera, pues estamos sumamente preocupados, *profundamente preocupados* de que alguno de vosotros aquí pueda racionalizar el motivo por el que estáis aquí, sin comprender que es para el sendero del karma yoga y que os involucráis en el karma yoga a través del servicio al Gurú El Morya, el cual equilibráis con las demás responsabilidades de vuestra vida.

Estableced las prioridades de vuestra vida: Colocad a Dios en primer lugar

Si sois de los que tiene dificultades para administrar su tiempo, su energía, sus horas dentro o fuera del lugar de trabajo, sugiero que consultéis a un compañero chela que sea un experto, de modo que os muestre cómo estructurar vuestro día, cómo manejar las interrupciones, las llamadas telefónicas, etcétera, y cómo asignar ciertos momentos del día para determinados deberes y responsabilidades. Hay algunos deberes de los que debéis encargaros temprano en el día o la noche anterior, porque otros dependen de vosotros para que los orientéis a primera hora de la mañana.

Benditos, la organización de vuestro día, incluso mediante el uso del planificador Franklin,[16] puede evitar que fracaséis sin que siquiera os deis cuenta. No digo que hayáis fallado, sino que algunos de vosotros estáis yendo hacia la línea del fracaso por no mirar directamente las prioridades.

Necesitáis establecer las prioridades de vuestra vida y comprender que a través de las eras los miembros de las comunidades del Espíritu Santo, pusieron a Dios en primer lugar, así como también la unión con la vida inmortal. Sin embargo, distribuyeron su tiempo, como para permitirles hacer muchas otras cosas. Han sido capaces de hacerse cargo de las responsabilidades del karma, de la familia, la comunidad, de su trabajo en la comunidad, sin descuidar el deber más importante de todos: la práctica y la predicación de la Palabra de Dios.

Esta es la temporada de Cuaresma. Esta es la oportunidad de ayunar. Mientras decidís qué alimentos ayunaréis, pensad qué podéis ayunar, respecto de las posesiones, de las preocupaciones que no están conectadas con vuestro dharma, de las distracciones que aparecen por doquier y de demasiados deseos.

Pues si queréis demasiadas cosas, os dividiréis y disiparéis vuestras energías. No haréis nada con eficacia y no os enfocaréis en el proyecto que os asignaron los Señores del Karma junto con vuestro Santo Ser Crístico para que lo llevéis a cabo, que sabéis que debéis lograr y que nunca alcanzaréis, a menos que concentréis todas vuestras energías en ese proyecto de vida y decidáis que, pase lo que pase, debéis dejar a un lado ciertas cosas para que la tarea se realice.

Hay períodos de risa, de bailes y de diversión. Hay períodos de comunión con la naturaleza. Hay otros de trabajo duro. En esta organización, siempre nos orientamos a la realización de proyectos. Trabajamos mucho juntos como un equipo. Aunamos esfuerzos para producir un producto, un libro, las enseñanzas grabadas que publicamos, decretos, himnos, canciones o bhajans. Trabajamos hasta que finalizamos la tarea. Luego, nos tomamos el merecido descanso y nuestra permitida recreación. Pensad en esto como un trabajo de equipo. Cuando estáis en un deporte, trabajáis juntos, practicáis como un equipo y sabéis que cuando llegue el momento en que debáis actuar, jugaréis como un equipo, para ganar. Por tanto, hay tiempos en los que acumuláis hasta un poderoso crescendo de energía, que se emite por una causa, por una victoria, por un desafío hacia vosotros mismos, con el fin de elevaros a una nueva dimensión de conciencia y a nuevos niveles de sacrificio y entrega. Hay otro tiempo, cuando la vida transcurre a un ritmo constante, en podéis contar con tiempo libre y podéis hacer lo que deseáis que contribuya a vuestro sendero espiritual, así como a vuestras necesidades de recreación.

La humanidad no puede elevarse por encima del más prominente entre vosotros

Por lo tanto, pido el equilibrio en el nombre del Buda Gautama y del Señor Maitreya. Os pido que comprendáis que cada uno de vosotros tiene un alma y que toda corriente de vida encarnada en la Tierra conoce. No es solo la Mensajera la que muestra el camino.

Cuando las personas toman sus decisiones acerca de seguir el camino del honor o del deshonor, hay un proceso que continúa a niveles subconscientes. Cada alma puede ver las almas de las personas más elevadas y dedicadas de la Tierra, así como las de una naturaleza inferior.

En los niveles internos del ser, pueden analizar a las comunidades religiosas del mundo y ver los estándares que los devotos mantienen y las condiciones de sus almas. Si estos no poseen los niveles máximos que podrían tener, entonces el resto de la humanidad tiene la excusa de decir, por ejemplo: «Bueno, si estos devotos que están conectados con Elizabeth Clare Prophet tienen este nivel, ¿por qué deberíamos llegar más alto?».

Entonces, veis, amados, es como el conocido pañuelo que solía sacar de mi bolsillo para demostrar el principio [La Mensajera levanta el pañuelo] Este es el pañuelo; lo sostengo en el centro; las cuatro esquinas están en el punto más bajo. El centro representa al que tiene el logro superior. Al levantar el pañuelo, lo primero que sube es lo más elevado. Y a medida que sube, todos aquellos que son parte de este tejido de la humanidad también lo hacen.

Este ejemplo simple ilustra que la humanidad de vuestro tiempo no puede elevarse por encima de los más prominentes entre vosotros, pero puede caer más aún que los que están por debajo de los que ni siquiera están en esta comunidad. En el concepto del pañuelo, veis que todos son puntos que conforman el todo, cada uno en su propio nivel y estándar. No existe la separación. La comunidad es una. Hay castas, hay grados de logro y a niveles internos todos reconocéis esto.

El regalo más grande:
el ejemplo de la alegría en el discipulado

Pues, a todos los que tienen mucho, se les exigirá en igual medida.

Como Jesús dijo: «Porque a todo aquel a quien se haya dado mucho, mucho se le demandará; y al que mucho se le haya confiado, más se le pedirá».[17]

Tenéis mucho, amados; mucho se os demandará. Y el regalo supremo que podéis registrar en los éteres del planeta es el ejemplo de vuestro discipulado, el ejemplo de *alegría* en el discipulado, *alegría* en el Sendero, *alegría* en la Escuela de Misterios, *alegría* en la entrega personal, *alegría* en la gran dispensación que tenéis de la familia, la *alegría* de marchar al ritmo de los tambores de los santos Kumaras y cumplir vuestro deseo de ir directo hacia la marca de la suprema vocación en Cristo Jesús.[18]

No podéis medir a nadie, amados. Algunos han encarnado muy cerca de su ascensión. Puede que no tengan las necesidades que otros tienen. Que todos se respeten entre sí y al dharma de cada uno.

Nadie puede conocer la profundidad del ser de otra persona

Como palabra final, quisiera decir en nombre de mi amada, que de vez en cuando le llegan acusaciones de una cantidad de fuentes diciendo que ella es adicta al trabajo. Esto es muy triste, amados. No conozco a nadie que se regocije más en nuestro trabajo que vuestra Mensajera. Algunos de vosotros pueden sin dudas igualarla, pero no puedo imaginar mayor regocijo que la alegría de la Mensajera al entregaros las enseñanzas y amaros. Decir que la Mensajera es adicta al trabajo es una observación crítica, porque implica que el trabajo tiene límites en el sendero espiritual. Si la Mensajera cruza alguna línea arbitraria en la que se realiza «demasiado trabajo», entonces se refieren a ella como adicta al trabajo. Bueno, como veis, amados, ningún hombre conoce cuál es su propia medida; tampoco conoce la medida de otra persona. Puedo deciros que la Mensajera siempre hace la tarea con alegría y abnegación. Eso cuenta como mérito.

¿Pensó ella alguna vez acerca del mérito? De ninguna manera. Pues ella encuentra la motivación en la alegría de hacer y de entregar nuestras enseñanzas al mundo. Ahora bien, amados, cuando llegáis a esa posición de alegría en la entrega personal, sin que contéis las horas o los ingresos, también tendréis ese mérito acumulado en vuestro cuerpo causal.

Por tanto, escuchad las palabras del Gita. Es un tesoro de todos los tiempos. Si lo estudiáis, os corregiréis a vosotros mismos, os vincularéis con el corazón de Krishna, no os apartaréis hacia la periferia exterior de vuestra aura para luego volveros vulnerables, porque el alma no se mantiene protegida ni centrada.

No critiquéis a nuestros trabajadores. No critiquéis a nuestro personal. Se escuchan voces de muchas partes que hacen esto, amados. Ellos critican a nuestro personal por su servicio al que dedican largas horas. ¿Por qué debe suceder esto, salvo que quienes critican no pueden estar a su altura y, por lo tanto, deben menospreciar aquello que es santo en el corazón de nuestros chelas; deben condenar y ridiculizar? Peor aún, pueden intentar detener a otros, para que no se unan a esta comunidad o alentar a los que están aquí a que se vayan. Tened cuidado con las voces del morador del umbral de quienes están mitad adentro, mitad afuera, que son en parte humanos, en parte bestias. Tened cuidado de ellos y tened compasión por ellos, pues en verdad sufren. Pues no exorcizan de ellos mismos su ojo crítico, su cotilleo, su condena a los demás sin haber caminado en sus zapatos.

Recordad esto, amados. Es lamentable que quienes son miembros de esta Iglesia puedan realmente criticar a nuestra Mensajera y a nuestro personal, por imperfectos que sean. Se debe controlar la crítica y en cambio estar al lado de los que trabajan y lo hacen no en vano, sino para una mayor gloria. Estar junto a ellos y ayudarlos a aligerar su carga.

Dios sabe que necesitamos más miembros del personal para y acomodar a todos los que desean venir aquí. Por lo tanto, hago un llamado alrededor del mundo: Considerad la posibilidad de servir en esta comunidad, incluso durante seis meses para que caminéis junto a nuestro personal, para que aprendáis cómo funciona esta comunidad, para que recojáis la luz de vuestra vocación anterior y para que hagáis descender la luz de vuestra Presencia YO SOY.

Es cierto, así como las palabras de Jesús son verdad y es una enseñanza que recibió Betty Eadie[19] en su experiencia extracorpórea, cercana a la muerte: «No juzguéis para que no seáis juzgados».[20]

La enseñanza que se le dio fue que nadie puede conocer las profundidades del ser de otra persona. No tenéis los registros guardados por el ángel registrador de otro, ni siquiera por el vuestro, en todo caso. Por lo tanto, no podéis juzgar a otra corriente de vida más de lo que podéis juzgaros a vosotros mismos. Podéis orar por los que necesitan oraciones y animar a los que están agobiados. Pero nunca sabéis cuando encontráis a un mendigo o a alguien avanzado en una carrera profesional si esa persona nació para dar el ejemplo a los demás y sacar a relucir en ellos la bondad amorosa, la generosidad, la paciencia, la magnanimidad y las muchas virtudes a las que todos debemos aspirar, pero a veces no lo hacemos, pues olvidamos que esas virtudes son las que conforman nuestra victoria.

Un desafío que todos vosotros debéis enfrentar

Tengo muchas cosas para deciros en mi corazón, pero cierro con mi comienzo. He pasado un tiempo considerable en las octavas superiores del Shambala oriental con el Señor Buda Gautama y los Santos Kumaras, para poder traeros en mi aura la geometría de la Escuela de Misterios de Maitreya.

Deseo recordaros al finalizar la enseñanza que el impostor de la falsa jerarquía de vuestra llama gemela os sacó a muchos de vosotros de la Escuela de Misterios original (hace muchos miles años cuando Maitreya caminaba y hablaba con vosotros y vuestra llama gemela en el Jardín). Ese evento, amados, ocasionó un cataclismo, por decirlo así, en vuestro plan divino, que ha tenido repercusiones incluso hasta el presente, por el que os volvisteis adictos. Y llamo *una adicción* a alguien quien fue y es un impostor de vuestra llama gemela. Y no habéis podido deshaceros de esa adicción en todos estos miles de años desde que vosotros y vuestra llama gemela estuvisteis en la Escuela de Misterios y tuvisteis que dejarla, pues alguno de los dos o ambos seguisteis al impostor de la falsa jerarquía.

Este es un desafío que todos y cada uno de vosotros debéis enfrentar de lleno. Os encargo que lo hagáis. Pues no iréis a ninguna parte en el sendero de la vida hasta que, a través del estudio y la exploración de vuestra psicología y la aceleración en vuestro sendero espiritual, podáis liberaros de ese impostor, a cuya vida podéis encontraros ahora atados de manera indisoluble.

Por lo tanto, amados, hay dolor. Pero podéis conocer el dolor de la dicha y entrar al corazón de Maitreya. Podéis soportar cualquier dolor, amados. Una vida en esta Tierra es como tres días en la tumba y luego la resurrección. Cuando estéis en el hogar libres y victoriosos, todo el dolor, la lucha y las guerras que peleasteis y ganasteis serán como nada, pues estaréis en la gloria de Dios y del Cordero sentado en el trono.

Estoy en ese lugar, amados, pero soy una parte muy importante de esta Tierra y muy consciente de que la mayoría de las personas no nos escuchan ni nos ven. Necesitamos que les enseñéis y la única forma de que aprendan, amados, es mediante el ejemplo.

Abrazad el Camino Medio. Sed libres. Sed alegres. Sed felices.

[Ovación de pie de 32 segundos]

6 de marzo de 1994
Rancho Royal Teton
Park County, Montana

CAPÍTULO 23

Amado Señor Maitreya

Vislumbrad el sol dorado de esferas superiores

Coloco ante vosotros una amplia vista panorámica del mundo celestial en las octavas superiores del plano etérico. Abro las puertas a este escenario para que podáis ver que hay muchos, muchos bodhisatvas consumados que realizaron la promesa del bodhisatva y, por lo tanto, no han hecho su ascensión. Esperan los días y las horas en las que, en un extenso futuro en el tiempo y el espacio, ellos puedan reencarnar, seiscientos años después de que se manifieste una era dorada en la Tierra, *si* en verdad esa era dorada se ha de manifestar.

Estos son seres de luz quienes tienen un logro tan elevado que, aunque no estén ascendidos, no se les permite descender al plano terrenal para caminar entre vosotros. Pues protegen bien su manto, su misión y saben que el futuro venidero les otorgará la oportunidad de traer muchas almas al sendero del Buda.

Existen preciadas almas nacidas con un logro muy elevado por doquier en la Tierra. Algunas de ellas triunfan, aunque no todas, pues son frágiles, si bien son fuertes. Y cuando sus padres no son capaces de cuidar de ellas como deberían, entonces amados, no pueden alcanzar el cumplimiento de su misión que a menudo, se aborta.

Un capullo especial de llama amarilla dorada

Esta es la era en la que deseamos llamaros para que entréis al mismo centro del corazón del segundo rayo, que regresa a Helios y Vesta, a Alfa y Omega. Es el *poder,* el poder de la sabiduría de Dios, la visión de Dios, la presencia de Dios, que puede destrozar finalmente la densidad del planeta.

¿Qué significa esto? Significa que cada uno de vosotros necesita un incremento de un capullo muy especial de llama amarilla dorada. ¿A cuántos se les puede confiar esta llama? ¿Cuántos aprenderán a usar la llama, a expandirla, a iluminar una habitación oscura, incluso un universo sombrío?

Por lo tanto, recomendamos, ya que la Tierra está cada vez más oscura, que invoquéis a todos los adeptos del segundo rayo de todo el vasto cosmos, los que están en la Tierra, quienes no han hecho la ascensión y los que sí han ascendido. Este es un momento, amados, en este primer cuadrante del año, de impulsar de manera poderosa, amados, *con fuerza,* para que esa llama amarilla dorada traiga a muchos que desean hacer el bien en la Tierra un mayor entendimiento acerca de qué es la Realidad. Esta puede ser la era dorada de Acuario, pero también es la era dorada de la Realidad.

Ahora bien, entonces, mientras actuamos con el Dios y la Diosa Merú, con los seres del segundo rayo de un logro muy elevado, usemos nuestras fuerzas y reunámoslos para desenmascarar al Mentiroso y su mentira, al Asesino y su intención asesina, para exponer a todas las islas de oscuridad que algunas veces cubren continentes enteros. Pues las tinieblas están en aquellos que salen del plano astral, aunque no se mueven de manera física en la Tierra.

Podéis hacer mucho, amados. Los decretos que dais para esa llama de iluminación encenderán el mundo de numerosas personas.

Os enviamos por toda la nación

Ahora, entonces, os enviamos, mientras El Morya determina su programa. Ante todo, os enviamos a esta nación. En tanto que el mundo se vuelva más ligero, pues no admitiremos que la oscuridad nos derrote, podremos ser capaces de enviaros a otras naciones de nuevo.

En esta hora, es sumamente importante defender el suelo, la gente, la tierra y la libertad de los Estados Unidos. Esta nación debe protegerse, pues aquellos que avanzan contra ella, han estado en la Tierra durante miles de años. No tuvieron su origen en este planeta, sino que vinieron de otros mundos y casi no concuerdan con quienes están en la Tierra hoy. El [problema de la] falta de acuerdos, amados, es este: aunque pueden o no tener un chakra del corazón, existen dudas acerca de si poseen una llama trina. Y existe un revestimiento sobre algunos de los pueblos del mundo de una dureza tal de corazón, que uno se pregunta cuándo se podría romper esa dureza y si se podría romper antes de que los individuos mismos deban transitar hacia la segunda muerte. Por lo tanto, hay extraños dioses en la Tierra, extrañas manifestaciones que no aparecen en el perfil de los Manús, del Cristo o del Buda.

Entonces, llegad a descubrir que podéis llevar a muchos a los pies de su Dios, pero solo si están dispuestos y pueden. Si no es así, todo el cielo se inclina ante su libre albedrío.

Puede separarse el velo a través de la llama de la iluminación

Ahora entonces, amados, creemos que a través de la llama de la iluminación y de vuestra cooperación en el uso de esa llama, aunque sean quince minutos al día, podemos lograr una separación del velo (es decir, de manera parcial), de manera que la gente pueda vislumbrar el sol dorado de otras octavas, de planos etéricos elevados, de seres que brillan con una luz dorada.

Toda la Tierra no está en tinieblas, pues el resplandor de vuestra Presencia YO SOY no está solo arriba de vosotros, sino también en vuestro templo. Vemos esto, aunque no lo sepáis. Por lo tanto, os decimos que es así, que habéis avanzado, algunos de vosotros enormemente, desde que iniciasteis este sendero, y seguís haciéndolo desde vidas pasadas, mientras multiplicáis vuestra energía acumulada de servicio y comprendéis cuán necesario es el poder del rayo amarillo.

Que la mente de Dios esté en vosotros. Expandidla y conoced vuestra capacidad para cambiar el mundo. Si pasaran un avatar, cinco, diez o diez mil, ¿os contaríais entre ellos? O diríais: «Soy un simple mendigo. No estoy a ese nivel. No me puedo considerar un avatar».

Bueno, amados, trabajad para el título. Trabajad para el cumplimiento de lo que ese título conlleva y sabed que Dios vive en vosotros como vive en mí con seguridad. ¿Hay alguna diferencia? Pienso que es solo que algunos de vosotros sois ignorantes o simplemente no estáis dispuestos a creer que «vosotros sois dioses» como dijo Moisés «y todos vosotros sois hijos del Altísimo».[1]

Si Dios os creó como dioses, y lo hizo pues os creó a su imagen y semejanza, entonces ejerced este poder y salvad el planeta. ¡Vuestra poderosa Presencia YO SOY está lista para eso!

Hablemos, entonces, de los diversos niveles de líderes de las naciones, quienes piensan que tienen poder y grandeza, pero están entre lo peor de lo peor. Es incluso notorio en estos días que la gente se manifiesta en las calles y exige que el voto popular se refuerce y ratifique. Oh, benditos, con seguridad, sin duda alguna, es un planeta de contrastes.

Hablemos acerca de lo que es eterno. Hablemos acerca del plano etérico como mucho más concreto que vuestra octava física. Hablemos acerca de vosotros mismos, de llegar a ser íntegros y al borde de pasar de ese punto de mortalidad a la inmortalidad. ¡Oh, qué transición será esa, amados! ¡Oh, qué transición! Sabed que podéis entrar en esa inmortalidad antes de uniros finalmente a Dios.

Por tanto, muchas cosas pueden acontecer en vuestra vida en muy poco tiempo. Y mientras observáis el mundo ahora en esta década que avanza hacia la próxima, debéis saber que existe totalmente la oportunidad para vuestra victoria, para vuestra victoria final dondequiera que estéis. Ya que muchos de vosotros estáis dejando la Escuela de Misterios, solo por un tiempo, entonces yo me iré con vosotros.

Os consuelo

Yo, Maitreya, os consuelo ahora. Llevo un manto que no es solo amarillo dorado, sino que es de oro metálico. Y cuando me veáis, recordaréis cómo en pasadas civilizaciones también llevabais esos mantos. También servíais al que era entonces el jerarca.

Por tanto, vengo en mi Presencia a cada uno de vosotros para quedarme y actuar con vosotros. Siempre haced el llamado si necesitáis algo. Estoy aquí para ayudaros a tomar la decisión más sabia para vosotros. Podéis realizar muchos movimientos pues sois talentosos, bien educados, tenéis mucha experiencia y habéis aprendido mucho de los Maestros Ascendidos y de los Mensajeros.

Por tanto, amados, sabed que no os faltará la oportunidad, pero deciros: «¿Cuál es el llamado supremo que puedo hacer? ¿Cuál es el atributo superior? ¿Dónde debería estar? ¿Dónde iré para descubrir ese núcleo interno, que al dispararse puede impulsarme hacia mi ascensión, mientras que actúo con él hasta la hora de mi victoria?».

Al concluir esta conferencia, deseo que vengáis a mi retiro etérico.[2] Allí os mostraré vuestra historia pasada, presente y futura. ¿Hay una historia futura? Ciertamente, amados, se puede leer. Por lo tanto, como vuestro padre estoy decidido a ocuparme de que no quedéis sin consuelo, sino que el Espíritu Santo venga a vosotros y que yo pueda acompañaros. Sin dudas, esta es mi gran alegría.

Ya que puedo estar en muchos lugares a la vez en el mundo, ninguno de vosotros tampoco permaneceréis aquí sin mí. Esta es la Escuela de Misterios y siempre está en la octava etérica. Llegad a esa octava. Alcanzad las estrellas. Alcanzad las grietas que deben llenarse para que podáis ser íntegros. Alcanzad todas las cosas, que al reunirse os darán integridad, equilibrio y armonía.

Y algún día mientras estéis caminando en los valles, las montañas, las colinas, tendréis cierta sensación en vosotros. Y esa sensación significa que comenzaréis a sentir el lento giro del fuego que se envuelve dentro de vosotros.

Siempre de manera muy callada, siempre muy suave, estáis recibiendo el mensaje de Dios, que desea elevaros más y acercaros cada vez más a los dominios de vuestra inmortalidad.

Recordad toda vuestra historia

Amados, es algo maravilloso cuando luego de vidas de servicio, de equilibrio de karma, de encarnar una y otra vez, ya que tenéis mucho karma que os ha agobiado, entonces encontráis a los Maestros Ascendidos, sus enseñanzas, la Mensajera y todo lo que tenéis ahora. Este es el momento en el que podéis recordar toda vuestra historia.

Pedid al Guardián de los Pergaminos que os la muestre. Pedid a los Señores del Karma. Podéis ver en vuestra historia pasada, dónde comenzasteis, en primer lugar, a apartaros de las llamas doradas de la iluminación y de vuestra elevación hacia el sol en la luz solar. Y cómo, poco a poco gravitasteis hacia reinos e individuos más oscuros, quienes os llevaron por este y aquel camino hacia el sendero equivocado.

Por tanto, habéis atravesado por un largo período de equilibrio de karma. Sin embargo, muchos de vosotros, habéis llegado al cumplimiento, amados, al punto en el que ciertamente habéis transmutado muchos bloques claves y pesados de karma personal y mundial. Aquí es donde estáis hoy. Os recuerdo que la Mensajera os dijo que Mark Prophet no dejaría esta octava hasta que Elizabeth hubiera obtenido el 51 por ciento [del karma saldado]. Después de eso, amados, vio que había llegado el momento de seguir adelante y mantener el equilibrio para el servicio de la Mensajera hasta el final.

La copa del elixir

Veréis, amados, cuando el karma finalmente esté saldado y hayáis trabajado duro durante tanto, tanto tiempo, no os olvidéis de aceptar la copa del elixir que es vuestra para que la bebáis. No olvidéis que además del karma negativo, de todo esto y aquello, vuestro señor y Salvador Jesucristo, mi Hijo, vuestra poderosa Presencia YO SOY y la Divinidad os consideran ahora puros, perfectos y capaces de llevar la luz.

Si algunos de vosotros aún tenéis cosas que resolver, miremos eso, os ayudamos. Pero no le damos mucha importancia. Vemos la preponderancia de vuestro esfuerzo, vuestro sacrificio y vuestra sensación de que ha pasado mucho, mucho tiempo y que estáis realmente volviendo al Hogar.

Dejar la Escuela de Misterios os llevará a lugares donde debéis estar, aquí y allá, encontrar a esta persona en particular, involucraros en ese aspecto especial de la educación y más aún. Sí, hay cosas que debéis hacer. Pero en el núcleo ardiente de vuestro ser, que la luz de fuego blanco y la llama amarilla y dorada de la iluminación tengan tanta intensidad y fuerza en vosotros que el núcleo interno no se mueva jamás. Simplemente iréis por el mundo gentilmente y os diréis: «Sé por qué me encontré con esta o aquella persona. Comprendo por qué sigo teniendo problemas, pero la parte superior en mí y la plenitud del fuego de mi ser es mi calamita. Esa es mi Presencia interior. Esa es la fuerza de mi

Dios; y mi Dios me llena ahora y YO SOY íntegro. YO SOY bendecido. Ya no me considero un mendigo, porque YO SOY un príncipe, una princesa, en el reino de mi Dios. Acepto esto y en esta vida, si Dios quiere, seguiré mi camino hasta el trono de gracia».

Pensad en esto. Pensad en esto y sabed que YO SOY con vosotros siempre, incluso hasta el cumplimiento de vuestra Victoria.

YO SOY Maitreya. Llamadme. Distribuid mi compasión a todos y tomad una fuerte dosis para vosotros. Sabed que es adecuado para vosotros y que simplemente os amo, os amo y os amo.

En verdad, YO ESTOY con vosotros. Id en paz donde Dios os ha llamado.

2 de enero de 1997
Rancho Royal Teton
Park County, Montana

CAPÍTULO 24

Amado Lanello

Vuestro Santo Ser Crístico tiene una personalidad singular: ordenadle que entre en vuestra vida

YO ESTOY en medio del fuego de Dios que palpita desde el interior de la Tierra. Envío los latidos de mi llama a todos y a cada uno de los portadores de luz de la Tierra y más allá. Envío esta llama a cada uno de los que sirven a la llama de Dios a través de la humildad.

Al aceptar, entonces, vuestra desaprobación del orgullo humano, entro al recinto de vuestro ser. Saludo a todos los Guardianes de la Llama de todo el mundo que comparten el creciente antahkarana, la gran red de luz formada por muchas almas que están en el sendero de los Maestros Ascendidos, pero que quizás no están vinculadas a esta actividad y a este sendero interno con Dios que todos vosotros compartís.

A lo largo de los años, me he esforzado poderosamente por alcanzar niveles de conciencia cada vez más elevados y así poder mostrarme digno de dar a Dios y a la humanidad los frutos de mi cuerpo causal. Estos son frutos de mi Árbol de la Vida desde el Principio, cuando éramos uno con Dios y todas las llamas gemelas eran como un ovoide de fuego. A partir de ese momento permanecimos durante algún tiempo en santa inocencia.

Pero con la llegada de los ángeles caídos conocidos como los rezagados y sus ataques a muchas almas de la Tierra, comenzaron las transigencias. Y la mayoría de quienes están aquí esta noche, si no todos, descendieron cuesta abajo hacia la dualidad y luego empezaron los poderosos esfuerzos para volver a obtener ese nivel de perfección Divina que una vez tuvieron. Todos hemos conocido estas alturas, amados, y aspiramos regresar a ellas.

Deseo entregar más y más de mi cuerpo causal

Por lo tanto, en esta celebración del día de mi ascensión, vengo a vosotros con un gran y profundo amor. Os hablo, entonces, en relación con lo que he estado haciendo durante los años en que he estado separado físicamente de vosotros.

Amados, he estado sembrando semillas de magnificencia Crística en todos los portadores de luz de este planeta, este sistema solar y dondequiera que los fuegos de mi corazón lleguen a través de las galaxias. He enviado oleadas de luz casi más allá de las estrellas a los que han estado ligados a mí desde vidas anteriores. He enviado esta luz para reclamar incluso un alma de luz, una oveja que se haya extraviado. He trabajado sin descanso en el servicio a la Gran Hermandad Blanca, pues he deseado cumplir con mi razón de ser para poder entregaros más y más de mi cuerpo causal. Por lo tanto, os entrego más en esta ocasión.

Confío que comprenderéis, como muchos os han dicho, que es mucho más difícil borrar el karma mediante buenas obras cuando estáis fuera del cuerpo en la octava etérica. Por eso, os aconsejo que aceleréis poderosamente, para que podáis lograr el equilibrio de vuestro karma. Así la Gran Ley lo ha permitido, así la Gran Ley lo ha bendecido.

En estos días de gran cambio en esta organización, estoy unido en especial con vosotros, desde el más pequeño hasta el más grande. A cada uno le doy lo que es apropiado, lo que el individuo puede interiorizar y con ello acelerar a su comunidad y a sí mismo.

Es maravilloso entrar en la nueva era de Acuario y tener un liderazgo tan maravilloso en esta organización. Yo, vuestro amado Lanello, me inclino ante todos y cada uno de vosotros que estáis en una posición de liderazgo y a todos vosotros, a quienes considero líderes. Pues estáis dirigiendo a alguien además de vosotros todos los días de vuestra vida. Estáis dando el ejemplo. Lo que hacéis se grita desde los tejados.

Como ya he mencionado, así como los televisores reciben nuestro mensaje a través de sus antenas en los techos de las casas, de igual manera estamos gritando ese mensaje desde los tejados del mundo, conexión por conexión. Os insto a que uséis la transmisión satelital y otros aspectos de la tecnología de Saint Germain para que contactéis a las almas de luz a nivel mundial. Pues en verdad, los campos están blancos para la siega.[1]

Vuestro Santo Ser Crístico tiene una personalidad singular: Ordenadle que entre en vuestra vida

Tened en cuenta que os estáis convirtiendo en vuestro Santo Ser Crístico a medida que os fusionáis con él, no solo de vez en cuando, sino cada hora y cada veinticuatro horas, mientras camináis y habláis con este instructor muy especial.

Amados, no existe tal cosa como una copia al carbón del Santo Ser Crístico. El Santo Ser Crístico de cada uno es total y absolutamente singular. Podríais pensar que existe una larga fila de soldados desgastados que se unen y se separan, como un acordeón, pero no es así. Vuestro Santo Ser Crístico individual tiene una personalidad muy especial, que se ha desarrollado a lo largo de eones de ser el Cristo en acción.

Por eso, tenéis talentos únicos, que provienen de vuestro Santo Ser Crístico y de vuestras labores en las áreas de esta civilización y de otras del hogar planetario. Entonces, comprended, que sois diferentes de los demás y, sin embargo, ¿cómo podéis ser el Todo en todo como el Uno universal?

¿Entonces, no somos moléculas singulares de luz? Cuando nos fusionamos, ¿no encontramos esa unidad de las moléculas individuales que conforman la Presencia Crística universal? ¿También, no conocemos esa manifestación periférica que trae la naturaleza única a lo largo del cosmos? De este modo el cosmos se expande.

Se os ha informado que muchas almas están esperando encarnar en la Tierra. La necesidad de su presencia aquí nunca ha sido más grande, amados. Os invoco a todos vosotros, ya sea que hayáis sido padres o seréis padres, para que perfeccionéis vuestra Cristeidad y podáis recibir almas que están fragmentadas, agobiadas, afligidas, que están llevando niveles intensos de karma sin conciliar, que se remonta a miles de años.

La llama del arca de la alianza aún arde en la Corte del Rey Arturo

Benditos, habéis venido al altar de Dios, donde la llama del arca de la alianza arde. Está enfocada en el gran cristal de cuarzo que veis debajo de la Gráfica de la Presencia en el altar. Ese foco contiene la llama del arca de la alianza. Y esa llama se ha colocado aquí en la Corte del Rey Arturo mediante el patrocinio de la Gran Hermandad Blanca y el linaje bajo el cual servís.

Esa llama arde aquí en el cruce con la octava etérica y cuando venís a la Corte del Rey Arturo y meditáis en esa llama y en ese cristal, comprended cuál es el significado de que esta llama esté viva y justo en el planeta Tierra.

Recordaréis que cuando Sanat Kumara vino, apenas había un individuo en la Tierra que tuviera una llama trina. Entonces, Sanat Kumara reencendió las llamas de los hijos e hijas de Dios, una a una, mientras recuperaban el derecho a tener una llama trina. Esto es lo que sucede incluso hoy, cuando algunos vienen a este altar y beben el gran elixir de ese fuego sagrado.

Acelerad vuestra cualidad personal como adepto

Entonces, os hablo de vuestra capacidad de autotrascendencia, de enfrentar los desafíos y los niveles de karma del momento, del buen y del mal karma.

Os hablo de vuestra capacidad de reunir impulsos acumulados de luz, de belleza, de conciencia, de reverencia y amor mutuo y de ver la intensificación de la luz en vosotros y de saber que a medida que equilibréis karma, podréis también caminar por una línea paralela que es el camino de El Morya, de los grandes adeptos, de aquellos que nos han traído a este punto en el tiempo y el espacio.

Estoy diciendo, amados, que podéis equilibrar karma poderosamente. Podéis también aceleraros en vuestra propia cualidad personal como adepto, a través de vuestro esfuerzo personal por adquirir cada vez mayor automaestría. No necesitáis esperar hasta que hagáis vuestra transición o hasta saldar el 100 por ciento de vuestro karma para llegar a ese estado. Este es el eterno ahora, que posee muchas facetas de conciencia, muchos cristales brillantes de cuarzo que llevan una inmensa luz a la Tierra y en especial a vuestro propio corazón.

Pensad, entonces, no tanto de manera lineal, sino en términos de esferas de conciencia en expansión centradas en la fuerza de vuestro chakra del corazón y vuestro Santo Ser Crístico. Mirad esas poderosas esferas que aumentan y aumentan cada vez más.

¡Reclamad mi manto todos los días!

Benditos, estoy agradecido de estar con vosotros en este día de la celebración de mi ascensión. Os entrego mi manto en la medida que podáis recibirlo. Os pido que reclaméis mi manto todos los días. Os pido que me conozcáis y que conozcáis a mi Santo Ser Crístico, que nos conozcáis como uno, y, sin embargo, que también me veáis como un individuo en Cristo.

Rayos de luz descienden ahora desde vuestra Presencia YO SOY. Estoy agradecido por tanto logro y sacrificio, por la enorme cantidad de trabajo que ha llevado la reestructuración de esta comunidad. Debido a que habéis llevado a cabo este trabajo y continuaréis haciéndolo, esta Iglesia Universal y Triunfante perdurará durante muchos, muchos siglos por venir, sí, incluso hasta la hora del cumplimiento de la razón de ser del planeta Tierra. Entonces, al ver este impulso creciente, al ver esta avenida que casi llega hasta las estrellas, os podéis dar cuenta que, si os hubierais quedado con las viejas energías acumuladas y los viejos patrones, es posible que hubierais estado aquí por pocos años. Al haber captado, comprendido, internalizado y haber estado dispuestos a seguir a vuestros líderes en este sendero, ahora tenéis la oportunidad de ver los frutos de vuestras labores multiplicadas una y otra vez mucho más allá del año 2000.

Estáis construyendo puentes hacia el sol

Mientras estoy sentado aquí, miro la interminable autopista, que conduce al trono de Alfa y Omega, amados. Estáis construyendo puentes hacia el Gran Sol Central, hacia el sol de Helios y Vesta. Sí, estáis construyendo puentes hacia el corazón de vuestro Santo Ser Crístico.

Esta bendita persona que os disciplina os sigue, pues sabe lo que debéis hacer para obtener vuestra victoria. Prestad atención a esa vocecita queda, pues no es ni calma ni pequeña. Suena como un trueno en el oído y de hecho lo es. Pues vuestro Santo Ser Crístico es severo con vosotros y os obliga a deshaceros de esas sustancias que no son de la luz y a entrar en ese vínculo sagrado que nunca se romperá, el lazo de vuestra alma con vuestro Santo Ser Crístico, la unión por la cual ganaréis la inmortalidad.

He aquí, que el Señor pasaba y un grande y poderoso viento que rompía los montes y quebraba las peñas delante del Señor, pero el Señor no estaba en el viento. Y tras el viento, un terremoto; pero el Señor no estaba en el terremoto.

Y tras el terremoto un fuego; pero el Señor no estaba en el fuego. Y tras el fuego, un silbo apacible y delicado.

1 Reyes 19:11-12

A medida que regrese a este lugar o dondequiera que estéis en el mundo, recordaré y os haré recordar que nos ocupamos de los asuntos de nuestro Padre. Recordad, entonces, los antiguos días de la Atlántida. Recordad cuando caminabais y hablabais revestidos de vuestro Santo Ser Crístico. Pues ese fue el logro superior de la era dorada de la Atlántida y en especial de los sacerdotes y sacerdotisas quienes servían allí en los templos, muchos de ellos fuisteis vosotros mismos. Entonces, comprended que hubo una era dorada en la Atlántida solo hace 11 500 años. Y esa era dorada se derribó cuando la Atlántida se hundió y nunca se ha recuperado. La nación más cercana a Atlántida es Estados Unidos, patrocinada por Saint Germain desde su nacimiento. Es por esta presencia de Saint Germain en la Tierra que hay gente peculiar aquí,[2] un pueblo que desea entrar en la Divinidad, que no teme caminar solo ni alcanzar la unión con Dios a través del ritual de la ascensión.

Nos estamos uniendo

De este modo, amados, aprovechad la oportunidad para transformar vuestro mundo, de manera que podáis cambiar el mundo en general. Todo esto está a vuestro alcance y podéis lograrlo.

Recordad que vuestro Ser Real es vuestra poderosa Presencia YO SOY. Vuestro Ser Real es vuestro Santo Ser Crístico. ¡Por lo tanto, haced descender ese poder, sabiduría y amor; y conoced la victoria de vuestra alma! Me inclino ante la luz en vosotros. Estoy muy agradecido con todos los que me escuchan en todo el mundo, como resultado de la tecnología de Saint Germain. Sabed que nos estamos uniendo y que estamos unidos mediante poderosas cuerdas de luz. En verdad, somos uno.

Os sello en mi corazón, amados. Coloco mis brazos alrededor de vosotros, alrededor del mundo, alrededor de todos los portadores de luz, de todo niño y bebé en brazos, con toda la magnanimidad que pueda enviaros. Sí, vengo, amados. Estoy aquí solo porque vosotros estáis aquí. Os agradezco por esto y os digo adiós.

[Ovación de pie de 21 segundos]

26 de febrero de 1997
Rancho Royal Teton
Park County, Montana

NOTAS

CAPÍTULO 1: **La Cristeidad**

Antes del dictado, la Mensajera dio la conferencia «Las enseñanzas perdidas de Jesús y de Maitreya sobre tu Realidad Divina».

1. Juan 10:30.
2. La profecía de la venida de Maitreya. Las escrituras budistas registran que Gautama profetizó la venida de un Buda futuro, y que su nombre sería, *Metteyya* (Pali; *Maitreya* en sánscrito). En el texto Pali, *Mahaparinibbana Suttanta*, Gautama le dice a su discípulo principal, Ananda: «A su tiempo, otro Buda surgirá en el mundo, un Santo supremamente iluminado.... Os revelará las mismas verdades eternas que os he enseñado.... Proclamará una vida religiosa, santa, perfecta y pura como la proclamo ahora». Cuando Ananda pregunta: «¿Cómo lo conoceremos?». Gautama responde: «Se le conocerá como Metteyya, que significa, 'aquel cuyo nombre es amabilidad'». (Paul Carus, *The Gospel of Buddha (El Evangelio de Buda)* [La Salle, Ill.: Open Court Publishing Co., 1894], pág. 245) Maitreya se deriva del sánscrito *maitri,* que significa «amistad», «benevolencia» o, «generosidad». Los budistas creen que Maitreya es un bodhisatva que habita en el cielo Tushita esperando su último renacimiento que ocurrirá, después de la decadencia del budismo.
3. Juan 12:44, 45. Véase también, Juan 7:16; 14:10.
4. Véase, Elizabeth Clare Prophet, *Los años perdidos de Jesús.*
5. Mateo 5:14–16; Juan 1:4, 5, 9; 8:12; 9:5; 12:46.
6. El morador del umbral. Un término que se utiliza algunas veces para señalar al antiyo, el yo irreal, el ser sintético, la antítesis del ser real, la conglomeración del ego creado por uno mismo, mal

Nota: Los libros nombrados aquí, son publicados por Summit University Press, a no ser que se indique lo contrario, disponibles en http://Store.SummitLighthouse.org.

concebido por medio del uso desmesurado del don del libre albedrío, consistente de la mente carnal, y una constelación de energías
mal cualificadas, campos energéticos, focos, magnetismo animal
que conforma la mente subconsciente. Para más enseñanza véase,
Mark L. Prophet y Elizabeth Clare Prophet, *El enemigo interno:
Encontrando y conquistando el lado oscuro.*

7. *Vajra* [Sánscrito]: representado como un rayo o diamante; aquello
que es duro, impenetrable; aquello que destruye, pero en sí es
indestructible; es semejante a un cetro como el símbolo del rayo,
que representa la naturaleza diamantina de la Verdad, utilizado en
rituales, especialmente en el exorcismo de demonios. Se piensa que
el *vajra* atraviesa la ignorancia y, por lo tanto, simboliza la naturaleza
indestructible de la sabiduría del Buda y la victoria del conocimiento sobre la ilusión. En el budismo Vajrayana, es el símbolo de
bodhicitta o iluminación.

8. 1 Juan 2:18, 22; 4:3; 2 Juan 7.

9. Salmos 2:7; Hechos 13:33; Hebreos 1:5; 5:5.

10. De acuerdo con las enseñanzas de los Maestros Ascendidos, el
Sambbogakaya corresponde al Santo Ser Crístico.

CAPÍTULO 2: **La continuidad de la vida**

1. *Sambhogakaya* [sánscrito]: representado como el cuerpo de la dicha
o cuerpo de la inspiración, el segundo de los tres cuerpos del Buda
(trikaya); el cuerpo espiritual radiante en el que las virtudes y logros
del Buda se manifiestan; la forma que un Buda característicamente
utiliza para revelarse a sí mismo en su gloria a bodhisatvas, para
iluminarlos e inspirarlos.

2. Señales en los cielos, profecías. Véase las *Perlas de Sabiduría* de
1988, vol. 31, núm. 20, pág. 166, nota 1. Véase también, Elizabeth
Clare Prophet, *Saint Germain's Prophecy for the New Millennium (La
profecía de Saint Germain para el nuevo milenio).*

CAPÍTULO 3: **La Escuela de Misterios del Señor Maitreya**

1. Mateo 6:28, 29; Lucas 12:27.

2. El 6 de junio de 1984, se celebró el cuarentavo aniversario del
Día-D, cuando empezó la heroica invasión de Europa por las fuer-
zas aliadas durante la Segunda Guerra Mundial conocida como la
Operación *Overlord*. El 6 de junio, de 1944, fuerzas combinadas

de las armadas aliadas, comandadas, por el general Dwight D. Eisenhower, lanzaron la primera ola de ataques sobre cinco playas de Normandía, asaltando las defensas alemanas sobre la costa invadida de Francia, la mayor invasión marítima de toda la historia. Este valiente asalto en contra del Muro Atlántico de Hitler, abrió el camino para la derrota de la Alemania Nazi y así ganar la guerra. Hoy en día, filas y filas de tumbas, marcadas por cruces blancas, y por la estrella de David, se encuentran el cementerio estadounidense de 172 hectáreas en Colleville-Sur-Mer, sobre la playa de Omaha, en Normandía, en donde 9.386 soldados americanos hombres y mujeres, se encuentran enterrados.

3. En un dictado dado el 6 de junio de 1975, Jesucristo, describió una visión que recibió durante su encarnación como David: «Al inclinarme en oración, hace mucho, mucho tiempo, sirviendo a los hijos de Israel, cuando escribí las meditaciones de mi corazón, en los Salmos, que han sido preservados, recuerdo la visión que vi en el cielo estrellado: una flameante cruz de luz que Dios me permitió ver. Y sabía que mi alma sería perfeccionada, y declaré con los profetas de antaño: 'Aún en mi carne ¡veré a Dios!' Esa profecía se cumplió, en mi encarnación en Galilea. Experimenté, lo que vosotros también podréis conocer como el milagro de la Palabra encarnada…».

4. Véase las enseñanzas de Saint Germain sobre la llama trina de la vida en: *San Germain sobre alquimia: Fórmulas para la autotransformación,* libro III, «Trilogía sobre la llama trina de la Vida».

5. En su dictado del 7 de octubre de 1962, dado en Washington, D.C., el maestro Hilarión anunció: «El Mensajero ante vosotros, ha recibido una unción del fuego sagrado en preparación para este dictado de hoy, causando cambios en los propios átomos de su cuerpo. En él se ha llevado a cabo una acción en preparación para su ascensión. Sin embargo, él caminará entre vosotros por un tiempo».

6. Por medio de un hilo de luz de filigrana que conecta su corazón con el corazón de todos los hijos de Dios, el Señor del Mundo, Buda Gautama, sostiene y nutre la llama trina, la chispa divina por todos los hijos de Dios en la Tierra. Véase «El Señor del Mundo», *Perlas de Sabiduría* de 1983, vol. 26 núm. 9, págs. 75-76.

7. Capricornio se encuentra diagramado en la línea 12 del Reloj Cósmico por Madre María. Es un signo de tierra localizado en el cuadrante de fuego, que simboliza el poder del fuego sagrado en el corazón de las montañas y la iniciación de los ciclos de la Ley

por el Padre como en Horeb. Cáncer es un signo de agua en el cuadrante de agua que simboliza el poder de la Madre en el mar como la polaridad pasiva, que recibe la luz del Gran YO SOY para sus hijos en la línea 6 del reloj. Esta es una demostración de la ley del intercambio por medio de las fuerzas cósmicas del taichí de Alfa y Omega.

8. Todos los dictados de los Maestros Ascendidos dados por el Mensajero Mark L. Prophet, han sido publicados bajo el título *Only Mark* (Solo Mark) en 30 álbumes. Cada álbum contiene muchos dictados en formato CD audio MP3. Estos se pueden comprar como álbumes individuales o en un set de dos cajas, cada una contiene 15 álbumes. Disponible en http://Store.SummitLighthouse.org.

9. Jeremías 31:33; Hebreos 10:16

10. *Manús* [Sánscrito para «progenitores» o «legisladores»]: Los Manús son los patrocinadores que encarnan la imagen Crística para una corriente de vida o *raza raíz*. De acuerdo con la tradición esotérica, existen siete razas raíz primarias. Son grupos individuales de almas que encarnan juntas y tienen un patrón arquetipo único, un plan divino y una misión que cumplir. Para obtener enseñanzas sobre la era dorada de las tres primeras razas raíz, y sobre la caída alegórica durante la época de la cuarta raza raíz en el continente de Lemuria, véase a Mark L. Prophet y Elizabeth Clare Prophet, *El sendero del Yo Superior,* págs. 97-117, y *The Path of the Attainment (El sendero del logro),* págs. 278-86, 288-89. La cuarta, quinta y sexta razas raíz (la última no ha descendido completamente en encarnación física) todavía se encuentran en encarnación en la Tierra hoy día, la séptima raza raíz, está destinada a encarnar en Suramérica en la era de Acuario.

11. Así como está registrado en el Segundo Libro de Adán y Eva, los hijos de Jared (descendientes de Seth) fueron tentados a bajar la montaña santa de Dios por los hijos de Caín, quienes cometieron todo tipo de abominaciones y les dieron serenatas con música sensual desde el valle abajo. Para la historia completa, véase Elizabeth Clare Prophet, *Angeles caídos y los orígenes del mal «Prologue on the Sons of Jared,»* (Prólogo sobre los hijos de Jared), págs. 395-407.

12. El programa del Morya para aquellos que desean ser «siervos ministrantes» se introdujo formalmente en un dictado del Buda Gautama, el 30 de junio de 1983: «Por lo tanto, permitid que los discípulos del amado El Morya, sean bendecidos… entrad en el sendero de

siervo ministrante…. Por este nombre os llamo, aquellos que seréis ordenados como ministros de la Iglesia Universal y Triunfante, para que siempre recordéis que el ministro es el siervo del Cristo en almas que se elevan hacia la gloria Shekinah de la Madre de Israel». Véase Buda Gautama, *Perlas de Sabiduría* de 2005, vol. 48, núm. 28 y 29. Para mayor enseñanza sobre el sendero del siervo ministrante, véase Jesús y Kuthumi, «El voto del siervo ministrante», *Perlas de Sabiduría* de 1983, vol. 26, núm. 58. También, véase el decreto 60.09. «Mi voto para ser un siervo ministrante» en *Oraciones, Meditaciones y Decretos Dinámicos para la Transformación Personal y Mundial*.

13. Génesis 3:24
14. Génesis 1:29; 2:9, 16, 17; 3:1, 2, 8.
15. El autor y orador británico, Benjamin Creme, quien se autoproclama como representante del Señor Maitreya, anunció el 14 de mayo de 1982, en Los Ángeles, que el Cristo Cósmico ha entrado en el mundo moderno, y que ha estado viviendo en una comunidad pakistaní en el sur de Londres, desde julio 19 de 1977. De acuerdo con Creme, el maestro se identificaría en dos semanas en una transmisión internacional radial y televisada en donde se comunicaría telepáticamente con todo el mundo sobre la Tierra, en su propio idioma.
16. Hechos 1:9.

CAPÍTULO 4: **La misión de Jesucristo**

1. Sobre los años de Jesús en el Oriente. Véase, Elizabeth Clare Prophet, *Los años perdidos de Jesús.*
2. Lucas 2:41-52.
3. Juan 14:12.
4. Mateo 8:22; Lucas 9:59-60.
5. El director de la escuela. La Escuela de Misterios de Maitreya fue establecida en el Retiro Interno el 31 de mayo de 1984, como lo anunció Jesús. Véase capítulo 3, en este volumen. La presencia del Señor Maitreya en el Retiro Interno ha sido continua desde entonces. Los niveles uno y dos de Summit University, fueron patrocinados por el Señor Maitreya, el trimestre de invierno de 1979, y los niveles uno, dos y tres en el trimestre de verano de 1985.
6. En su dictado del 8 de abril de 1984, Serapis Bey anunció: «En este día, se proclama desde el corazón de Dios el Padre y Dios el Hijo

que el Cristo Jesús vivo, es para siempre bajado de la cruz y desde
la propia imagen de la crucifixión. Así mismo, este día, se refleja en
la Tierra que la Madre de la Llama es bajada de la cruz, para nunca
más ser crucificada por los caídos…. Por lo tanto, a aquellos hijos
del Cielo e hijos en la Tierra, quienes con la Madre se han ofrecido
a ser crucificados, para ser burlados y ser sujetos al ridículo por las
multitudes, y de la condenación del Sanedrín y de todos los poderes
de Roma, decimos: La Gran Hermandad Blanca, por la mano de
Dios Todopoderoso, ha bajado de la cruz a su Iglesia Universal y
Triunfante, a esta Mensajera y a estos chelas». Véase *Perlas de Sabiduría* de 1984, vol. 27, núm. 29, págs. 223-24.

7. El ciclo oscuro en Aries es sostenido por el cuerpo causal de los
santos. Véase Arcturus y Victoria, *Perlas de Sabiduría* de 1989, vol.
32, núm. 15, págs. 156, 171.

8. Antes del dictado, se reprodujo «Un Bel Di» ('Un buen día')
Madame Butterfly de Giacomo Puccine.

9. El amado Helios dio su transcendental dictado dos días después, el
4 de julio de 1984, durante la conferencia *La Llama de la Libertad
habla,* que se llevó a cabo en el Corazón del Retiro Interno, en el
Rancho Royal Teton, en el condado de Park, en Montana. El dictado de Helios esta publicado en las *Perlas de Sabiduría* de 1984,
volumen II, «Nuestro refugio y fortaleza: la ratificación del juicio
del Señor, se retira la conexión de la simiente del maligno», vol.
27, núm. 48B.

10. Clara Louise Kieninger fue ungida por Saint Germain como la
primera Madre de la Llama cuando se fundó la Fraternidad de los
Guardianes de la Llama en 1961. Se convirtió en la Madre de la
Llama Regente, título que mantiene hasta este día, cuando el manto
de la Madre de la Llama fue otorgado a la Mensajera Elizabeth Clare
Prophet el 9 de abril de 1966, en La Tourelle, Colorado Springs.
Después del dictado del Señor Maitreya, la Mensajera utilizó el
anillo de topacio amarillo para bendecir la corona de cada uno de
los devotos en preparación para la llegada de Helios. Clara Louise
Kieninger utilizó este anillo bendecido por el Maha Chohán en
su vigilia de oración diaria con Madre María por la juventud del
mundo y los niños por venir hasta el 25 de octubre de 1970, cuando
falleció en Berkeley, California, y su alma ascendió al corazón de
Dios.

CAPÍTULO 5: ¡Ha llegado la hora de la Escuela de Misterios!

1. Mi hijo anunció el regreso de la Escuela de Misterios al Corazón del Retiro Interno. En un dictado dado el 31 de mayo de 1984, el amado Jesús dijo: «[El Señor Maitreya] desea que yo, como su pupilo anuncie que él dedica este Corazón del Retiro Interno, y a toda esta propiedad como la Escuela de Misterios de Maitreya en esta era…. Todos los esfuerzos de los Maestros Ascendidos y las escuelas de los Himalayas de los siglos han sido con el fin de que esto pueda ocurrir desde la octava etérea a la física; para que la Escuela de Misterios pueda, una vez más, recibir a las almas de luz que han salido de allí, y que ahora están listas para regresar, someterse y doblar la rodilla ante el Cristo Cósmico; mi propio Padre bendito, Gurú, Maestro y Amigo». Véase capítulo 3, de este volumen y en las *Perlas de Sabiduría* de 1984, libro I, vol. 27, núm. 36.

2. Mi primer mensaje. El primer mensaje del Señor Maitreya fue dado al personal de The Summit Lighthouse, el 21 de julio de 1984, como una charla del Señor Maitreya por medio de la Mensajera, Elizabeth Clare Prophet. La señora Prophet indicó: «Ahora, el mensaje de Maitreya a nosotros es que el principal efecto disuasorio a nuestra victoria es la rebelión en contra del Gurú…. Es la rebelión en contra de los juicios del Gurú, la enseñanza del Gurú, y las iniciaciones». La Mensajera explicó que los síntomas de esta rebelión incluyen la ausencia de la alegría, la depresión debido a negarse a la entrega, la ira represada en contra de Dios, el letargo, una personalidad rígida, falta de acción, irritabilidad, y el desdén por el recién llegado. La Mensajera indicó que la conclusión de la enseñanza de Maitreya es: «Has las paces con Dios, y has las paces con Madre y me encontrarás». La Mensajera dice: «'me' se refiere a Maitreya».

3. El segundo discurso. El contenido de este discurso está en este capítulo.

4. 1 Tesalonicenses 5:2.

5. *Silenciosamente viene el Buda* y la enseñanza de la indiferencia. En *Quietly Comes the Buddha: Awakening Your Inner Buddha Nature (Silenciosamente viene el Buda: Despierta tu naturaleza búdica interna)*, Buda Gautama enseña la maestría de las diez perfecciones. En el capítulo 14, págs. 150-51, Gautama explica: «¿Cuál es entonces, la décima perfección de la ley?… Yo la llamo indiferencia. Aquel que tenga la maestría de las nueve perfecciones no es glorificado

por alabanza humana tampoco condenado por culpa humana, pero calmadamente recibe calor y frío, dulce y amargo. Esta ecuanimidad surge por la atención constante, y el cumplimiento de las matemáticas del alma…. La décima perfección es el equilibrio del deseo y el no deseo. Es el punto en donde lo activo y lo pasivo se unen…. Trascender el ego y no apegarse a burla o alago, placer o dolor, pobreza o riqueza, adulación o indignación. Esta es la décima perfección de la ley; indiferencia a la gratitud o ingratitud de los mortales, la indiferencia a su maldición o guirnaldas de su aprobación. No os mováis de vuestro punto central mientras perseguís y domáis al ego».

6. Juan 15:5.

7. Esta vigila de oración. Esto se refiere a la vigilia de oración en Washington, D.C., *Vigilia de oración por América y el mundo,* dirigida por la Mensajera, Elizabeth Clare Prophet en el centro de enseñanza comunitario de Washington, D.C., desde el 1 de septiembre hasta el 3 de septiembre de 1984. El dictado de Maitreya fue pronunciado durante esta vigila.

8. La venida de Helios. Esto se refiere a la venida de Helios al Corazón del Retiro Interno el 4 de julio de 1984, donde pronunció un conmemorable dictado durante la conferencia, *La Llama de la Libertad habla.* En este dictado, Helios indicó: «Coloco mi aura, todo mi ser firmemente en el planeta físico; firmemente, físicamente en este cuerpo. Os digo, amados, que, en esta hora, he sido enviado por Alfa y Omega para deshacer todas las artimañas de los caídos para evadir su responsabilidad kármica en sus acciones diarias…. Porque esta es mi misión de Dios Todopoderoso hoy día de 'retirar la conexión' de estos malvados. Por esto quiero decir que ya no tendrán la autoridad desde nuestro nivel de robarle la luz a la Divinidad o al Cristo o a los portadores de Luz vivos, o a cualquiera de los hijos de Dios sobre este cuerpo planetario». Durante el dictado Helios dio un decreto para la ratificación del Juicio del Señor, Véase decreto 20.12, «Yo ratifico el juicio de Helios por el cual se retira la conexión de la simiente del maligno», en: *Oraciones, Meditaciones y Decretos Dinámicos para la Transformación Personal y Mundial.* Para el dictado completo de Helios, véase *Perlas de Sabiduría* de 1984, libro II, vol. 27, núm. 48B.

9. La venida de Maitreya físicamente. En este dictado Jesús indicó:

«Una vez más se puede decir que Maitreya está presente físicamente, no como fue en el primer Edén, sino por la extensión de nosotros en la forma por medio de la Mensajera y de los Guardianes de la Llama. Como se os ha dicho, este poderoso fenómeno de las eras precede el paso a través del velo de los Maestros Ascendidos; ver cara a cara a sus estudiantes y sus estudiantes verlos a ellos». Véase capítulo 3, de este volumen.

10. Hebreos 13:14.

11. *«The Hound of Heaven,»* (El sabueso del cielo), escrito por el poeta inglés, Francis Thompson (1859-1907), es un poema de 182 líneas y su tema principal es de un Dios que persigue constantemente al alma. Las últimas estrofas persiguen implacablemente la captura del alma, mientras que Dios le revela al alma su amor siempre presente.

12. La Escuela de Misterios ha llegado. Véase notas 1 y 9.

13. Apocalipsis 22:17.

14. Véase Mateo 10:8.

CAPÍTULO 6: **Recordad el antiguo encuentro**

El servicio fue conducido por Kuthumi e incluyó enseñanza sobre Juan 6:1-21 y *Las cartas de los Mahatmas a A.P. Sinnett*, escrito por los Mahatmas M. y K.H.

1. Kuthumi quien una vez caminara el sendero de la santidad cristiana como Francisco de Asís (1181-1226), fue venerado en la última encarnación de su alma, en el siglo diecinueve, como el Kashmiri Brahman Koot Hoomi Lal Sing; conocido por los estudiantes de teosofía como el Maestro K.H. Junto con El Morya (El Maestro M.), fundó la Sociedad Teosófica por medio de H.P. Blavatsky en 1875. Los Maestros M. y K.H. escribieron *Las cartas de los Mahatmas*, entre 1880 y 1884 a A.P. Sinnett, un discípulo en la Sociedad Teosófica. En el servicio antes del dictado de Kuthumi, la Mensajera leyó de la sección III, «Pruebas y el discipulado» (Cartas XL, XLIX, LV), en las cuales, Morya y Koot Hoomi hablan sobre la malicia y la intriga alrededor de la Sociedad Teosófica proveniente de varias fuentes, incluyendo las fuentes informativas y los cristianos.

2. Hebreos 7:1-3.

3. Salmos 110:4; Hebreos 5:5-10; 6:19, 20; 7:14-22.

4. Mateo 18:14; Juan 17:12; 2 Tesalonicenses 2:3, 4.

5. Mateo 24:22; Marco 13:20.

6. El cinturón electrónico es la espiral negativa o campo energético de densidad que envuelve la porción inferior de la forma física del hombre y es creado por medio de la mala cualificación de la energía. Se extiende desde la cintura hasta debajo de los pies, el cinturón electrónico es similar a un timbal, y contiene los registros negativos de los pensamientos y sentimientos de un individuo. Es la perversión del cuerpo causal, los anillos electrónicos de luz como el arcoíris alrededor de la presencia YO SOY (La figura superior en la gráfica de tu Divina Presencia). Esta es la «cuenta bancaria cósmica» en donde la energía positiva que ha cualificado se acumula y se convierte en una parte de su identidad inmortal. Jesús amonesta a sus discípulos a «haceos de tesoros en el cielo». (Mateo 6:20). Véase Mark y Elizabeth Clare Prophet, *El sendero del Yo Superior*, págs. 268-277.

7. 1 Corintios 3:13-15; 1 Pedro 1:7; 4:12.

8. Isaías 34:8; 61:2; 63:4; Jeremías 50:15, 28; 51:6, 11; Lucas 21:22.

9. Juan 8:23.

10. Mateo 25:1-13.

11. Mateo 14:28-31.

12. Génesis 4:3-8.

13. Los pasos de la oración y meditación enseñados. Véase Jesús y Kuthumi, *Prayer and Meditation*, *(Oración y Meditación con Jesús y Kuthumi)*.

14. El termino *indulgencia* en el catolicismo romano, se refiere a la remisión plena (completa) o parcial de castigo temporal debido a los pecados cuya culpabilidad y castigo eterno ya han sido perdonados. Generalmente, las indulgencias se conceden al intercambiar oraciones y actos devotos. Durante el periodo medieval, se abusó de esta práctica cuando se podían obtener indulgencias por medio de contribuciones monetarias. Esta fue una de las quejas que eventualmente instigó la Reforma protestante.

15. La reconstrucción de la Iglesia. San Francisco; quien nació en la adinerada familia Bernardone, alrededor de 1181, en Asís, Umbría, Italia; fue llamado por Dios para restaurar la Iglesia, que había caído en la corrupción. Mientras oraba un día de 1206 en las ruinas de la capilla de San Damián; en las afueras de la muralla de Asís, escuchó una voz desde el crucifijo sobre el altar que le mandaba: «Francisco, ve y repara mi casa que como ves, se está cayendo en ruinas». Francisco, renunciando a los bienes terrenales y a los lazos

familiares, abrazó una vida de pobreza y, durante dos o tres años, se dedicó fervientemente a reparar la iglesia de San Damián, una capilla en honor a san Pedro, y la Porciúncula, la capilla de Santa María de los Ángeles, cerca de Asís. La Porciúncula, que se convertiría en la cuna de la Orden Franciscana, fue descrita por san Buenaventura como «el lugar que más amaba Francisco en todo el mundo». Fue allí donde Francisco recibió la revelación de su verdadera vocación. Mientras asistía a la misa en la capilla restaurada en la Fiesta de san Matías, el 24 de febrero de 1208, escuchó al sacerdote leer de Mateo 10: «Id y predicad, diciendo: El reino de los cielos se acerca. Sanad enfermos, limpiad leprosos, resucitad muertos, echad fuera demonios; de gracia recibisteis, dad de gracia. No os proveáis de oro ni plata ni cobre en vuestros cintos; ni de alforja para el camino, ni de dos túnicas ni de calzado ni de bordón; porque el obrero es digno de su alimento». Francisco recordó esto más tarde como su «día de decisión»; el día en el que «el Altísimo me reveló personalmente que debía vivir de acuerdo con el Santo Evangelio». Se puso una prenda más burda, andaba descalzo y comenzó a predicar a la gente del pueblo, atrayendo seguidores a su estilo de vida. En 1209, Francisco, con un grupo de once discípulos, fue a Roma para buscar la aprobación del papa Inocencio III para una «regla de vida» para comenzar formalmente su orden religiosa. El papa asintió cuando reconoció a Francisco como la misma figura que había visto en un sueño sosteniendo la basílica de Letrán sobre su propia espalda. Esto marcó la fundación oficial de la Orden Franciscana, que luego comenzó a extenderse rápidamente, creciendo a más de 5000 miembros en 1219.

16. Nuestro lema...obediencia, pobreza, castidad. La Orden Francis-cana de Frailes Menores (los «hermanos menores») fue fundada por san Francisco en 1209 «para seguir las enseñanzas de nuestro Señor Jesucristo y para caminar en sus pasos». Francisco escribió: «La Regla y la vida de los Hermanos Menores es esta, específi-camente, observar el Santo Evangelio de nuestro Señor Jesucris-to, vivir en obediencia, sin propiedad y en castidad». En 1212, cuando Clara, una joven devota de noble cuna, decidió seguir su estilo de vida, Francisco inició una segunda orden de mujeres, que se conoció como las Clarisas Pobres (o la Orden de Santa Clara). Alrededor de 1221, estableció la Tercera Orden de Hermanos y Hermanas de la Penitencia, una fraternidad laical para aquellos que no desean retirarse del mundo o tomar votos religiosos, sino

desean vivir según los preceptos franciscanos.

17. Durante la celebración en agosto de 1983 del vigésimo quinto aniversario de The Summit Lighthouse, la Mensajera leyó extractos de las *Notas del Áshram,* una preciosa colección de correspondencia y enseñanzas del Maestro Morya documentadas por Mark L. Prophet antes de la fundación de la organización, en 1958. La primera carta, fechada el 26 de abril de 1951, de Mark a los chelas anunciaba la formación de «La Orden del Niño»; una orden sagrada para legisladores, gobernantes, directores de cultura y ciudadanos que prometerían ser «Siempre consciente del niño pequeño del futuro». La carta explicaba: «No hay cuotas, no hay reglas, excepto que prometes dedicar un minuto al día a leer unas palabras inscritas en el certificado de membresía, que colgarás en la pared de tu oficina. La membresía es *ad vitam* (de por vida). No hay reuniones excepto una reunión de mente y corazón ante Dios. Véase: HolyOrders.org.

18. La Orden de los Hermanos y Hermanas de la Túnica Dorada es una fraternidad compuesta por Maestros Ascendidos y sus chelas encarnados dedicados a la elevación de la llama de la Madre de la acción iluminada y la apertura del chakra de la coronilla en sus iniciados, y la iluminación de todo el pueblo de Dios a través de la llama de la sabiduría. Está dirigido por el amado Kuthumi, quien tiene retiros en el plano etérico en Cachemira, India, y Shigatse, Tíbet.

CAPÍTULO 7: **Astrología para las llamas gemelas**

1. Jofiel ha venido, y Kuthumi. Véase *Perlas de Sabiduría* de 1985, libro I, vol. 28, núm. 5, págs. 45-54 y núm. 9, págs. 81-100.

2. Para un estudio del sendero del bodhisatva, véase Elizabeth Clare Prophet, *The Buddhic Essence: Ten Stages to Becoming a Buddha, (La Esencia búdica: Diez etapas para convertirse en un Buda)* en DVD bajo el mismo título, y en un CD audio MP3 descargándolo desde *The Archives* (Archivo de los Prophet) en http://Store.Summit Lighthouse.org

CAPÍTULO 8: **La venida del Cristo Cósmico**

Antes del dictado, la Mensajera leyó de Zacarías 2.

1. Isaías 40:31.

2. 2 Corintios 3:17.

3. Éxodo. 20:7; Deuteronomio 5:11; Job 9:28.

4. Apocalipsis 16:13.
5. Concierto Ayuda en Directo, *(Live Aid)*. El sábado 13 de julio de 1985, más de 60 superestrellas del rock participaron en Ayuda en Directo; un concierto benéfico de 16 horas transmitido en vivo por radio y televisión en todo el mundo para recaudar fondos para las víctimas africanas de la hambruna. Se organizaron dos conciertos al mismo tiempo en Londres y Filadelfia y se transmitieron por 14 satélites a aproximadamente 1500 millones de personas en más de 100 países. El evento fue producido por *Worldwide Sports and Entertainment* y recaudó un estimado de US$ 40-55 millones.
6. Veinticuatro Ancianos. El 3 de febrero de 1985, el Arcángel Miguel anunció el establecimiento del campo energético del Gran Sol Central y los Veinticuatro Ancianos sobre Los Ángeles. Véase *«The Summoning: Straight Talk and a Sword from the Hierarch of Banff»* «Llamado a la acción: Dicho directamente, y una espada del jerarca de Banff», *Perlas de Sabiduría* de 1985, vol. 28, núm. 10, pág. 112.
7. Mateo 7:15-20; 12:31-37; 16:27; 25:31-46; Romanos 14:10-13. 1 Corintios 3:13-15; 2 Corintios 5:10; Gálatas 6:5, 7, 8; Colosenses 3:24, 25; Apocalipsis 20:12, 13.
8. Mateo 6:23; Lucas 11:34-36.
9. Zacarías 2:1, 2; Apocalipsis 11:1.
10. Apocalipsis 9:1-11; 11:7; 17:8; 20:1-3.
11. Salmos 2:4; 59:8.
12. Isaías 13:6; 14:31; Ezequiel 30:2; Zacarías 11:2, 3; Santiago 5:1. Véase Arcángel Chamuel y Caridad, *«The Mystery of Love: The Judgment of the Ruby Ray»*, «El misterio del amor: El juicio del Rayo Rubí», *Perlas de Sabiduría* de 1985, vol. 28, núm. 39, pág. 478.
13. La novena visión: El efa. La interpretación de Scofield de Zacarías 5:5-11: «En la visión del efa deben distinguirse los elementos locales y proféticos. Los elementos son: un efa o medida [un efa = 1 bushel 3 pintas.]; una mujer en el efa; un peso sellador sobre la boca del efa que encierra a la mujer y las mujeres con alas de cigüeña cuya única función es llevar el efa y a la mujer a Babilonia (Sinar). La cosa así simbolizada fue «por toda la tierra» (v. 6). Simbólicamente, una 'medida' (o 'copa') representa algo que se ha llenado por completo, de modo que Dios debe juzgarlo (2 Samuel 8:2; Jeremías 51:13; Habacuc 3:6, 7; Mateo 7:2; 23:32) …. La fase de Babilonia de la Iglesia apóstata es simbolizada por una mujer impía, empapada por la codicia y el lujo del mercantilismo (Apocalipsis 17:1-6; 18:3,

11-20). La aplicación local de la novena visión de Zacarías es, por lo tanto, evidente. Los judíos en la tierra entonces habían estado cautivos en Babilonia. Exteriormente habían abandonado la idolatría, pero habían aprendido en Babilonia esa insaciable codicia a las ganancias (Nehemías 5:1-9; Malaquías 3:8), ese intenso espíritu comercial que había sido ajeno a Israel como pueblo pastor, pero que fue a partir de entonces caracterizados a través de las edades. Estas cosas estaban fuera de lugar en el pueblo y la tierra de Dios. Simbólicamente, los juzgó como pertenecientes a Babilonia y los envió allí para construir un templo; no podían tener parte en el suyo. La «mujer» debía ser *asentada allí sobre su propio fundamento* (v. 11). Fue el juicio moral de Jehová sobre los que habían aprendido de Babilonia en Su propia tierra y pueblo. Proféticamente, la aplicación a la Babilonia del Apocalipsis es obvia. La Iglesia que profesaba ser gentil en ese momento, que perdonaba toda iniquidad de los ricos, doctrinalmente una mera 'confusión', como su nombre lo indica, y corrompida hasta la médula por el mercantilismo, la riqueza y el lujo, cae bajo el juicio de Dios (Apocalipsis 18)». (*La Biblia de Referencia Scofield*, pág. 969, núm. 1)

14. El bien y el mal. Véase, Arcángel Gabriel, *Mysteries of the Holy Grail, (Misterios del Santo Grial)*, págs. 117-38, 153-62, 195-210, 236-38.

15. Salmos 63:1, 2; Isaías 49:10; 55:1, 2; Mateo 5:6; 10:42; 25:35-46; Lucas 6:21; Juan 4:13, 14; 6:35, 47-58; 7:37; Romanos 12:20; Apocalipsis 7:15-17.

16. Apocalipsis 14:1-5.

17. Ejercicio de respiración de Djwal Kul. Véase Kuthumi y Djwal Kul, *El aura humana: Cómo activar y energizar tu aura y tus chakras*, capítulo 8, «El aliento de fuego sagrado», págs. 157–166.

18. 1 Crónicas 16:33; Salmos 9: 7, 8; 50: 3-6; 75: 7; Isaías 33:22; Juan 5:22, 26, 27; 12:48; Hechos 10:42.

19. Escuela de Misterios de Maitreya. En su dictado del día de la ascensión del 31 de mayo de 1984 dado en el Corazón del Retiro Interno, el amado Jesús anunció la dedicación del Retiro Interno como la Escuela de Misterios de Maitreya en esta era. Véase el capítulo 3 de este volumen, «La Escuela de Misterios del Señor Maitreya».

20. Mateo 5:23-26, 38-48; 18:21-35; Lucas 6:27-38; 17:3, 4; Romanos 12:9-21; Efesios 4:31, 32.

21. Juan 11:25.

22. Véase la nota 9 de este capítulo.

23. Deuteronomio 6:13, 14; 10:12, 13, 20; Josué 24:14, 15; Mateo 4:10; Lucas 4:8.

CAPÍTULO 9: «¡Fijo la dirección!»

1. Antes del dictado, la mensajera transmitió las enseñanzas de Maitreya sobre el azúcar y la hipoglucemia; un trastorno causado en gran parte por el alto porcentaje de azúcar y almidones refinados en la dieta, que afecta a unos 20 millones de estadounidenses. Su conferencia incluyó una exposición en video sobre el azúcar, *Sweet Nothing*, (Nada dulce) presentada por Diane Allen, e instrucción sobre: los síntomas de la hipoglicemia; las diversas formas de azúcar, que incluyen miel, fructosa, jarabe de arce, melaza y jarabe de maíz; la asimilación idéntica por el cuerpo de azúcares «naturales» y refinados; la programación de la industria publicitaria de los consumidores para desear azúcar; contenido de azúcar oculto; la relación entre deficiencias de azúcar y nutrientes, hiperactividad y comportamiento criminal; y cómo tratar la hipoglicemia al evitar el azúcar en todas sus formas y al regular la ingesta de proteínas-carbohidratos. Véase los muchos sitios web de internet que exponen los peligros del azúcar.

2. La serie *Only Mark* comienza con el último dictado dado a través del Mensajero Mark L. Prophet, el 18 de febrero de 1973, y continúa en orden descendente hasta 1958 para incluir todos los dictados de los Maestros Ascendidos dados a través de él. Consulte el capítulo 3 de este volumen, pág. 356, núm. 8 para obtener información sobre cómo ordenarlos.

3. 1 Pedro 2:5.

4. 2 Reyes 2:13, 14.

5. El Retiro de la Madre Divina. Véase Sanat Kumara, «El Retiro de la Madre Divina en el Rancho Royal Teton», *Perlas de Sabiduría* de 1986, vol. 29, núm. 10, págs. 70-72.

6. Un aumento de miembros por amor. Véase Madre María, «La revolución del amor», *Perlas de Sabiduría* de 1986, vol. 29, núm. 12, págs. 87-89.

CAPÍTULO 10: El sendero de la estrella de seis puntas del Señor del Mundo

1. Una obra poderosa para esta era. Véase el capítulo 9 de este volumen, Señor Maitreya y Arcturus y Victoria, «¡Trazo la línea!»

2. Las estaciones de la cruz y sus iniciaciones en las líneas del Reloj Cósmico se explican en Mark L. Prophet y Elizabeth Clare Prophet, *The Path of the Universal Christ*, *(El sendero del Cristo Universal)* sección 15, «Las catorce estaciones de la cruz», págs. 194-213.

3. El morador del umbral. Véase el capítulo 1 de este volumen, pág. 353, núm. 6. Para más enseñanzas, véase Mark L. Prophet y Elizabeth Clare Prophet, *El enemigo interno: Enfrentando y conquistando el lado oscuro.*

4. Las sílabas sánscritas. Consulte «Bija mantras a las deidades femeninas», «Mantras budistas» y «Bija mantras para la meditación de los chakras» en el *Libro de himnos y canciones de la Iglesia Universal y Triunfante*, págs. 617-34. Para la enseñanza de los mantras budistas, véase Elizabeth Clare Prophet, *The Buddhic Essence*: *Ten Stages to Becoming a Buddha*, *(La esencia búdica: Diez etapas para convertirse en un Buda)* págs. 127-39. Otras meditaciones de chakras también se incluyen en el CD de audio MP3 del álbum *Chakra Meditations and the Science of the Spoken Word (Meditaciones de los chakras y La ciencia de la Palabra hablada)*, dirigido por Elizabeth Clare Prophet.

5. Ezequiel 1:16; 10:9, 10.

6. Mateo 14:22-33.

7. Juan 14:15, 21, 23, 24; 15:10.

8. La opción por la Filiación divina. Véase a Jesucristo, «Levántate, Pedro: ¡Mata y come!» en las *Perlas de Sabiduría* de 1986, vol. 29, núm. 14, págs. 112-15.

9. Santiago 1:21.

10. Juan 5:17, 19, 20, 26, 30; 14:10.

11. Efesios 3:16, 17; 1 Pedro 3:4.

12. Génesis 4:1-15.

13. Hebreos 10:26, 27; 2 Pedro 2:4-22; Judas 3-19.

14. La limpieza de los registros de Lemuria y Atlántida. Véase El Morya, «The Inner Temple Work of Serapis Bey» *(El trabajo del Templo Interno de Serapis Bey) Perlas de Sabiduría* de 1985, vol. 28, núm. 43, págs. 521-26; Sanat Kumara y Maestra Ascendida Venus, *«Our Mission in the Earth» (Nuestra misión en la Tierra) Perlas de Sabiduría* de 1985, vol. 28, núm. 44, pág. 530; Arcángel Chamuel y Caridad, *«The Light is Gone Forth and the Light Shall Prevail» (La luz va adelante y la luz prevalecerá) Perlas de Sabiduría* de 1985, vol. 28, núm. 46, págs. 549-57; Saint Germain, *«The Sword of Sanat Kumara: The Judgment of the Rulers in the Earth Who Have Utterly Betrayed Their*

God and Their People» (La espada de Sanat Kumara: El juicio de los gobernantes de la Tierra que han traicionado por completo a su Dios y a su pueblo), Perlas de Sabiduría de 1985, vol. 28, núm. 50, pág. 594; Maestra Ascendida Nada, «*The Empowerment of Love*» (*La dotación del amor*) 1986 *Perlas de Sabiduría*, vol. 29, núm. 2, pág. 9; Arcángel Miguel, «*The Archangel Michael Dedicates an Altar and a Sanctuary*», (*El Arcángel Miguel dedica un altar y un santuario*) *Perlas de Sabiduría* de 1986, vol. 29, núm. 9, pág. 57.

15. Mateo 10:22; 24:13; Marcos 13:13.
16. *The Watchman of the Night (El centinela de la noche)* Véase Saint Germain, *Perlas de Sabiduría* de 1980, vol. 23, núm. 48, págs. 325-34.

CAPÍTULO 11: La autodeterminación bajo el Yo Real

1. El signo de la Victoria. Véase Señor Maitreya, «*El sendero de la estrella de seis puntas del Señor del Mundo*», capítulo 10 de este volumen; también publicado en las *Perlas de Sabiduría* de 1986, vol. 29, núm. 22, pág. 195.

2. El problema del azúcar. Consulte el capítulo 9 de este volumen, «¡Fijo la dirección!».

3. Ciclo oscuro. El ciclo oscuro comenzó el 23 de abril de 1969, el período para el regreso del karma de la humanidad de 25.800 años. Ese día, la dispensación de Jesús de cargar los pecados del mundo llegó a su fin. Esta fecha también marcó la liberación del karma de la humanidad creado en el plano astral por los Cuatro Jinetes del Libro del Apocalipsis. El karma de las naciones y personas comenzó a repartirse, intensificándose año tras año, según los ciclos del Reloj Cósmico, una línea por año. El 23 de abril de 1990, el ciclo oscuro entró en el signo de Libra en el plano físico. Esto marcó el comienzo del ciclo de 12 años en el que los cuatro jinetes entregaron el karma de la humanidad creado en la octava física, que concluyó el 22 de abril de 2002. La referencia de Maitreya a los desafíos del ciclo oscuro «en esta primavera» se relaciona con el hecho de que el 23 de abril de 1986, el ciclo oscuro entró en su decimoctavo año, comenzando las iniciaciones del karma personal y planetario acumulado en la línea de las cinco del Reloj Cósmico bajo la jerarquía solar de Géminis. La llama de la sabiduría de Dios en esta línea puede estar mal calificada por envidia, celos, ignorancia de la ley, ceguera espiritual y densidad mental. La línea de las cinco se polariza con la

línea de las once de la victoria de Dios bajo la jerarquía de Sagitario. La energía de Dios puede estar mal calificada en esta línea a través del resentimiento, la venganza, las represalias y la idolatría. Para un estudio más detallado, véase *Perlas de Sabiduría* de 1990, vol. 37, núm. 6 y 7, por la Mensajera, que incluye enseñanzas detalladas sobre el ciclo oscuro y los cuatro jinetes; también Elizabeth Clare Prophet, *Saint Germain Prophecy for the New Millennium (La Profecía de Saint Germain para el Nuevo Milenio)*, capítulo 8, «Pasando por el ojo de la aguja».

CAPÍTULO 12: ¡Bienvenidos a la Escuela de Misterios!

1. El retiro de Maestra Ascendida Venus. Véase Sanat Kumara, *«The Retreat of the Divine Mother at the Royal Teton Ranch» (El retiro de la Madre Divina en el Rancho Royal Teton)*, *Perlas de Sabiduría* de 1986, vol. 29, núm. 10, págs. 70-72.
2. Buda Gautama describió la forma de pensamiento para el año 1988 como «Un vasto tapiz donde el Gran Buda Sanat Kumara —y Buda tras Buda de la mente de Avalokiteshvara, está en el centro rodeado por Budas de varias octavas, jerarquías y bodhisatvas, bhikkhus, hermanos y hermanas. Así, este gran tapiz, que está impreso dentro de todas y cada una de las corrientes de vida a nivel mental, el cinturón mental del planeta muestra pictóricamente el camino de la relación Guru-chela y cómo se ha traducido en la Tierra a través del sendero de Padma que conduce a Maitreya que conduce a mi corazón». Véase *Perlas de Sabiduría* de 1988, vol. 31, núm. 2, págs. 19-20.
3. Himalaya, nombrada por la Mensajera, es una montaña de 1925 metros de altura (sin nombre en el mapa del área de Miner U.S. Geological Survey) situada en la propiedad del Rancho Royal Teton justo al otro lado del arroyo Mol Heron de la sede central del Rancho.
4. *Treasure in the Mountain (Tesoro en la Montaña)*, de Nicholas Roerich. Esta pintura aparece en las portadas de la edición de tapa blanda del volumen 2 de *Las enseñanzas perdidas de Jesús*.
5. Toma del Tíbet por parte de China y destrucción de la cultura tibetana. El Tíbet, una vez una nación independiente y predominantemente budista gobernada por el Dalai Lama, que actuó como cabeza temporal y espiritual fue invadido por los chinos comunistas

en 1950. Desde entonces, el Dalai Lama huyo al exilio, y millones de tibetanos han sido asesinados o muertos de hambre por los chinos, y han sido destruidos miles de monasterios, centros de cultura, educación y vida religiosa. Para un relato de los desastres que fueron profetizados que ocurrirían en el Tíbet durante la mitad del Kali Yuga (la última y peor de las cuatro edades del mundo), incluyen una invasión de China, la destrucción de monasterios y la profanación de escrituras sagradas. Véase las enseñanzas de Padma Sambhava en *The Legend of the Great Stupa (La leyenda de la gran estupa)* (Berkeley: Dharma Publishing, 1973), págs. 15-16, 49-59.

6. La autoridad para convocar el juicio de la simiente del malvado. Véase Alfa: «La agenda de Alfa», *Perlas de Sabiduría* de 1987, vol. 30, núm. 38, pág. 387. En este dictado Alfa declaró: «Os encargo, Guardianes de la Llama, que imploréis incesantemente por el juicio de mi Hijo Jesús sobre aquellos que usurpan la mente de Dios y pisotean el cinturón mental, y el cuerpo mental de las personas».

7. Apoyo del gobierno de Estados Unidos a los comunistas chinos en el Tíbet. El gobierno de los Estados Unidos ha sostenido que China obtuvo la soberanía sobre el Tíbet en la invasión y toma del poder en 1950, y en 1978 reconoció al Tíbet como parte de China. Washington no reconoció al gobierno en el exilio del Dalai Lama en la India y rechazó sistemáticamente las visitas oficiales de Estado del Dalai Lama. La administración Reagan también se había negado a condenar a China por sus atrocidades en el Tíbet. Sin embargo, desde Reagan, cuatro presidentes de Estados Unidos se han reunido con el Dalai Lama, lo que ha provocado la ira y las críticas de China. En octubre de 2020, el Departamento de Estado bajo la administración de Trump nombró a un coordinador de derechos humanos para «dirigir Los esfuerzos de Estados Unidos para promover el diálogo entre la República Popular China y el Dalai Lama o sus representantes; proteger la identidad religiosa, cultural y lingüística única de los tibetanos; y presionar para que se respeten sus derechos humanos». Estados Unidos «sigue preocupado por la represión de la República Popular China sobre la comunidad tibetana, incluida la falta de autonomía significativa, el deterioro de la situación de los derechos humanos en las áreas tibetanas y las severas restricciones a la libertad religiosa y las tradiciones culturales de los tibetanos con China».

CAPÍTULO 13: **El don del autoconocimiento**

En el darshan con el Cristo Cósmico antes del dictado, la Mensajera dio enseñanzas sobre el Maestro Ascendido Señor Maitreya y repasó las creencias budistas tradicionales sobre Maitreya. Véase Elizabeth Clare Prophet, *Maitreya sobre iniciación: El Buda venidero que ha venido.*

1. Bodhisatva. En el budismo Mahayana, Avalokiteshvara («la que contempla, mira u oye los sonidos del mundo») es la bodhisatva de la compasión. Un bodhisatva es literalmente un «ser de sabiduría» que está destinado a convertirse en Buda, pero ha renunciado a la dicha del nirvana con el voto de salvar a todos los seres de la Tierra. La forma tibetana de Avalokiteshvara se conoce como Chenrezi. En China, Avalokiteshvara se venera con el nombre de Kuan Yin; en Japón, bajo el nombre de Kannon. Según la leyenda, Kuan Yin estaba a punto de entrar al cielo, pero se detuvo en el umbral al escuchar los gritos del mundo.

2. *Bikú* [pali, del sánscrito *bhiksu*]: monje budista, mendicante religioso.

3. Antes del dictado del Señor Maitreya, la Mensajera leyó la historia de Asanga, monje y filósofo indio del siglo IV, quien después de doce años de meditación finalmente recibió el encuentro con Maitreya. Cuando Asanga le preguntó al Maestro por qué nunca se le había aparecido durante esos doce años, Maitreya respondió que había estado allí todo el tiempo, pero que Asanga no lo había visto porque aún no había desarrollado una gran compasión. Véase *Maitreya on Initiation: The Coming Buddha Who Has Come (Maitreya Sobre la Iniciación: El Buda Venidero que ha Venido)*, págs. 169-70.

4. Dictados del Señor Maitreya en la actividad The Summit Lighthouse:
   - Véase los dictados del Señor Maitreya en este volumen, *Enseñanzas de la Escuela de Misterios de Maitreya*, que incluye dictados de Maitreya y de varios maestros.
   - Véase *Perlas de Sabiduría* de 1984, libros I y II, bajo el título «Un estudio sobre la Cristeidad por el Gran Iniciador», y otros dictados de Maitreya en los volúmenes de *Perlas* de 1984.
   - En el libro II de las *Perlas* de 1984, consulte el índice para la lista «Dictados del Señor Maitreya» en las págs. 32-34. Esta lista abarca desde 1960 a 1989. En tu búsqueda, también puedes indagar cualquier dictado de Maitreya en 1958, 1959 y 1990 a 1998.

5. Nueve Budas. En un dictado del 4 de noviembre de 1966, en Los Ángeles, California, la Diosa de la Pureza dijo que «de la gran llama de la pureza cósmica hace apenas dos años nacieron sobre la Tierra nueve niños Budas del corazón del Padre…. Se pretendía que por el poder del tres veces tres, estos santos niños trajeran a la humanidad la gran conciencia de la pureza de Dios sostenida por vuestro amado Señor Gautama. Vengo a vosotros en este día con un mensaje que debe hacer que vuestro corazón se despierte a la necesidad de más decretos. Desde el nacimiento de estos santos niños, uno ha pasado de la pantalla de la vida, porque el contorno de ese niño era tan impuro y carente de la llama de la pureza, que no contribuía a hacer brotar la luz dentro de ese corazón, y murió como una flor cortada de la vid. Y así, ocho de estos santos inocentes permanecen en el cuerpo planetario». El noveno Buda renació posteriormente en Madrás, India.

6. Véase «La Oración Diaria del Guardián», decreto 1.00 en *Oraciones, Meditaciones y Decretos Dinámicos para la Transformación Personal y Mundial.*

7. Mateo 24:35; Marcos 13:31; Lucas 21:33.

8. Bote *prajna* [de *prajna*, sánscrito, «sabiduría trascendental», «intuición», «intuición divina»]: el bote de la sabiduría, el vehículo o medio por el cual uno cruza el océano del nacimiento y la muerte, el medio para alcanzar el nirvana. En la tradición budista, a veces se representa a Kuan Yin como el capitán de la «Barca de la Salvación», que transporta almas a través del mar embravecido de su karma al Paraíso Occidental de Amitabha, o Tierra Pura, la tierra de la dicha donde las almas pueden renacer, recibir continua instrucción hacia la meta de la iluminación y la perfección. El quinto voto de Kuan Yin, tomado del Sutra Dharani del Gran Corazón de Compasión e incluido en el Rosario de Cristal de Kuan Yin, es «deseo-prometo abordar rápidamente el barco prajna». Véase el *Rosario de Cristal de Kuan Yin: Devociones a la Madre Divina de Oriente y Occidente,* juego de 4 CD y folleto complementario que contiene los diez votos de Kuan Yin.

9. En el budismo, las tres joyas en las que el discípulo se refugia (es decir, busca protección y ayuda) son el Buda, el Dharma y la Sangha. El Buda es el iluminado; el Dharma, la enseñanza del Buda; y la Sangha, la comunidad, la congregación de monjes, monjas y devotos laicos, la familia espiritual del Buda. Las tres joyas se

dan como una fórmula verbal en las cuales cada una de ellas está precedida por las palabras «tomo (mi) refugio en el...». o, «voy a refugiarme al…». En el budismo tibetano, se añaden las siguientes palabras antes de estas tres declaraciones: «Me refugio en el Lama (o Gurú)» porque el Gurú es quien ha encarnado las tres joyas como representante del Buda y transmisor de su enseñanza. Se enseña que el término «Gurú» abarca no solo al Gurú encarnado, sino también a todos los maestros que han precedido y vienen después de Buda Gautama. También se enseña que el Dharma es la «carga del Señor», y que es responsabilidad de los chelas vivir (encarnar) la enseñanza, difundir la enseñanza en el exterior y defender tanto la enseñanza como al maestro, así como a la comunidad mundial que componen el «cuerpo» del Buda en la Tierra.

CAPÍTULO 14: En relación con la Escuela de Misterios de Maitreya

1. El Gran Director Divino es el iniciador bajo la jerarquía solar de Capricornio en la línea de las 12 del Reloj Cósmico, al enfocar el atributo del poder Divino.
2. Los discursos de Gautama en *Wesak* y el Día de la Ascensión de Saint Germain el 1 de mayo se aplazaron hasta la clase de julio, LIBERTAD 1988 (Anunciado por el Arcángel Gabriel, *Perlas de Sabiduría* de 1988, vol. 31, núm. 52, pág. 419).
3. Oportunidad final. En este dictado, dado el 13 de mayo de 1987, el Buda Gautama declaró: «Por lo tanto, donde la Mensajera y la magnitud de luz y vibración que hemos enviado a través de nuestra Palabra hablada no ha efectuado conversión en aquellos que deberían haberse dado la vuelta para enfrentar el Sol, digo este día: En esta hora o en la hora en que escuchen este dictado, a mí, Gautama, se me requiere y se me permite cruzar esta línea [pasa sobre la línea trazada simbólicamente en el piso] para dar una oportunidad final para que vengáis a la luz y viváis para siempre como Dios». *(Perlas de Sabiduría* de 1987, vol. 30, núm. 24, págs. 248-49).
4. Manto del Señor del Mundo sobre la Mensajera. Buda Gautama explicó el 13 de mayo de 1987: «Mi manto del Señor del Mundo cae ahora sobre esta Mensajera. Es un peso que no se puede calcular como los pesos se calculan en esta octava. La congruencia de mí mismo en esta forma está permitida por esta dispensación, amados, por razones internas y un pasado interno que no enumeraré. Baste decir, amados, que cuando todos y cada uno de vosotros logréis una

cierta estatura de la Cristeidad, el manto de un Gurú Maestro Ascendido viviente puede caer a vuestro alrededor. Y así podéis servir como el ser del que está abajo y así tener y contribuir a la corriente de la victoria de la Tierra el impulso de un ser resplandeciente». (*Perlas de Sabiduría* de 1987, vol. 30, núm. 24, pág. 247).

5. *Los Manús.* Véase el capítulo 3 de este volumen, pág. 356, nota 10.
6. Salmos 1:1.
7. Mateo 25:14-30; Lucas 19:12-27.
8. Mateo 6:1-6, 16-21.
9. Desapego al fruto de la acción. El principio de desapego es básico para el budismo como corolario de la enseñanza de Buda Gautama en su segunda de las Cuatro Nobles Verdades, en la que afirma que la causa del sufrimiento es el deseo desmesurado. En *Silenciosamente viene el Buda* el Señor del Mundo enseña sobre la virtud del desapego: «Aquellos que queréis ser grandes entre vosotros, sed los siervos de todos. / Aquellos entre vosotros que seréis grandes /no os sirváis a vosotros mismos / no cumpláis ningún otro deseo que no sea el deseo de ser / el Buda para la humanidad. / Aquellos que queráis ser grandes entre vosotros / servid sin apego... sin egocentrismo / salvar ele centrarse a sí mismo en Dios. La décima perfección es el equilibrio entre el deseo y la ausencia de deseos. Es el punto donde lo activo y lo pasivo se fusionan.... Trascended el ego y no os apeguéis a la burla o el elogio, el placer o el dolor, la pobreza o la riqueza, la adulación o la indignación. Esta es la décima perfección de la ley: indiferencia ante la gratitud o ingratitud de los mortales, indiferencia ante sus maldiciones o las guirnaldas de su aprobación». *Silenciosamente viene el Buda: Despierta tu naturaleza de tu Buda interior*, págs. 97-98.
10. Mateo 13:45, 46.
11. El morador del umbral. Véase el capítulo 1 de este volumen, pág. 353, nota 6.
12. Para el decreto «¡Yo Arrojo al Morador del Umbral!» por Jesucristo, véase *Perlas de Sabiduría* de 1988, vol. 31, núm. 52, pág. 422. Véase decreto 20.09 en *Oraciones, Meditaciones y Decretos Dinámicos para la Transformación Personal y Mundial,* pág. 245.
13. Durante LIBERTAD 1988, se colocó una estatua de tamaño natural de Buda Gautama en un altar especial a la izquierda del altar principal. Se invitó a los asistentes a la Conferencia a arrodillarse ante la estatua para rezar, confesarse o meditar. La estatua representa

a Gautama en un estado de meditación con una suave sonrisa en su rostro bendito; el Señor del Mundo está coronado, sentado en postura de loto, con los ojos cerrados. La Mensajera explicó que el altar era un foco físico del retiro del Buda Gautama centrado sobre el Corazón del Retiro Interno, conocido como el Shambala Occidental, que es una extensión de su retiro etérico sobre el desierto de Gobi.

14. La Orden del Corazón Diamantino. Véase HolyOrders.org.
15. Kuan Yin. *Perlas de Sabiduría* de 1988, vol. 31, núm. 61, págs. 471-80.
16. Mateo 21:42-44; Lucas 20:17, 18.
17. Turbulencia en Oriente Medio. El 3 de julio de 1988, a las 12:54 am (hora de la montaña), 13 horas antes del dictado del Buda Gautama, la tripulación del crucero de la Armada USS *Vincennes*, al confundir un avión Airbus iraní con un avión de combate iraní F-14, derribó el avión sobre el Golfo Pérsico, matando a las 290 personas a bordo. El derribo se produjo mientras el *Vincennes* y otros buques de la armada estadounidense participaban en una batalla naval contra cañoneras iraníes, durante la cual el *Vincennes* hundió dos de los barcos. El jefe del Estado Mayor Conjunto indicó en una sesión informativa que los factores que contribuyeron a la tragedia incluyeron la falta de respuesta del Airbus a las repetidas advertencias y la negligencia de Irán al permitir que el avión ingresara a la zona de la batalla naval que estaba teniendo lugar en ese momento.
18. Los indicadores astrológicos del potencial de guerra en el momento en que se dio este dictado se podían ver en varias configuraciones astrológicas actuales y próximas. Los Maestros Ascendidos enseñan que, mediante la intervención divina y los llamados a la llama violeta en la ciencia de la Palabra hablada, las condiciones negativas predichas en la astrología y otras profecías pueden mitigarse y, en algunos casos, evitarse por completo antes de que se vuelvan físicas. Véase Elizabeth Clare Prophet, *Saint Germain's Prophecy for the New Millennium (La Profecía de Saint Germain para el Nuevo Milenio)* capítulo 12, «La profecía no está escrita en piedra».
19. Dispensaciones limitadas para los portadores de luz. *Perlas de Sabiduría* de 1988, vol. 30, núm. 24, págs. 242-49; 1988 *Perlas de Sabiduría*, vol. 31, núm. 3, pág. 33 nota 2.
20. Llamados al juicio. *Perlas de Sabiduría* de 1988, vol. 31, núm. 23, pág. 202 decreto; núm. 53, pág. 422.

21. *Afflatus* [latín, «acto de respirar»]: una impartición divina de conocimiento o poder; la comunicación milagrosa del conocimiento sobrenatural; la impartición de un impulso dominante, poético o de otro tipo; inspiración.
22. Génesis 3:7; Apocalipsis 3:17.
23. Estar preparado. Saint Germain ha declarado: «Hace mucho tiempo que dirigimos a nuestros Mensajeros a fundar el Retiro Interno situado en Montana como un lugar apartado en la naturaleza donde aquellos que mantienen la llama de la libertad para la Tierra pueden hacerlo sin sufrir el contragolpe de la civilización hacia la que se dirige esa luz.... Cuando estéis completamente preparados y decididos a sobrevivir físicamente en la Tierra, pase lo que pase... entonces seréis un agente libre de Saint Germain y podréis dar vuestra vida y vuestro corazón a esta misma causa y detener esas condiciones antes de que aparezcan, por lo tanto, ofrecéis vuestra preparación como una válvula de seguridad, una maya de seguridad, un bote salvavidas si se quiere». (*Perlas de Sabiduría* de 1988, vol. 31, núm. 20, pág. 166 nota 6).
24. Josué 24:15.

CAPÍTULO 15: **La espada de Maitreya**

1. Los desastres profetizados que ocurrirán en el Tíbet. Se refiere a la invasión china comunista del Tíbet en 1950. Para una cantidad de estos desastres profetizados, véase *La leyenda de la gran estupa* (Berkeley: Dharma Publishing, 1973), págs. 15-16, 49-59. Véase el capítulo 12 de este volumen, pág. 370 nota 5.
2. Potencial de guerra indicado en las manchas solares. Existe una relación entre el ciclo de 11 años de las manchas solares y las guerras. Las grandes guerras tienden a seguir el pico del ciclo de las manchas solares, aunque ocasionalmente lo preceden.
3. En el trimestre de Summit University en el otoño de 1988, se estudiaron los 63 dictados dados a través de los Mensajeros Mark y Elizabeth Prophet por el Señor Maitreya, desde 18 de septiembre de 1960 al 30 de junio de 1988.
4. «Mantén con firmeza lo que habéis recibido» es un lema de la Fraternidad de los Guardianes de la Llama. Véase Apocalipsis 3:11.
5. Padma Sambhava otorgó el manto de Gurú a la Mensajera Elizabeth Clare Prophet, en su dictado del 2 de julio de 1977 y publicado en las *Perlas de Sabiduría* de 1984, libro I, vol. 27, núm. 33A, págs. 102-5.

6. 2 Reyes 2:5-15.
7. Después del dictado, el Señor Maitreya bendijo a todos cuando la Mensajera colocó el huevo de amatista de cristal en el tercer ojo de cada devoto que pasó por el altar.

CAPÍTULO 16: **Moldear la masa**

1. Isaías 55:1; Jeremías 2:13; 17:13; Juan 4:14; 7:37, 38; Apocalipsis 7:17; 21:6; 22:1.
2. 1 Juan 4:18.
3. Santiago 1:17.
4. Génesis 3:9.
5. La enseñanza de Gautama sobre el deseo desordenado. En una conferencia titulada «El mensaje del Buda interno: 'Algunos entenderán'», la Sra. Prophet comentó sobre la Segunda Noble Verdad de Gautama. Ella dijo: «Gautama no censura todas las formas de deseo». *Tanha*, una palabra pali que significa «deseo o anhelo que causa sufrimiento», debe entenderse como «anhelo en el sentido de deseo desordenado o incorrecto, deseo egocéntrico, egoísmo». (Elizabeth Clare Prophet, *Perlas de Sabiduría* de 1989, vol. 32, núm. 30, págs. 448).
6. Subconsciente e inconsciente. Los Maestros Ascendidos enseñan que el subconsciente es el depósito del «cinturón electrónico», que contiene la causa, el efecto, el registro y la memoria del karma humano en su aspecto negativo; el inconsciente es el depósito de los arquetipos del mal absoluto de la muerte y el infierno. El inconsciente colectivo lo sostiene la raza humana; el inconsciente individual o personal es el resultado de acciones personales.
7. La sabiduría reflejada es la sabiduría del Buda Dhyani Akshobhya. En el budismo tibetano se enseña que esta sabiduría refleja de forma pacífica y acrítica todas las cosas en su verdadera naturaleza.
8. Hechos 17:22, 23.
9. 2 Crónicas 36:11-13; Salmos 95:7-11; Marcos 3:1-5; 6:52; 8:17; 16:14; Juan 12:40; Hebreos 3:7-15; 4: 7.
10. Antes del dictado, la Mensajera dio una conferencia sobre las «Enseñanzas del Buda: los Cinco Budas Dhyani y los cinco venenos». Ella repasó la enseñanza budista tibetana sobre los «cinco venenos» que existen y que son el mayor peligro para el progreso espiritual del alma y que la sabiduría de los Cinco Budas Dhyani contrarrestan o proporcionan el antídoto para cada veneno. Para obtener una

enseñanza detallada sobre los Cinco Budas Dhyani, consulte *Los Maestros y sus Retiros*, págs. 68-74.

11. Ezequiel 40:3, 5; 42:15-19; Habacuc 3:6; Zacarías 2:1, 2; Apocalipsis 11:1; 21:15.

12. Cuerpo de fuego blanco. Cada par de llamas gemelas es creado a partir del mismo cuerpo de fuego blanco por el Dios Padre-Madre, Elohim, en el corazón del Gran Sol Central. Véase *The Path to Attainment (El sendero del logro)*, de Mark L. Prophet y Elizabeth Clare Prophet, págs. 5-9, incluye diagramas que ilustran la creación de llamas gemelas.

13. Los siete rayos se trazan consecutivamente en el Reloj Cósmico desde las líneas 12 hasta las 6.

14. Hebreos 13:2.

15. «Pero en las nubes de gloria que se arrastran venimos de Dios, quien es nuestro hogar». William Wordsworth, *«Oda: Intimations of Immortality from Recollections of Early Childhood», (Oda: Intimaciones de la inmortalidad a partir de los recuerdos de la primera infancia)* Oda: estrofa 5.

16. Salmos 46:10; Marcos 4:35-41.

17. Lucas 12:32

18. La pantalla en Darjeeling. El Morya revela en su libro *El discípulo y el sendero* que en su retiro en el plano etérico sobre Darjeeling, donde el alma puede viajar fuera del cuerpo durante el sueño para ser instruida, hay una pantalla en la que se proyectan los eventos pasados en la vida del discípulo. Véase *El discípulo y el sendero*, capítulo 5, págs. 42-47; *Señores de los Siete Rayos*, conclusión, págs. 329-342.

19. El Dharmakaya es el Cuerpo de Verdad o Ley; la «esencia del ser» inmutable de todos los Budas; la Realidad absoluta. En las Enseñanzas de los Maestros Ascendidos, el Dharmakaya corresponde al cuerpo causal y la Presencia YO SOY. En el budismo tibetano se enseña que la sabiduría del Dharmakaya disipa la ignorancia y revela la realidad más elevada.

20. La luz salvadora de los Budas Dhyani. En la conferencia que pronunció antes de este dictado, la Mensajera leyó una escritura budista llamada *Bardo Thodol* o *Libro tibetano de los muertos*, que explica el poder salvador de los Cinco Budas Dhyani. En la práctica del budismo tibetano, los pasajes de esta escritura se leen durante varios días consecutivos a los que se acercan a la muerte o que han fallecido. Cada día se le indica al alma que en el estado posterior

a la muerte se encontrará y tendrá que elegir entre la luz radiante de cada uno de los Budas Dhyani y la luz apagada que representa uno de los reinos inferiores. Se advierte al alma que no tema a los Budas Dhyani, sino que ponga su fe en ellos y resista la atracción de las luces apagadas. Dependiendo del dominio sobre los cinco venenos que esa alma haya alcanzado mientras estaba encarnada, se sentirá atraída en mayor o menor grado por la luz salvadora de los Budas Dhyani.

21. Filipenses 4:13.
22. Marcos 9:23, 24.
23. Romanos 8:14-17; Gálatas 3:26-29; 4:4-7.
24. En un dictado dado el 2 de julio de 1989, el Arcángel Jofiel declaró: «En esta hora el círculo de fuego de iluminación como la corona del sol, como el fuego que aparece en el eclipse, se convierte en ese borde de fuego, un círculo de intenso fuego amarillo alrededor de la Tierra.... Yo, Jofiel, con Esperanza personalmente colocamos alrededor del alma de cada portador de luz una funda de esta sustancia de luz amarilla del segundo rayo de color amarillo ardiente, brillante como el sol. Cada alma, entonces, está sellada en un sol». Véase *Perlas de Sabiduría* de 1989, vol. 32, núm. 36, págs. 503-16.
25. El «fuego blanco y el amarillo» se refieren a las dos primeras esferas concéntricas exteriores de luz y conciencia que componen el cuerpo causal que rodea a la Presencia YO SOY. Maitreya explica que hay cinco esferas de rayos secretos en una dimensión interna que están intercaladas entre la esfera blanca (que está en el centro del cuerpo causal) y la esfera amarilla.
26. El conocimiento del bien, del mal y de la historia cósmica. Véase *El sendero del Yo Superior*, capítulo 3, págs. 79-106; *The Great White Brotherhood in the Culture, History and Religion of America (La Gran Hermandad Blanca en la cultura, historia y religión de América)*, capítulo 20, págs. 253-68 y en *The Path of the Universal Christ (El Sendero del Cristo Universal)*, Capítulo siete, págs. 85-92.
27. Juan 6:53.
28. La advertencia del Señor Maitreya de no comer azúcar. Véase el capítulo 9 de este volumen: «Fijo la dirección».
29. Dieta de los adeptos orientales. Durante el Retiro de Año Nuevo de 1988 en el Rancho Royal Teton, la Mensajera dio una conferencia sobre la dieta macrobiótica, incluyendo cómo el comportamiento humano y la salud física y mental se relacionan con la condición de

los órganos del cuerpo y qué los alimentos son beneficiosos para la salud de los órganos. Sanat Kumara dio la dieta a los portadores de luz y, entre otros, al Señor Lanto cuando encarnó como el Emperador Amarillo (2704 a.C). Los principios de la macrobiótica se basan en el *The Yellow Emperor's Classic of Internal Medicine (Clásico de medicina interna del emperador amarillo)* (el Nei Ching), es el libro de medicina china más antiguo que se conoce. En las *Perlas de Sabiduría* de 1989, Elizabeth Clare Prophet declaró: «Sin embargo, en lo que respecta a la dieta, hasta ahora, en mi camino hacia el Buda Interno, he encontrado el principio único del yin y del yang, que es la base de la dieta macrobiótica, y una guía sólida y práctica para equilibrar el régimen diario. Y encuentro que la dieta macrobiótica es la aproximación más cercana que pueden hacer los occidentales a la dieta de los adeptos orientales. Si queremos alcanzar la condición de adeptos del Cristo y el Buda, también deberíamos imitar sus hábitos alimenticios. Pues entonces estaremos hechos de la misma materia de la que ellos están hechos».

CAPÍTULO17: **La recreación del ser**

1. Las Universidades del Espíritu son patrocinadas por los siete chohanes de los rayos. El 1 de enero de 1986, Buda Gautama anunció que él y los Señores del Karma habían concedido una petición de los señores de los siete rayos para abrir universidades del Espíritu; cursos de instrucción impartidos por los siete chohanes y el Maha Chohán en sus retiros etéricos para decenas de miles de estudiantes que están siguiendo el camino del autodominio en los siete rayos.

2. El foco Alfa del retiro etérico del Buda Gautama, Shambala, se encuentra sobre el desierto de Gobi en Asia central. En 1981, Gautama estableció el foco Omega de este retiro, llamado Western Shambala, en la octava etérica sobre el Corazón del Retiro Interno en el Rancho Royal Teton, en Montana. Estos dos retiros están en polaridad, anclando el Alfa y la Omega de la conciencia búdica. Véase *Perlas de Sabiduría* de 1989, vol. 32, núm. 30, págs. 419-22.

3. El 8 de agosto de 1988, El Morya anunció que estaba «En el banquillo», es decir, que no habría nuevas dispensaciones para sus chelas o para su servicio mundial por parte de los Señores del Karma hasta que el karma obtenido por dispensaciones malversadas o no apropiadas por los chelas y los servidores del mundo sea suficientemente equilibrado. En un dictado entregado el 8 de agosto de 1989,

El Morya anunció que estaba «En el banquillo». Véase El Morya, *Perlas de Sabiduría* de 1989, vol. 32, núm. 33, págs. 473-86.
4. Santiago 1:12; Apocalipsis 2:10; 3:11.
5. Mateo 13:24-30, 36-43.
6. La Escuela de Misterios de Maitreya establecida en el Rancho Royal Teton. Consulte el capítulo 3 de este volumen, «La Escuela de Misterios del Señor Maitreya».
7. Un problema psicológico. Los problemas mentales y emocionales también pueden estar relacionados con desequilibrios bioquímicos, como los causados por hipoglicemia, cándida, alergias alimentarias y ambientales e hipotiroidismo.

La hipoglicemia, o bajo nivel de azúcar en la sangre, es un signo de desequilibrio en el sistema glandular: páncreas, pituitaria, tiroides y glándulas suprarrenales. Esto generalmente se debe al consumo de una dieta rica en carbohidratos refinados, como harina blanca, azúcar y otros endulzantes, como miel, fructosa y concentrados de jugos de frutas.

Cándida albicans es un microorganismo de levadura que normalmente se encuentra hasta cierto punto en el sistema gastrointestinal de todas las personas. La toma de ciclos prolongados o frecuentes de antibióticos, píldoras anticonceptivas o cortisona (u otros medicamentos inmunosupresores) a menudo permite el crecimiento incontrolado de cándida más allá de sus límites normales. Las alergias alimentarias y ambientales son los términos generales que describen una variedad de problemas mentales, emocionales y físicos que pueden desarrollarse cuando una persona está expuesta a alimentos o sustancias en su entorno al que es sensible.

El hipotiroidismo es una enfermedad en la que la glándula tiroides produce una producción inadecuada de hormona tiroidea. Cada célula del cuerpo depende de la hormona tiroidea para producir la energía que necesita para llevar a cabo sus funciones únicas. Un nivel inadecuado de hormona tiroidea se asocia con un amplio espectro de problemas.

Si cree que puede estar lidiando con alguna de las afecciones enumeradas anteriormente, le recomendamos que consulte a su médico personal para obtener más recomendaciones.
8. Véase la meditación y visualización de Djwal Kul en la cámara secreta del corazón como el lugar preparado para recibir a tu Ser Crístico y a tu Maestro Ascendido Gurú, en *El aura humana: Cómo*

activar y energizar tu aura y tus chakras, capítulo 5, págs. 127-134.

9. Hábito. Véase Jesús y Kuthumi, *Corona Lessons (Lecciones de Jesús y Kuthumi de la Clase de la Corona),* sección «Hábito», págs. 257-303 (1986). Véase también el CD de audio MP3, *Habito,* de Jesús y Kuthumi, por Elizabeth Clare Prophet, una serie de conferencias basadas en las enseñanzas de Jesús y Kuthumi sobre el «Habito» en el Darshan 8 en DVD de Elizabeth Clare Prophet, *Corona Class Lessons; y Overcoming Negative Habits (Lecciones de Jesús y Kuthumi de la Clase de la Corona, y la superación de hábitos negativos)*

10. Desenrollar la espiral del hábito. Señor Maitreya, «La superación del miedo mediante los decretos», en Mark L. Prophet y Elizabeth Clare Prophet, *La ciencia de la Palabra hablada*, capítulo 3, págs. 14-30; *Jesús y Kuthumi Corona Class Lessons, (Lecciones de Jesús y Kuthumi de la Clase de la Corona)* sección «Hábito», págs. 339-391.

11. «¡Nunca un paso atrás!» es el lema de Carol Hedgpeth, un Guardián de la Llama que fue nombrado caballero *«Sir Valiant»* por Saint Germain.

12. «Mantened con firmeza lo que habéis recibido» es un lema de la Fraternidad Guardianes de la Llama. Véase Apocalipsis 3:11.

13. Tener la Presencia del Cristo que ordena la paz. Porque Cristo habita en tu templo ahora porque has alcanzado ese equilibrio, esa armonía que es el signo de la resolución interna dentro de los miembros. Véase Romanos 7:19-23.

14. 1 Corintios 3:16, 17; 6:19, 20; 2 Corintios 6:16.

15. La limpieza del cuerpo etérico. Lanello, *Perlas de Sabiduría* de 1989, vol. 32, núm. 8, págs. 54-56, 57-59, 60-61, 63-64, 67.

16. Apocalipsis 2:17.

CAPÍTULO 18: **La compasión intrépida y la eterna llama de la esperanza**

En el servicio antes del dictado, la mensajera leyó Isaías 66

1. La tradición dice que cuando los discípulos abrieron la tumba de la Madre María tres días después de su entierro, encontraron que su cuerpo había desaparecido y la tumba estaba llena de lirios y rosas.

2. Según una leyenda, un funcionario chino se encontró con Bodhidharma (misionero indio en China del siglo VI) en las montañas de Asia central tres años después de su muerte. El maestro, que llevaba un cayado del que colgaba una sola sandalia, le dijo al funcionario

que regresaba a la India. Al enterarse de este encuentro, los monjes en China abrieron la tumba de Bodhidharma y, para su asombro, la encontraron vacía excepto por una sandalia; así, la inmortalidad de Bodhidharma está asegurada en las tradiciones del budismo zen, del que es reconocido fundador. Véase Elizabeth Clare Prophet, *Bodhidharma: Founder of Zen Buddhism, (Bodhidharma: Fundador del budismo Zen)*, un juego de dos DVD.

3. Lucas 17:20, 21.

4. Estupa. Una estupa (literalmente «nudo de pelo») fue originalmente un monumento erigido sobre las reliquias del Buda Gautama y otros grandes santos orientales. Hoy en día, las estupas son estructuras altamente simbólicas que son el foco de devoción en los monasterios o templos budistas. Las estupas pueden contener textos y otros objetos sagrados. Para obtener más información detallada, consulte *Perlas de Sabiduría* de 1989, vol. 32, núm. 48, págs. 645-46 núm. 7.

5. Har Dayal, *The Bodhisattva Doctrine in Buddhist Sanskrit Literature (Literatura sánscrita budista sobre la doctrina del Bodhisatva)* (1932; reimpresión, Nueva York: Samuel Weiser, 1978), págs. 227, 228.

6. I. B. Horner, trad., *Milinda's Questions, (Las Preguntas de Milinda)* vol. 1 (Londres: Luzac and Company, 1963), págs. 286, 287, 289.

7. Maha Sthavira Sangharakshita, *(Las Tres Joyas: Una introducción al Budismo)* (1967; reimpresión, Londres: Windhorse Publications, 1977), págs. 170-71.

8. Saint Germain, *Perlas de Sabiduría* de 1988, libro II, vol. 31, núm. 50, pág. 404.

9. Kuan Yin, *Perlas de Sabiduría* de 1988, libro II, vol. 31, núm. 61, pág. 475.

10. Dayal, *Bodhisattva Doctrine in Buddhist Sanskrit Literature (Literatura sánscrita budista sobre la doctrina del Bodhisatva)*, págs. 216-17.

11. Helena Roerich, *Foundations of Buddhism (Los fundamentos del budismo)*, (Nueva York: Agni Yoga Society, 1971), págs. 141-42.

12. Bhikshu Sangharakshita, *A Survey of* Buddhism *(Un Estudio del Budismo)*, 5ª ed. (Boulder, Colorado: Shambhala, 1980), pág. 434.

13. Dayal, *Bodhisattva Doctrine in Buddhist Sanskrit Literature (Literatura Sanscrita Budista sobre la Doctrina del Bodhisatva)* págs. 209-10.

14. Santiago 1:27.

15. Sal. 139:7, 8.

16. Elizabeth Clare Prophet, Introducción II, «El Sendero del Bodhisatva: El Maitreya Histórico», en 1984 *Perlas de Sabiduría*, libro II,

págs. 3-13; disponible como descarga de audio MP3 en El archivo de los Prophet. Véase también Elizabeth Clare Prophet, *Sobre la Iniciación: el Buda venidero que ha venido.*

17. Para las enseñanzas de la mensajera sobre Milarepa, sus asignaciones e iniciaciones de su gurú, Marpa. Véase Elizabeth Clare Prophet, 6 de noviembre de 1988, *The Path of the Bodhisattva: Marpa and Milarepa (El Sendero del Bodhisatva: Marpa y Milarepa)* en la Biblioteca de los Maestros Ascendidos. Véase también W. Y. Evans-Wentz, ed., Tibet's *Great Yogi, Milarepa: A Biography from the Tibetan (Una biografía del tibetano: Gran Yoghi, Milarepa)* 2ª ed. (Nueva York: Oxford University Press, 1951).

18. Juan 9:4; 4:34; 5:30, 36; 17:4.

CAPÍTULO 19: **El cáliz de la bondad**

1. «Yo la Nada, Tú el Todo». Jesús se apareció una vez a Catalina de Siena mientras oraba y le dijo: «¿Hija, sabéis quién eréis y quién soy yo? Si supierais estas dos cosas, seréis bendecida. Eréis aquello que no es; Yo soy El que es. Si tenéis este conocimiento en vuestra alma, el enemigo nunca podrá engañaros; escaparéis de todas sus trampas; nunca consentiréis en nada contrario a mis mandamientos; y sin dificultad adquiriréis toda gracia, toda verdad, toda luz». Véase *Perlas de Sabiduría* de 1990, vol. 33, núm. 31, págs. 399, 405 nota 5.

2. Juan 1:1-3.

3. La misión de Kuthumi de ayudar a los chelas en la resolución de su psicología. El 27 de enero de 1985, Kuthumi, el psicólogo maestro, anunció una dispensación del Señor Maitreya: «Esta dispensación es mi asignación de trabajar con cada uno de vosotros individualmente para vuestra salud física y para la curación de vuestra psicología, para llegar rápidamente a la causa misma y al núcleo de las condiciones físicas, espirituales y emocionales, para que no haya más contratiempos o indulgencias, y seguro no dar dos pasos adelante y uno atrás. Por lo tanto, a partir de esta hora, si me llamáis y tomáis la determinación en vuestro corazón de trascender el antiguo yo, os enseñaré a través de vuestro corazón y de cualquier mensajero pueda enviaros». Véase el capítulo 6 de este volumen, págs. 62-63; y Elizabeth Clare Prophet, *El enemigo interno: encontrando y conquistando el lado oscuro*, capítulo 1, pág. 8.

4. Alianza de mentes maestras. Véase Napoleon Hill, *Law of Success* (La Ley del Éxito) lección 1, págs. 19-118. Véase también *Think*

and Grow Rich, The Master Key to Riches, Grow Rich with Peace of Mind de Napoleon Hill, *(Hágase Rico: La clave maestra de la riqueza, hágase rico! con tranquilidad).*

5. "YO SOY Luz", decreto 7.10A en *Oraciones, Meditaciones y Decretos Dinámicos para la Transformación Personal y Mundial.* Véase también Kuthumi y Djwal Kul, *El Aura Humana: Cómo activar y energizar tu aura y tus chakras,* libro I, capítulo 6, págs. 38-39 (2015).

6. 1 Pedro 2:5.

CAPÍTULO 20: ¡Restableced la Cristeidad de América!

1. Himnos, cánticos, mantras y decretos al Santo Ser Crístico y llama trina en *Libro de Himnos y Canciones de la Iglesia Universal y Triunfante)* y en *Oraciones, Meditaciones y Decretos Dinámicos para la Transformación Personal y Mundial:*
   Himno 29 «Introito al Santo Ser Crístico»
   himno 30 «Llamado a la Llama Trina»
   himno 33 «Oh, Poderosa Llama Trina de la Vida»
   himno 35 «Santa Llama Crística»
   himno 36 «Mantén mi Llama Ardiendo»
   canción 37 «En lo Profundo de mi Corazón»
   decreto 0.06 «Oh Poderosa Llama Trina de la Vida»
   decreto 0.07A «YO SOY la Luz del Corazón»
   decreto 20.03 «Equilibra la Llama Trina en Mí»
   decreto 30.01 «Mantén Mi Llama Ardiendo»
   decreto 30.02 «Introito al Santo Ser Crístico».

2. Véase Buda Gautama en «Un ancla, forma de pensamiento», 1992. *Perlas de Sabiduría*, vol. 35, núm. 20, págs. 249-72.

3. Según *The Forgotten Books of Eden (Los libros olvidados del Edén),* los hijos de Jared fueron atraídos a bajar del monte santo de Dios por la música sensual de los hijos de Caín. Jared era descendiente de Set, el hijo de Adán y Eva que nació después de que Caín matara a Abel. Véase «Prólogo sobre los hijos de Jared» (tomado del Segundo Libro de Adán y Eva), de Elizabeth Clare Prophet, *Ángeles caídos y los orígenes del mal)* págs. 395-407. Una lectura del Segundo libro de Adán y Eva sobre los hijos de Jared que está incluida en el CD MP3 del álbum *El Rosario de Enoc.*

4. 1 Reyes 18:17-40.

5. Vigilia de Ígor por la Madre Rusia. Véase *Los Maestros y sus Retiros,* págs. 150-152, «Ígor (el maestro desconocido), el hijo desconocido

de María». Véase también *Perlas de Sabiduría* de 1988, libro I, vol. 31, núm. 33, págs. 253, 254 nota 3; y *Perlas de Sabiduría* de 1972, vol. 15, núm. 53, págs. 217-18.

6. Mateo 19:26; Marcos 10:27; Lucas 18:27.

7. 1 Juan 4:1.

8. El cuarto ¡Ay! El Amado Alfa, en su dictado del 1 de julio de 1992, afirmó: Hay un descenso «En esta hora del juicio de los perseguidores de la Madre Divina y su progenie y de las almas de la luz y de los hijos de la luz…. Por tanto, el juicio ha descendido. Y vosotros, que de nuevo le habéis dado libertad a la mujer para asesinar a su hijo, que representáis a millones en la Tierra que están de acuerdo con vosotros, sois culpables ante la humanidad y todas las almas abortadas en el plano etérico. ¡Vosotros, por lo tanto, llegaréis a juicio, porque habéis cometido el asesinato de Dios y no perdurará! Por lo tanto, hecho esta. Y yo, Alfa, sello este juicio. ¡Y no lo quitareis! ¡No lo esquivareis! ¡No lo desplazareis! ¡No os libraréis de las garras del juicio de Alfa! ¡Ay! ¡Ay! ¡Ay! ¡Ay!» Véase Alfa, *Perlas de Sabiduría* de 1992, libro II, vol. 35, núm. 33, págs. 437-38.

9. Apocalipsis 11:18.

10. Apocalipsis 2:17.

11. *Siddhis* [sánscrito, traducido aproximadamente como «habilidades perfectas»]: poderes sobrenaturales adquiridos a través de la práctica del yoga. Estos incluyen la clariaudiencia, la clarividencia, la capacidad de leer pensamientos, el conocimiento de nacimientos anteriores, la levitación, el dominio sobre los elementos y la capacidad de hacerse invisible.

12. En la tradición hindú, Karttikeya es el dios de la guerra y comandante en jefe del ejército de los dioses. También se le conoce como Skanda, el hijo de Shiva, y como Kumara, «el santo joven». En el Chandogya Upanishad (7.26), Skanda se identifica con el sabio védico Sanat Kumara. Según las enseñanzas del yoga, representa el poder de la castidad. Margaret y James Stutley escriben en el *Harper's Dictionary of Hinduism (Diccionario Harper sobre el hinduismo)* que nació cuando Shiva, quien, «al haber alcanzado el dominio completo de sus instintos, aplicó su energía sexual para fines espirituales e intelectuales». Esto se ilustra en las muchas leyendas que cuentan que Karttikeya nació sin madre y de la semilla de Shiva que cayó en el Ganges. Veronica Ions escribe en *Indian Mythology (La mitología hindú)*: «Allí, a orillas del río, se levantó un niño tan

hermoso como la luna y tan brillante como el sol. Este era Kart-tikeya. Cuando apareció en la orilla del Ganges, las seis Pléyades, hijas de seis rajas, llegaron a ese lugar para bañarse. Cada una de ellas reclamó al hermoso niño, y cada una deseaba darle el pecho; así que Karttikeya adquirió seis bocas y fue succionado por todas sus madres adoptivas». Vasudeva Śarana Agravala explica este mito: «El poder de la semilla viril, preservada a través de la penitencia y la castidad completa, se llama Skanda o Kumara. Mientras que, en la práctica del yoga, no se logre el control total, Kumara no nacerá, y la mente estará siempre controlada por los deseos, es decir, los dioses serán derrotados por los demonios». Las leyendas dicen que Karttikeya nació específicamente para matar al demonio Taraka, que simboliza la mente inferior o la ignorancia. A menudo se representa a Karttikeya sosteniendo una lanza (que representa la iluminación) y montando un pavo real (que representa al ego). Karttikeya mata la ignorancia con su lanza de iluminación. Según una historia, un demonio a quien Karttikeya derrotó gritó: «¡Tu arma ha destrozado mi ego!» A. Parthasarathy escribe en *Symbolism in Hinduism (Simbolismo en el hinduismo)* que «el blandir [su lanza] de aniquilación simboliza la destrucción de todas las tendencias negativas que velan al Ser Divino». En la tradición mística, Karttikeya se conoce como Guha (cueva) porque vive en la cueva del corazón. Véase Margaret y James Stutley, *Harper's Dictionary of Hinduism: Its Mythology, Folklore, Phylosophy, Literature and History (El diccionario de Harper sobre el hinduismo: Su mitología, folclor, filosofía, literatura e historia)* [New York: Harper and Row, 1977], pág. 282 nota 3; Veronica Ions, *(La mitología india)*, [London: Paul Hamlyn, 1967], pág. 88; Vasudeva Sarana Agravala, *Kalyana,* Siva Anka, 1937, pág. 501, citada en Alain Danielou, *The God's of India: Hindu Polytheism (Los dioses de India: politeísmo hindú)* [New York: Inner Traditions International, 1985], pág. 299. Además, A. Parthasarathy, «Subramanya-Karthikeya», en R.S. Nathan, Comp., *Symbolism in Hinduism, (Simbolismo del hinduismo)* 2nd ed. [Bombay: Central Chinmaya Mission Trust, 1989], pág. 151.

CAPÍTULO 21: **La bondad es la clave**

Antes del dictado, la Mensajera pronunció su conferencia «El sendero del Buda: Manjushri y el ideal del Bodhisatva». La conferencia está disponible en la Biblioteca de los Maestros Ascendidos. Consulte AscendedMasterLibrary.org.

1. Las Tres Joyas son el Buda, el Dharma, la Sangha. Véase pág. 373 nota 9.

2. «La bondad iluminada por la sabiduría y, la sabiduría se hace compasiva por la bondad». En su conferencia antes del dictado, la Mensajera explicó que, en la iconografía tibetana, a menudo se representa a Buda Gautama con Manjushri a su izquierda y Maitreya a su derecha. Manjushri representa el aspecto de sabiduría del ideal del bodhisatva y Maitreya el aspecto de la compasión.

3. «Los milagros son para los creyentes». Proverbio francés.

4. Focos geográficos designados. Una lista descriptiva de lugares y monumentos sagrados para visualizar como su destino durante el viaje del alma para el servicio mundial se incluye al final del Ritual del Áshram 5, «Ritual sagrado para el transporte y la tarea sagrada». La lista incluye: el Monumento a Washington en Washington, D.C.; la montaña Grand Teton cerca de Jackson, noroeste de Wyoming; la Montaña Victoria cerca de Banff, Alberta, Canadá; el Taj Mahal cerca de Agra, al norte de la India; los lugares sagrados de Varanasi (también conocido como Benarés) en el Ganges, al norte de la India; el templo de Brahma en el lago sagrado de Pushkar, India; las ruinas de un templo al Sol en la Isla del Sol en el Lago Titicaca, al occidente de Bolivia; El monte Kailas y el lago Manasarowar en su pie sur en el suroeste del Tíbet. Véase «Ritual sagrado para el transporte y la tarea sagrada» Ritual del Áshram 5 en *Ashram Notes (Notas del Áshram)* del Maestro Ascendido El Morya, págs. 57-59, o en los *Rituales del Áshram* págs. 45-52.

5. La tierra pura. Según las enseñanzas del budismo Mahayana, una Tierra Pura (o campo de Buda) es un reino espiritual o paraíso presidido por un Buda. Una tierra pura se concibe por primera vez cuando un Bodhisatva, por compasión por los seres sintientes, hace un voto de que, después de haber alcanzado la Budeidad suprema, establecerá una tierra pura donde las condiciones serán ideales para alcanzar la iluminación. Las tierras puras se describen en los escritos budistas como hermosas moradas, ricas y fértiles, habitadas por dioses y hombres; están desprovistas de todo dolor o pecado, así como de los problemas de la existencia cotidiana. Tradicionalmente, se cree que estos paraísos existen geográficamente, pero también se considera que representan aspectos de la mente despierta. Según

la enseñanza budista, hay innumerables Tierras Puras y el futuro Buda Maitreya traerá otra tierra pura. El Morya, en su dictado del 1º de enero de 1993, se refirió a la Escuela de Misterios de Maitreya en el Rancho Royal Teton como la tierra pura. Él dijo: «Mantened vuestro puesto y no abandonéis la tierra pura, porque esta tierra pura es la dispensación y la ofrenda de la jerarquía» para vosotros en vuestro nivel de logro. (Véase *Perlas de Sabiduría* de 1993, vol. 36, núm. 5, págs. 66, 67 nota 9.)

6. Tarjeta laminada tamaño billetera de Lord Maitreya (estatua de bronce). Incluye en el reverso la sílaba semilla de Maitreya *(Maim)* y cuatro mantras para invocar su presencia. Las tarjetas tamaño billetera de Lord Maitreya, Gautama Buda y Manjushri están disponibles en http://Store.SummitLighthouse.org.

CAPÍTULO 22: **La Escuela de Misterios de Maitreya: una aventura audaz**

Antes del dictado, la Mensajera leyó pasajes de los capítulos 3, 6, 17 y 18 del Bhagavad Gita. (Véase *Perlas de Sabiduría* de 1994, vol. 37, núm. 11.)

1. Shambala Oriental. Shambala es el antiguo retiro del Señor del Mundo, el carago de gobierno más elevado de la jerarquía espiritual del planeta. El retiro se estableció por primera vez para Sanat Kumara, jerarca de Venus, quien llegó a la Tierra en su hora más oscura, cuando el Consejo Cósmico había decretado la disolución del planeta porque ni una sola alma estaba dando adoración a la Presencia de Dios. Acompañado por 144.000 hijos e hijas del planeta Venus, Sanat Kumara vino a sostener la llama de la Vida para la evolución de la Tierra. Véase Elizabeth Clare Prophet, *La apertura del séptimo sello*, «La dispensación concedida», capítulo 2, págs. 10-15. Los cuatrocientos que formaron la vanguardia se presentaron ante Sanat Kumara para construir el magnífico retiro de Shambala en una isla en el mar de Gobi. En las edades oscuras posteriores, este retiro se retiró de la octava física y ahora se encuentra en el plano etérico sobre lo que se ha convertido en el desierto de Gobi. El 1º de enero de 1956, Gautama Buda sucedió a Sanat Kumara en el cargo de Señor del Mundo. El 18 de abril de 1981, anunció «el arco de la llama de Shambala hacia el Retiro Interno como la morada occidental de los Budas y los Bodhisatva y los futuros Bodhisatvas

que son los devotos de la Luz de la Madre». El Shambala Occidental es una extensión del Shambala del Este y está ubicado en el plano etérico sobre el Corazón del Retiro Interno en el Rancho Royal Teton. Es el retiro del Señor del Mundo en Occidente.

2. Escuela de Misterios de Maitreya. Véase el capítulo 3 de este volumen, «La Escuela de Misterios del Señor Maitreya».

3. Isaías 40:3; Malaquías 3:1; Mateo 3:3; Marcos 1:2, 3; Lucas 3:4; Juan 1:23; Hebreos 12:12, 13.

4. En esta oración, la palabra *Dharma* (con *D* mayúscula) se usa de acuerdo con la definición budista, es decir, la Doctrina universal, la enseñanza del Buda, la Gran Ley. Es una de las Tres Joyas: el Buda, el Dharma, la Sangha. La palabra *dharma* (con una *d* minúscula) se usa de acuerdo con la definición hindú, que significa la forma de vida a seguir de acuerdo con la naturaleza y la posición en la vida de cada uno; conformidad con el deber y la naturaleza de cada uno. Los maestros ascendidos enseñan que el dharma de cada uno es el deber de cumplir la razón de ser de cada uno. Es el plan divino, que corre como un hilo a través de todas las vidas, culminando en la misión cumplida y la liberación del alma de la ronda del renacimiento. En el budismo, el Dharmakaya es el Cuerpo de la Ley o el Cuerpo de la Primera Causa. Es uno de los tres «cuerpos» del Buda: el Dharmakaya, el Sambhogakaya y el Nirmanakaya. El Dharmakaya corresponde a la figura superior en la gráfica de Tu Ser Divino, la Presencia YO SOY y el cuerpo causal. Contiene la Presencia Búdica y las Tres Joyas. El Sambhogakaya es el Cuerpo de la Dicha, Cuerpo de Inspiración o Cuerpo Glorioso. Corresponde a la figura del medio de la gráfica: el Santo Ser Crístico. El Nirmanakaya es el Cuerpo de Transformación o Cuerpo Creado. Es la cristalización del Dharmakaya en forma humana con el propósito de exponer las enseñanzas de la Ley y salvar a otros seres. Corresponde a la figura inferior en la gráfica.

5. En las enseñanzas del hinduismo, el karma yoga es el camino de la acción abnegada. Es uno de los cuatro caminos principales para la unión con Dios. Los otros yogas son: *bhakti* (devoción), *jnana* (sabiduría) y *raja* (real o completo). En karma yoga, el devoto aspira a ofrecer cada acción como sacrificio a Dios, libre de todo apego a los resultados o recompensas. Los maestros ascendidos enseñan que el karma yoga es el camino para equilibrar el karma mediante el servicio a Dios y toda la vida en la Tierra, así como a través de la

invocación del fuego sagrado en la ciencia de la Palabra hablada y los decretos a la llama violeta.

6. Cuatro etapas de la vida en la tradición hindú: (1) *brahmacharya*, la etapa de castidad estricta como estudiante religioso célibe, (2) *garhasthya*, la etapa de responsabilidades mundiales como cabeza de familia casado, (3) *vanaprastha*, la etapa de retiro y meditación como ermitaño o habitante del bosque, (4) *sannyasa*, la etapa de renunciación, cuando uno no está atado ni al trabajo ni al deseo, pero puede seguir el camino de un vagabundo, buscando libremente el conocimiento de Brahmán.

7. Proverbios 29:18.

8. Las cuatro castas principales según la tradición hindú: (1) *Brahmanes:* sacerdotes, líderes religiosos, filósofos y eruditos, (2) *Chatrias:* guerreros, generales y oficiales, políticos y autoridades civiles, (3) *Vaisías:* agricultores. Y comerciantes, (4) *Sudras:* siervos y obreros. Paramahansa Yogananda señala en su libro *La segunda venida de Cristo*: «Hay un significado esotérico acerca de las cuatro castas que consiste en los cuatro estados de conciencia de un devoto que aspira a conocer a Dios…. Cualquier individuo que permanece identificado con el Espíritu Supremo debe llamarse brahmán. El sistema de castas espirituales no evita cualquier casta inferior o cualquier individuo de ser llamado brahmán si demuestra cualitativamente que es uno de ellos».

9. La llama del arca de la alianza arde solo en el altar superior de la Corte del Rey Arturo en el Rancho Royal Teton, pero todos los altares a los que atiendes a diario en todo el mundo están unidos a esa llama y reciben sus emanaciones. (Para obtener instrucciones detalladas sobre cómo instalar un altar en tu hogar, consulta *El Ritual Sagrado para Guardianes de la Llama*, págs. 49-51).

10. 1 Corintios 10:13.

11. El desafío del aborto por la Madre Teresa. La Madre Teresa de Calcuta fue la oradora principal en el Desayuno Nacional de Oración en Washington, D.C., el 3 de febrero de 1994.

12. Los preceptos del Sendero Óctuple enseñado por Buda Gautama son (1) Entendimiento correcto (o Puntos de vista correctos), (2) Aspiración correcta (o Pensamiento correcto), (3) Habla correcta, (4) Acción correcta, (5) Medio de subsistencia correcto, (6) Esfuerzo correcto, (7) Atención correcta, (8) y concentración correcta (o absorción correcta de Dios). Véase Mark L. Prophet y Elizabeth Clare

Prophet, *The Path of Attaintment (El sendero del logro)*, sección 3, «El sendero óctuple», págs. 253–61; y C. W. Leadbeater, *The Masters and the Path, (Los maestros y el sendero)* capítulo XIV, págs. 286–91; *Perlas de Sabiduría* de 1983, vol. 26, núm. 21, págs. 166–67.

13. Para obtener más información sobre la profecía de Padma Sambhava de que sus discípulos cercanos revelarían sus enseñanzas en encarnaciones futuras, consulta *Dakini Teachings: Padmasambhava's Oral Instructions to Lady Tsogyal, (Enseñanzas Dakini: La instrucción Oral de Padmasambhava a la dama Tsogyal)* traducido por Erik Pema Kunsang (Boston: Shambhala, 1990). Yeshe Tsogyal, la principal discípula de Padma Sambhava, registró estas instrucciones y las ocultó como un tesoro precioso que se revelaría siglos después.

14. Hasta cierto punto, está protegido de su karma por un seguro médico o una compensación laboral; pero no estamos en contra de ellos, porque al pagar primas uno asume cierta responsabilidad y es prudente para protegerse contra eventos catastróficos.

15. «Sus raíces no eran profundas». «El que fue sembrado en pedregales, este es el que oye la Palabra, y luego la recibe con gozo. Pero no tiene raíz en sí, sino que es corta de duración, pues al venir la aflicción o la persecución por causa de la palabra, luego tropieza». Mateo. 13:20-21.

16. Los planificadores diarios de Franklin y los planificadores de FranklinCovey, junto con sus accesorios, están disponibles en línea.

17. Lucas 12:48.

18. Filipenses 3:14.

19. Véase Betty J. Eadie, *He visto la Luz*. Editorial Grijalbo.

20. Mateo 7:1-5; Lucas 6:37, 38.

CAPÍTULO 23: Vislumbrad el sol dorado de esferas superiores

1. Véase Salmos 82:6; Juan 10:34.

2. El Retiro del Señor Maitreya está ubicado en el Himalaya y es un foco de iluminación. El retiro contiene una vasta capilla de mármol. El 9 de abril de 1971, Maitreya invitó a los estudiantes de los maestros a visitar su retiro: «Extiendo a vosotros que evolucionáis sobre este cuerpo planetario, desde el Lejano Oriente, desde nuestro hogar etérico de luz, una bienvenida a visitarnos a menudo en vuestros cuerpos sutiles mientras vuestros cuerpos físicos duermen. Y luego permitid que vuestras almas despierten dentro de nuestro retiro

para que podáis tener el conocimiento y el deseo y los hermosos conceptos que deseamos transmitiros. Porque la iniciación es el otorgamiento de mantos de logros, de realización cósmica». El Señor Maitreya también mantiene un retiro en Tianjin, China, a unas 1287 kms al sureste de Beijing. Con el Señor Gautama, Maitreya también enseña a los estudiantes que buscan graduarse del aula de la Tierra en Shambala oriental y occidental y en el Retiro Royal Teton. Véase *Los Maestros y sus Retiros*, págs. 217-221.

CAPÍTULO 24: **Vuestro Santo Ser Crístico tiene una personalidad singular: ordenadle que entre en vuestra vida**

La celebración del veinticincoavo aniversario de la ascensión del amado Lanello.

1. Apocalipsis 14:15, 18.
2. Éxodo 19:5; Deuteronomio 14:2; 26:18; Salmos 135:4; Eclesiastés 2:8; Tito 2:14; 1 Pedro 2:9.

246 PP   ISBN 978-1-932890-04-4

Maitreya sobre Iniciación
El Buda venidero que ha venido
de Elizabeth Clare Prophet

Maitreya, el Buda venidero, el Buda futuro, juega muchos papeles en las diferentes tradiciones budistas por todo el Lejano Oriente.

Maitreya sobre Iniciación es una compilación de conferencias y escritos de Elizabeth Clare Prophet acerca de Maitreya hechas a lo largo de los años. Hemos incluidos también cinco mensajes acerca de la iniciación dados por el mismo Gran Iniciador.

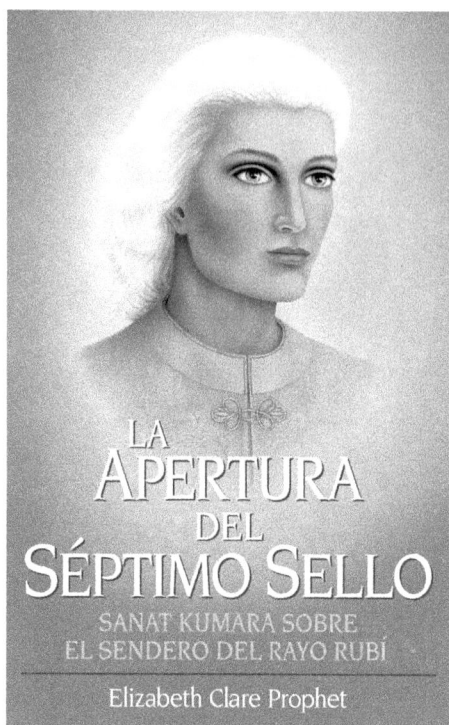

400 PP   ISBN 978-1-60988-195-5

La apertura del séptimo sello
Sanat Kumara sobre el sendero del rayo rubí
de Elizabeth Clare Prophet

En este libro, Sanat Kumara, del que se habla en la Biblia como el "Anciano de Días" y como "Dipamkara", en la tradición budista, imparte enseñanzas profundas sobre el sendero de iniciación. Se ofrecen perspectivas sobre pasajes místicos del libro del Apocalipsis, del libro de Ezequiel y del sendero de iniciación que Sanat Kumara nos transfiere a través del Señor Maitreya.

Este es tu libro de texto para abrir las siete esferas de la conciencia cósmica y las claves para recrear tu alma a semejanza de Dios.

Los libros de Summit University están disponibles en tus librerías favoritas y en la Internet. Visita SummitUniversityPress.com para más información.
Para más información sobre Elizabeth Clare Prophet y las Enseñanzas de los Maestros Ascendidos, contacta a info@SummitUniversityPress.com.

ELIZABETH CLARE PROPHET es una escritora de renombre mundial, instructora espiritual y pionera en la espiritualidad práctica. Sus innovadores libros se han publicado en más de treinta idiomas y se han vendido más de tres millones de ejemplares en todo el mundo.

Para obtener más información acerca de las obras de Elizabeth Clare Prophet, que incluye sus libros de bolsillo para la espiritualidad práctica y su serie sobre Las enseñanzas perdidas de Jesús y Los senderos místicos de las religiones del mundo visita SummitUniversityPress.com.

www.ingramcontent.com/pod-product-compliance
Lightning Source LLC
Chambersburg PA
CBHW060237100426
42742CB00011B/1554